DE LAS TINIEBLAS
HACIA LA LUZ

De las tinieblas hacia la luz

Historias de la cuarta edición del
Libro Grande

ALCOHOLICS ANONYMOUS WORLD SERVICES, INC.

NEW YORK CITY

2003

CONTENIDO

PRIMERA PARTE

Los pioneros

Página

SEGUNDA PARTE
Dejaron de beber a tiempo

PRÓLOGO

Después de la publicación de la Cuarta Edición en inglés del Libro Grande, *Alcoholics Anonymous*, con la inclusión de diecisiete nuevas historias representativas de recuperación, se oyó de parte de la Comunidad una expresión de vivo interés de que las experiencias personales contenidas en la segunda sección revisada del nuevo libro se publicaran traducidas al español.

Las cuarenta y una historias que aparecen traducidas en este volumen, treinta y nueve de ellas por primera vez, cuentan una experiencia colectiva que abarca casi un siglo de vida americana y hacen una crónica de las más de seis décadas de historia de A.A. Algunas de las historias de las primeras épocas tienen su origen en los ahora distantes y casi míticos "locos años veinte," otras en el período de la Prohibición y otras durante la Gran Depresión, una época en la que la mayoría de los miembros de A.A. eran hombres y, como dice Bill en su Prólogo a la Primera Edición, "la mayoría gente de negocios o profesionales." Los tiempos cambian; y la sección revisada de historias en posteriores ediciones en inglés del Libro Grande (1955, 1973, 2002) ha reflejado los correspondientes cambios en la composición y en el aspecto de la Comunidad de A.A. Según el prólogo a la última edición, las historias añadidas recientemente "representan a miembros cuyas características—de edad, sexo, raza y cultura—se han ampliado y desarrollado para abarcar virtualmente a cualquiera que los cien primeros miembros hubiera esperado alcanzar."

No obstante, tal vez aún más asombroso que la continua evolución y diversidad cada vez más rica de la experiencia de A.A. es la profunda similaridad de los relatos que cuentan, de manera tradicional "cómo era, lo que sucedió y cómo es ahora": todas ellas narraciones del paso de la oscuridad, el auto-engaño y la desesperación hacia la integridad, la esperanza y un destino feliz. Esta colección de historias ofrecerá sin duda un testimonio convincente de que, al igual que el alcoholismo, la recuperación es indiferente a toda distinción, y que no existen barreras en A.A. para una experiencia espiritual sanadora y una renovación física y de la vida emocional.

PRIMERA PARTE

LOS PIONEROS DE A.A.

Los nueve hombres y mujeres que a continuación cuentan sus historias figuraban entre los primeros miembros de los grupos pioneros.

Todos ellos están ahora fallecidos por causas naturales habiéndose mantenido sobrios sin excepción.

Hoy día, hay otros centenares de miembros de A.A. que llevan sobrios 50 años o más sin recaer.

Todos estos entonces son los pioneros de A.A. Sirven como una prueba patente de que es posible liberarse del alcoholismo permanentemente.

(1)

EL ALCOHÓLICO ANÓNIMO
NÚMERO TRES

*Miembro pionero del Grupo Nº 1 de Akron, el primer
grupo de A.A. en el mundo. Preservó su fe, y por esto, él
y otros muchos encontraron una vida nueva.*

*U*NO de cinco hijos, nací en una granja en el condado de Carlyle, Kentucky. Mis padres eran gente
acomodada y un matrimonio feliz. Mi esposa, oriunda
también de Kentucky, me acompañó a Akron, donde terminé mis estudios de Leyes en la Facultad de Derecho
de Akron.

El mío es en cierto modo un caso inusitado. No hubo
episodios de infelicidad durante mi niñez que pudieran
explicar mi alcoholismo. Aparentemente, tenía una propensión natural a la bebida. Estaba felizmente casado y,
como he dicho, nunca tuve ninguno de los motivos,
conscientes o inconscientes, que a menudo se citan para
beber. No obstante, como indica mi historial, llegué a
convertirme en un caso grave.

Antes de que la bebida me derrotara completamente,
logré tener algunos éxitos apreciables, habiendo servido
como miembro del consejo municipal y administrador
financiero de Kenmore, un suburbio que más tarde se
incorporó a la ciudad misma. Pero todo esto se fue esfu-
mando según bebía cada vez más. Así que, cuando llegaron Bill y el Dr. Bob, mis fuerzas se habían agotado.

La primera vez que me emborraché, tenía ocho años.
No fue culpa de mi padre ni de mi madre, quienes se

oponían fuertemente a la bebida. Un par de trabajadores estaban limpiando el granero de la finca, y yo les acompañaba montado en el trineo. Mientras ellos cargaban, yo bebía sidra de un barril que había en el granero. Después de dos o tres recorridos, en un viaje de vuelta, perdí el conocimiento y me tuvieron que llevar a casa. Recuerdo que mi padre tenía whisky en la casa con propósitos medicinales y para servir a los invitados, y yo lo bebía cuando no había nadie a mi alrededor y luego añadía agua a la botella para que mis padres no se dieran cuenta.

Seguí así hasta que me matriculé en la universidad estatal y, pasados cuatro años, me di cuenta de que era un borracho. Mañana tras mañana me despertaba enfermo y temblando, pero siempre disponía de una botella colocada en la mesa al lado de mi cama. La agarraba, me echaba un trago y, a los pocos minutos, me levantaba, me echaba otro, me afeitaba, desayunaba, me metía en el bolsillo un cuarto de litro de licor, y me iba a la universidad. En los intervalos entre mis clases, corría a los servicios, bebía lo suficiente como para calmar mis nervios y me dirigía a la siguiente clase. Eso fue en 1917.

En la segunda parte de mi último año en la universidad, dejé mis estudios para alistarme en el ejército. En aquel entonces, a esto lo llamaba patriotismo. Más tarde, me di cuenta de que estaba huyendo del alcohol. En cierto grado, me ayudó, ya que me encontré en lugares en donde no podía conseguir nada de beber, y así logré romper el hábito.

Luego entró en vigor la Prohibición, y el hecho de que lo que se podía obtener era tan malo, y a veces mortal, unido al de haberme casado y tener un trabajo que no podía descuidar, me ayudaron durante un período de unos tres o cuatro años; aunque cada vez que podía conseguir una cantidad de licor suficiente para empezar, me emborrachaba. Mi esposa y yo pertenecíamos a algunos clubs de bridge, en donde se comenzaba a fabricar y a servir vino. No obstante, después de dos o tres intentos, supe que esto no me convencía, ya que no servían lo suficiente para satisfacerme, así que rehusé beber. Ese problema, sin embargo, pronto se resolvió cuando empecé a llevarme mi propia botella conmigo y a esconderla en el retrete o entre los arbustos.

Según pasaba el tiempo, mi forma de beber iba empeorando. Me ausentaba de la oficina durante dos o tres semanas; días y noches espantosas en las que me veía tirado en el suelo de mi casa, buscando la botella a tientas, echándome un trago y volviéndome a hundir en el olvido.

Durante los primeros seis meses de 1935, me hospitalizaron ocho veces por embriaguez y me ataron a la cama durante dos o tres días antes de que supiera dónde estaba.

El 26 de junio de 1935, llegué otra vez al hospital, y me sentí desanimado, por no decir más. Cada una de las siete veces que me había ido del hospital durante los últimos seis meses, salí resuelto a no emborracharme — por lo menos durante ocho meses. No fue así; no sabía cuál era el problema, y no sabía qué hacer.

Aquella mañana me trasladaron a otra habitación, y allí estaba mi esposa. Pensé: "Bueno, me va a decir que hemos llegado al fin." No podía culparla, y no tenía intención de tratar de justificarme. Me dijo que había hablado con dos personas acerca de la bebida. De esto me resentí mucho, hasta que me informó que eran un par de borrachos como yo. Decírselo a otro borracho no era tan malo.

Me dijo: "Vas a dejarlo." Esto valió mucho, aunque no lo creía. Luego me dijo que los borrachos con quienes había hablado, tenían un plan a través del cual creían que podían dejar de beber, y una parte del plan era el contárselo a otro borracho. Esto iba a ayudarles a mantenerse sobrios. Toda la demás gente que había hablado conmigo quería ayudarme, y mi orgullo no me dejaba escucharlos, creándome únicamente resentimientos. Me pareció, no obstante, que sería una mala persona si no escuchaba por un rato a un par de hombres, si esto les podría curar. También me dijo que no podía pagarles aunque quisiera y tuviera el dinero para hacerlo, dinero que no tenía.

Entraron y empezaron a instruirme en el programa que más tarde se conocería como Alcohólicos Anónimos, y que en aquel entonces no era muy extenso.

Los miré, dos hombres grandes, de más de seis pies de altura, y de apariencia muy agradable. (Más tarde supe que eran Bill W. y el Dr. Bob). Poco después empezamos a relatar algunos acontecimientos de nuestro beber y, naturalmente, me di cuenta rápidamente que ambos sabían de lo que estaban hablando, porque cuando se está borracho, uno puede sentir y oler cosas que no se pueden en otros momentos. Si me hubiera parecido que no sabían de lo que estaban hablando, no habría estado dispuesto en absoluto a hablar con ellos.

Pasado un rato, Bill dijo: "Bueno, has estado hablando mucho; deja que hable yo por unos minutos." Así que, después de escuchar un poco más de mí historia, se volvió hacia el Dr. Bob —creo que él no sabía que lo oía— y dijo: "Bueno, me parece que vale la pena trabajar con él y salvarle." Me preguntaron: "¿Quieres dejar de beber? Tu beber no es asunto nuestro. No estamos aquí para tratar de quitarte ningún derecho o privilegios tuyos; pero tenemos un programa a través del cual creemos que podemos mantenernos sobrios. Una parte de este programa consiste en que lo llevemos a otra persona, que lo necesite y lo quiera. Si no lo quieres, no malgastaremos tu tiempo, y nos iremos a buscar a otro."

Luego, querían saber si yo creía que podía dejar de beber por mis propios medios, sin ayuda alguna; si podía simplemente salir del hospital para no beber nunca. Si así fuera, sería una maravilla, y a ellos les agradaría conocer a un hombre que tuviera tal capacidad. No obstante, buscaban a una persona que supiera que tenía un problema que no podía resolver por sí misma y que necesitara ayuda ajena. Luego me preguntaron si creía en un Poder Superior. Eso no me causó ninguna dificultad, ya que nunca había dejado de creer en Dios, y había tratado repetidas veces de conseguir ayuda, sin lograrla. Luego me preguntaron si estaría dispuesto a recurrir a este Poder para pedir ayuda, tranquilamente y sin reservas.

Me dejaron para que reflexionara sobre esto, y me quedé echado en mi cama del hospital, pensando en mi vida pasada y repasándola. Pensé en lo que el alcohol me había hecho, en las oportunidades que había perdido, en los talentos que se me habían dado y en cómo los había malgastado; y finalmente llegué a la conclusión de que, aunque no deseara dejar de beber, debería desearlo, y que estaba dispuesto a hacer cualquier cosa para dejarlo.

Estaba dispuesto a admitir que había tocado fondo, que me había encontrado con algo con lo que no sabía enfrentarme solo. Así que, después de meditar sobre esto, y dándome cuenta de lo que la bebida me había costado, acudí a este Poder Superior, que para mí era Dios, sin reserva alguna, y admití que yo era impotente ante el alcohol, y que estaba dispuesto a hacer cualquier cosa para deshacerme del problema. De hecho, admití que estaba dispuesto, de allí en adelante, a entregar mi dirección a Dios. Cada día trataría de buscar su voluntad y de seguirla, en vez de tratar de convencer a Dios de que lo que yo pensaba era lo mejor para mí. Entonces, cuando ellos volvieron, se lo dije.

Uno de los hombres, creo que fue el Dr. Bob, me preguntó: "Bueno, ¿quieres dejar de beber?" Respondí: "Sí, me gustaría dejarlo, por lo menos durante unos seis u ocho meses, hasta que pueda poner mis cosas en orden y vuelva a ganarme el respeto de mi esposa y de algunos otros, arreglar mis finanzas, etc…" Y los dos con esto se echaron a reír de buena gana, y me dijeron: "Sería mejor que lo que has estado haciendo, ¿verdad?"; lo que era, por supuesto, la verdad. Y me dijeron: "Tenemos malas noticias para ti. A nosotros nos parecieron malas noticias, y a ti probablemente te lo parecerán también. Aunque hayan pasado seis días, meses o años desde que tomaste tu último trago, si te tomas una o dos copas acabarás atado a la cama en el hospital, como has estado durante los seis meses pasados. Eres un alcohólico." Que recuerde yo, esta fue la primera vez que presté atención a aquella palabra. Me imaginaba que era simplemente un borracho, y ellos me dijeron: "No, sufres de una enfermedad y no importa cuánto tiempo pases sin beber, después de tomarte uno o dos tragos, te encontrarás como estás ahora." En aquel entonces, esa noticia me fue verdaderamente desalentadora.

Seguidamente me preguntaron: "Puedes dejar de beber durante 24 horas, ¿verdad?" Les respondí: "Sí, cualquiera puede dejarlo — durante 24 horas." Me dijeron: "De esto precisamente hablamos. Veinticuatro horas cada vez." Esto me quitó un peso de encima. Cada vez que comenzaba a pensar en la bebida, me imaginaba los largos años secos que me esperaban sin beber; esta idea de las veinticuatro horas, y el que la decisión dependiera de mí, me ayudaron mucho.

(En este punto, la Redacción se interpone sólo lo suficiente como para complementar el relato de Bill D., el hombre en la cama, con el de Bill W., el que estaba sentado al lado de la cama). Dice Bill W.:

Este último verano hizo 19 años que el Dr. Bob y yo le vimos (a Bill D.) por primera vez. Echado en su cama del hospital, nos miraba con asombro.

Dos días antes, el Dr. Bob me había dicho: "Si tú y yo vamos a mantenernos sobrios, más vale que nos pongamos a trabajar." En seguida, Bob llamó al Hospital Municipal de Akron y pidió hablar con la enfermera encargada de la recepción. Le explicó que él y un señor de Nueva York tenían una cura para el alcoholismo. ¿Tenía ella algún paciente alcohólico con quien la pudiéramos probar? Ella conocía al Dr. Bob desde hacía tiempo, y le replicó bromeando: "Supongo que ya la ha probado usted mismo."

Sí, tenía un paciente — y de primera clase. Acababa de llegar con delirium tremens. A dos enfermeras les había puesto los ojos morados, y ahora le tenían atado fuertemente. ¿Serviría éste? Después de recetarle medicamentos, Bob ordenó: "Ponle en una habitación privada. Le visitaremos cuando se despeje."

A Bill D. no pareció causarle mucha impresión. Con cara triste, nos dijo cansadamente: "Bueno, todo eso es para ustedes estupendo; pero para mí no puede serlo. Mi caso es tan malo que me aterra hasta la idea de salir del hospital. Y tampoco tienen que venderme la religión. Una vez fui diácono, y todavía creo en Dios. Parece que Él apenas cree en mí."

Entonces, el Dr. Bob le dijo: "Bueno, quizá te sentirás mejor mañana. ¿Te gustaría vernos otra vez?"

"¡Cómo no!" respondió Bill D., "tal vez no sirva para nada — pero no obstante me gustaría verles. No cabe duda de que saben de lo que están hablando."

Al pasar más tarde por su habitación, le encontramos con su esposa Henrietta. Nos señaló con el dedo diciendo con entusiasmo: "Estos son los hombres de quienes te estaba hablando — los que entienden."

Luego Bill nos contó que había pasado casi toda la noche despierto, echado en la cama. En el abismo de su depresión nació de alguna manera una nueva esperanza. Le había cruzado por la mente como un relámpago la idea: "Si ellos pueden hacerlo yo también lo puedo hacer." Se lo dijo repetidas veces a sí mismo. Finalmente, de su esperanza surgió una convicción. Estaba seguro. Le vino entonces una profunda alegría. Sintió por fin una gran tranquilidad, y se durmió.

Antes de terminar nuestra visita, Bill se volvió hacia su esposa y le dijo: "Tráeme mis ropas, querida. Vamos a levantarnos e irnos de aquí." Bill D. salió del hospital como un hombre libre y nunca más volvió a beber.

El Grupo Número Uno de A.A. data de ese mismo día.

(A continuación sigue la historia de Bill D.)

Durante los siguientes dos o tres días, llegué por fin a la decisión de entregar mi voluntad a Dios y de seguir el programa lo mejor que pudiera. Sus palabras y sus acciones me habían infundido una cierta seguridad. Aunque no estaba absolutamente seguro. No dudaba de que el programa funcionara, dudaba de que yo pudiera atenerme a él; llegué no obstante a la conclusión de que estaba dispuesto a dedicar todos mis esfuerzos a hacerlo, con la gracia de Dios, y que deseaba hacer precisamente esto. En cuanto llegué a esta decisión, sentí un gran alivio. Supe que tenía alguien que me ayudaría, en el que podía confiar, que no me fallaría. Si pudiera apegarme a Él y escuchar, conseguiría lo deseado. Recuerdo que, cuando los hombres volvieron, les dije: "Acudí a este Poder Superior, y le dije que estoy dispuesto a anteponer Su mundo a todo lo demás. Ya lo he hecho, y estoy dispuesto a hacerlo otra vez ante ustedes, o a decirlo en cualquier sitio, en cualquier parte del mundo, de aquí en adelante, sin tener vergüenza." Y esto, como ya he dicho, me deparó mucha seguridad; parecía quitarme una gran parte de mi carga.

Me acuerdo haberles dicho también que iba a ser muy duro, porque hacía otras cosas: fumaba cigarrillos, jugaba al póquer y a veces apostaba a los caballos; y me dijeron: "¿No te parece que en el presente la bebida te está causando más problemas que cualquier otra cosa? ¿No crees que vas a tener que hacer todo lo que puedas para deshacerte de ella?" Les repliqué a regañadientes: "Sí, probablemente será así." Me dijeron: "Dejemos de pensar en los demás problemas; es decir, no tratemos de eliminarlos todos de un golpe, y concentrémonos en el de la bebida." Por supuesto, habíamos hablado de varios de mis defectos y hecho un tipo de inventario que no fue difícil de hacer, ya que tenía muchos defectos que eran muy obvios, porque los conocía de sobra. Luego me dijeron. "Hay una cosa más. Debes salir y llevar este programa a otra persona que lo necesite y lo desee."

Llegado a este punto, mis negocios eran prácticamente no existentes. No tenía ninguno. Durante bastante tiempo, tampoco gocé, naturalmente, de mi buena salud. Me llevó un año y medio empezar a sentirme bien físicamente. Me fue algo duro, pero pronto encontré a gente que antes habían sido amigos y, después de haberme mantenido sobrio durante un tiempo, vi a esta gente volver a tratarme como lo habían hecho en años pasados, antes de haberme puesto tan malo que no prestaba mucha atención a las ganancias económicas. Pasé la mayor parte de mi tiempo tratando de recobrar estas amistades y de compensar de alguna forma a mi mujer, a quien había lastimado mucho.

Sería difícil calcular cuánto A.A. ha hecho por mí. Verdaderamente deseaba el programa y quería seguirlo. Me parecía que los demás tenían tanto alivio, una felicidad, un no sé qué, que yo creía que toda persona debía tener. Estaba tratando de encontrar la solución. Sabía que había aún más, algo que no había captado todavía. Recuerdo un día, una o dos semanas después de que salí del hospital, en el que Bill estaba en mi casa hablando con mi esposa y conmigo. Estábamos almorzando, y yo estaba escuchando, tratando de descubrir por qué tenían ese alivio que parecían tener. Bill miró a mi esposa y le dijo: "Henrietta, Dios me ha mostrado tanta bondad, curándome de esta enfermedad espantosa, que yo quiero únicamente seguir hablando de esto y seguir contándoselo a otras gentes."

Me dije: "Creo que tengo la solución." Bill estaba muy, muy agradecido por haber sido liberado de esta cosa tan terrible y había atribuido a Dios el mérito de haberlo hecho y está tan agradecido que quiere contárselo a otras gentes. Aquella frase: "Dios me ha mostrado tanta bondad, curándome de esta enfermedad espantosa, que únicamente quiero contárselo a otras gentes", me ha servido como un texto dorado para el programa de A.A. y para mí.

Por supuesto, mientras pasaba el tiempo y yo empezaba a recuperar mi salud, sentí que no tenía que esconderme siempre de la gente — y esto ha sido maravilloso. Todavía asisto a las reuniones, porque me gusta hacerlo. Me encuentro con gente con quien me gusta hablar. Otro motivo que tengo para asistir es que sigo estando agradecido por los buenos años que he tenido. Estoy aún tan agradecido de tener tanto el programa como la gente que lo compone que todavía quiero participar en las reuniones —y tal vez la cosa más maravillosa que me ha enseñado el programa— lo he visto muchas veces en el "A.A. Grapevine", y muchas personas me lo han dicho personalmente, y he visto a otras muchas ponerse de pie en las reuniones y decirlo — es lo siguiente: "Vine a A.A. únicamente con el propósito de lograr mi sobriedad, pero a través del programa de A.A. he encontrado a Dios."

Esto me parece lo más maravilloso que una persona puede hacer.

(2)

LA GRATITUD EN ACCIÓN

La historia de Dave B., uno de los fundadores de A.A, en Canadá en 1944.

Creo que sería una buena idea contar la historia de mi vida. Hacerlo me dará la oportunidad de recordar que debo estar agradecido a Dios y a los miembros de Alcohólicos Anónimos que conocieron A.A. antes que yo. El contar mi historia me hace recordar que podría volver a donde estaba si me olvidara de las cosas maravillosas que se me han dado o si me olvidara de que Dios es el guía que me mantiene en este camino.

En junio de 1924 tenía 16 años y acababa de graduarme de la escuela secundaria de Sherbrooke, Quebec. Algunos amigos sugirieron que fuéramos a tomar una cerveza. Yo nunca me había tomado una cerveza ni ninguna otra bebida alcohólica. No sé por qué, ya que siempre teníamos alcohol en casa (debería añadir aquí que nunca se había considerado alcohólico a nadie de mi familia). Tenía miedo de que mis amigos me rechazaran si no hiciera lo que ellos hacían. Conocía de primera mano ese estado misterioso de las personas que aparentan estar seguras de sí mismas pero por dentro el miedo se las está comiendo vivas. Tenía un complejo de inferioridad bastante acusado. Creo que carecía de lo que mi padre solía llamar "carácter". Así que en ese hermoso día de verano en una vieja taberna de Sherbrooke, no encontré el valor suficiente para decir que no.

Me convertí en alcohólico activo desde ese primer día

en que el alcohol me produjo un efecto muy especial. Fui transformado. De repente el alcohol me convirtió en lo que siempre había querido ser.

El alcohol se convirtió en mi compañero de todos los días. Al principio lo consideraba como un amigo; más tarde llegó a ser una pesada carga de la que no me podía librar. Resultó ser mucho más poderoso que yo, aunque durante muchos años podía mantenerme sobrio por cortos períodos de tiempo. Seguía diciéndome a mí mismo que de alguna que otra forma me libraría del alcohol. Estaba convencido de que encontraría una manera de dejar de beber. No quería reconocer que el alcohol se había convertido en una parte tan importante de mi vida. En realidad el alcohol me daba algo que no quería perder.

En 1934, ocurrió una serie de contratiempos como consecuencia de mi forma de beber. Tuve que volver al oeste del Canadá porque el banco para el que trabajaba perdió confianza en mí. Un accidente de ascensor me costó los dedos de un pie y una fractura del cráneo. Estuve en el hospital varios meses. Mi consumo excesivo del alcohol me causó también una hemorragia cerebral, que me dejó paralizado un lado del cuerpo.

Probablemente di mi Primer Paso el día en que llegué en ambulancia al Hospital Western. Una enfermera del turno de noche me preguntó, "Sr. B., ¿por qué bebe usted tanto? Tiene una esposa maravillosa, un niño muy listo. No tiene motivo para beber así. ¿Por qué lo hace?" Hablando con sinceridad por primera vez le dije, "No lo sé. De verdad no lo sé." Eso ocurrió muchos años antes de enterarme de la existencia de la Comunidad.

Se supondría que me yo me diría a mí mismo: "Si el

alcohol causa tanto daño, dejaré de beber." Pero encontré innumerables razones para demostrarme a mí mismo que el alcohol no tenía nada que ver con mis infortunios. Me decía a mí mismo que era el destino, porque todo el mundo estaba en contra mía, porque las cosas no andaban bien. A veces pensaba que Dios no existía. Me decía a mí mismo: "Si este Dios amoroso existiera, como dicen, no me trataría así. Dios no actuaría de esta forma." En aquellos días sentía lástima de mí mismo muy a menudo.

Mi familia y mis empleadores se preocupaban por mi forma de beber, pero yo me había vuelto muy arrogante. Con una herencia de mi abuela, me compré un Ford, modelo de 1931, y mi esposa y yo hicimos un viaje a Cape Cod. En el camino de regreso pasamos por la casa de mi tío en New Hampshire. Este tío se había hecho cargo de mí cuando murió mi madre y estaba preocupado por mí. Ahora me dijo: "Dave, si pasas un año completo sin beber, te regalaré el Ford descapotable que acabo de comprar." Me encantaba ese auto, así que inmediatamente le prometí que dejaría de beber un año entero. Y se lo dije con toda sinceridad. Pero antes de llegar a la frontera con Canadá ya había vuelto a beber. Era impotente ante el alcohol. Me iba dando cuenta de que no podía hacer nada para vencerlo y al mismo tiempo me negaba a aceptar que tenía un problema.

El fin de semana del Domingo de Resurrección de 1944, me encontré en la celda de una cárcel de Montreal. Estaba bebiendo para escapar de los pensamientos horribles que tenía cuando estaba lo suficientemente sobrio para ser consciente de mi situación. Bebía para no ver la persona en quien me había convertido. Ya hacía tiempo que había perdido mi trabajo de 20 años y el auto. Había ingresado tres veces en un hospital psiquiátrico. Bien sabe Dios que yo no quería beber y no obstante, para mi gran desesperación, siempre volvía a ese carrusel infernal.

Me preguntaba cómo iba a acabar este sufrimiento. Estaba muerto de miedo. No me arriesgaba a contar a otros cómo me sentía por temor a que creyeran que yo estaba loco. Me sentía horriblemente solo, estaba lleno de autocompasión y aterrorizado. Sobre todo, estaba hundido en una depresión profunda.

Entonces me acordé de que mi hermana Jean me había regalado un libro acerca de borrachos tan desesperados como yo que habían encontrado una forma de dejar de beber. Según este libro, esos borrachos habían encontrado una forma de vivir como los demás seres humanos: levantarse por la mañana, ir a trabajar y volver a casa por la tarde. Este libro trataba de Alcohólicos Anónimos.

Decidí ponerme en contacto con ellos. Me resultó muy difícil contactar a A.A. en Nueva York, ya que A.A. no era muy conocido en aquel entonces. Finalmente, logré hablar con una mujer, Bobbie. Me dijo algo que espero no olvidar nunca: "Soy alcohólica. Nos hemos recuperado. Si quieres, podemos ayudarte." Me contó algo de su historia y añadió que otros muchos borrachos habían utilizado este método para dejar de beber. Lo que más me impresionó de esta conversación fue el hecho de que esa gente, a 500 millas de distancia, se preocupaba lo suficiente para intentar ayudarme. Aquí estaba yo, lleno de autocompasión, convencido de que nadie se preocupaba de si estaba vivo o muerto.

Me sorprendió mucho recibir por correo al día siguiente un ejemplar del Libro Grande. Y cada día después, durante casi un año, recibí una carta o una nota, algo escrito por Bobbie, o por Bill u otro miembro de la oficina central de Nueva York. En octubre de 1944, Bobbie escribió: "Pareces ser una persona muy sincera y de aquí en adelante vamos a contar contigo para perpetuar la Comunidad de A.A. donde resides. Adjuntas encontrarás varias solicitudes de información o ayuda de parte de algunos alcohólicos. Creemos que ahora estás listo para asumir esta responsabilidad." Adjuntas había unas cuatrocientas cartas a las que respondí durante las siguientes semanas. Muy pronto empecé a recibir contestaciones.

Lleno de entusiasmo, y habiendo encontrado una solución a mi problema, le dije a mi esposa, Dorie: "Ahora puedes dejar tu trabajo. Yo cuidaré de ti. De aquí en adelante, ocuparás el lugar que te mereces en esta familia." Pero ella rehusó prudentemente. Me dijo: "No, Dave. Seguiré con mi trabajo otro año más mientras tú te vas a rescatar a los borrachos." Y eso es exactamente lo que me puse a hacer.

Al recordarlo ahora, me doy cuenta de que hice todo mal, pero al menos estaba pensando en otras personas, en lugar de pensar en mí mismo. Estaba empezando a adquirir un poco de lo que ahora tengo en cantidad: la gratitud. Cada vez estaba más agradecido a la gente de Nueva York y al Dios del que hablaban pero al que me resultaba difícil alcanzar. (No obstante me di cuenta de que tenía que buscar este Poder Superior del que me hablaban.)

Yo estaba solo en Quebec en aquella época. El Grupo de Toronto había estado funcionando desde el otoño anterior, y había un compañero de Windsor que asistía a reuniones en Detroit, al otro lado del río. Esta era la totalidad de A.A. en este país.

Un día recibí una carta de un hombre de Halifax que decía: "un amigo mío, un borracho, trabaja en Montreal pero actualmente se encuentra en Chicago, donde se fue en una colosal juerga. Me gustaría que hablaras con él cuando vuelva a Montreal."

Fui a visitar a este hombre a su casa. Su esposa estaba haciendo la cena, con su hija a su lado. El hombre llevaba puesta una chaqueta de terciopelo, estaba sentado cómodamente en su salón de estar. No había conocido a mucha gente de la alta sociedad. Me dije a mí mismo: "¿Qué pasa aquí? Este hombre no es alcohólico." Jack era una persona muy práctica y realista. Estaba acostumbrado a conversar acerca de la psiquiatría y el concepto de un Poder Superior no le era muy atractivo. Pero gracias a nuestro encuentro, A.A. nació aquí en Quebec.

La Comunidad empezó a crecer, especialmente después de la publicidad que nos hizo la *Gazette* en la primavera de 1945. Nunca olvidaré el día en que Mary vino a verme. Era la primera mujer que se unió a nuestra Comunidad en Canadá. Era muy tímida y reservada, muy discreta. Se había enterado de la Comunidad por medio de la *Gazette*.

Durante el primer año, todas las reuniones se celebraban en mi casa. Había gente por todas partes de la casa. Las esposas de los miembros solían acompañar a sus maridos, pero no les permitíamos entrar en nuestras reuniones cerradas. Solían sentarse en la cama o en la cocina, donde hacían café y algo de comer. Creo que se preguntaban qué iba a pasar con nosotros. Pero estaban tan felices como nosotros.

Los dos primeros francocanadienses que se enteraron de A.A., lo hicieron en el sótano de mi casa. Todas las reuniones de habla francesa que existen hoy en Canadá se originaron en aquellas reuniones.

A fines de mi primer año de sobriedad, mi esposa acordó dejar su trabajo cuando yo consiguiera un empleo. Creía que iba a ser fácil hacerlo. Lo único que tenía que hacer era ir a entrevistarme con un empleador y así podría sostener a mi familia de forma normal. Pero pasé varios meses buscando trabajo. No teníamos mucho dinero y yo iba gastando lo poco que teníamos yendo de un lado a otro, respondiendo a anuncios y haciendo entrevistas. Me iba desanimando cada vez más. Un día, un compañero de A.A. me dijo: "Dave, ¿por qué no solicitas empleo en la factoría de aviones? Conozco a un hombre que te podría ayudar." Y allí fue donde conseguí mi primer empleo. Realmente hay un Poder Superior que vela por nosotros.

Una de las cosas más importantes que he aprendido es pasar el mensaje a otros alcohólicos. Esto significa que debo pensar más en otra gente que en mí mismo. Lo más importante es practicar estos principios en todos mis asuntos. En mi opinión, esto es lo esencial de Alcohólicos Anónimos.

Nunca he olvidado un pasaje que leí por primera vez en el ejemplar del Libro Grande que me envió Bobbie: "Entrégate a Dios, tal como tú Lo concibes. Admite tus faltas ante Él y ante tus semejantes. Limpia de escombros tu pasado. Da con largueza de lo que has encontrado y únete a nosotros." Es muy sencillo, aunque no es siempre fácil. Pero se puede hacer.

Ya sé que la Comunidad de Alcohólicos Anónimos no nos da garantías, pero sé también que no tengo que beber en el futuro. Quiero seguir viviendo esta vida de paz, serenidad y tranquilidad que he encontrado. Nuevamente he encontrado el hogar que abandoné y la mujer con quien me casé cuando ella era todavía tan joven. Tenemos otros dos hijos y ellos creen que su padre es un hombre importante. Tengo todas estas cosas maravillosas: seres queridos que lo son todo para mí. No perderé nada de esto y no tendré que beber mientras tenga presente una cosa sencilla: ir siempre de la mano de Dios.

(3)

LAS MUJERES TAMBIÉN SUFREN

A pesar de tener grandes oportunidades, el alcohol casi terminó con su vida. Pionera en A.A., difundió la palabra entre las mujeres de nuestra etapa primera.

¿QUÉ estaba diciendo?... De lejos, como en un delirio, oí mi propia voz llamando a alguien, "Dorotea", hablando de tiendas de ropa, de trabajos... las palabras se fueron haciendo más claras... el sonido de mi propia voz me asustaba al irse acercando... y de repente, allí estaba, hablando no sé de qué, con alguien a quien no había visto nunca antes de aquel momento. De golpe, paré de hablar. ¿Dónde me encontraba?

Había despertado antes en habitaciones extrañas, completamente vestida, sobre una cama o un sofá; había despertado en mi propia habitación, dentro o sobre mi propia cama, sin saber qué hora del día era, con miedo a preguntar... pero esto era diferente. Esta vez parecía estar ya despierta, sentada derecha en una silla grande y cómoda, en el medio de una animada conversación con una mujer joven, que no parecía extrañarse de la situación. *Ella* estaba charlando, cómoda y agradablemente.

Aterrorizada, miré a mi alrededor. Estaba en una habitación grande, oscura, y amueblada de una manera bastante pobre — la sala de estar de un apartamento en el sótano de la casa. Escalofríos empezaron a recorrer mi espalda; me empezaron a castañear los dientes; mis manos empezaron a temblar y las metí debajo de mí para evitar que salieran volando. Mi miedo era real, pero no era el responsable de esas violentas reacciones. Yo sabía muy bien lo que eran — un trago lo arreglaría todo. Debía de haber pasado mucho tiempo desde mi última copa — pero no me atrevía a pedirle una a esta extraña. Tengo que salir de aquí. De cualquier forma, tengo que salir de aquí antes de que se descubra mi abismal ignorancia de cómo llegué aquí, y ella se dé cuenta de que yo estoy totalmente loca. Estaba loca — debía de estarlo.

Los temblores empeoraron y yo miré mi reloj — las seis en punto. La última vez que recuerdo mirar la hora era la una. Había estado sentada cómodamente en un restaurante con Rita, bebiendo mi sexto martini y esperando que el camarero se olvidara de nuestra comida — o, por lo menos, lo suficiente como para tomarme un par de ellos más. Me había tomado sólo dos con ella, pero había conseguido tomarme cuatro en los quince minutos que la estuve esperando, y, naturalmente, los incontados tragos de la botella según me levantaba dolorosamente y me vestía de manera lenta y espasmódica. De hecho, a la una me encontraba muy bien — sin sentir dolor alguno. ¿Qué *podía* haber pasado? Aquello ocurrió en el centro de Nueva York, en la ruidosa calle 42… esto era obviamente una tranquila zona residencial. ¿Por qué me había traído aquí Dorotea? ¿Quién era esta mujer? ¿Cómo la había conocido? No tenia respuestas y no osaba preguntar. Ella no daba señal de que nada estuviera mal. Pero, ¿qué había estado haciendo en esas cinco horas perdidas? Mi cerebro daba vueltas. Podía haber hecho cosas terribles. ¡Y ni siquiera lo sabía!

De alguna forma, salí de allí y caminé cinco manzanas. No había ningún bar a la vista, pero encontré la estación del Metro. El nombre no me era familiar y tuve que preguntar por la línea de Grand Central. Me llevó tres cuartos de hora y dos trasbordos llegar allí — de vuelta en mi punto de partida. Había estado en las remotas zonas de Brooklyn.

Esa noche me puse muy borracha, lo cual era normal, pero recordé todo, lo que era muy extraño. Me acordé de estar en lo que, mi hermana me aseguró, era mi proceso de todas las noches, de tratar de buscar el nombre de Willie Seabrook en la guía de teléfonos. Recordé mi firme decisión de encontrarle y pedirle que me ayudara a entrar en esa "casa de recuperación", de la que había escrito. Recordé que aseguraba que iba a *hacer* algo al respecto, que no podía seguir... Recordé el haber mirado con ansia a la ventana como una solución más fácil, y me estremecía con el recuerdo de esa otra ventana, tres años antes, y los seis agonizantes meses en una sala de un hospital de Londres. Recordé cuando llenaba de ginebra la botella del agua oxigenada que guardaba en mi armarito de las medicinas, en caso de que mi hermana descubriera la que escondía debajo del colchón. Y recordé el pavoroso horror de aquella interminable noche en que dormí a ratos y me desperté goteando sudor frío y temblando con una total desesperación, para terminar bebiendo apresuradamente de mi botella y desmayándome de nuevo. "Estás loca, estás loca, estás loca" martilleaba mi cerebro en cada rayo de conocimiento, para ahogar el estribillo con un trago.

Todo siguió así hasta que dos meses más tarde aterricé en un hospital y empezó mi lucha por la vuelta a la normalidad. Había estado así durante más de un año. Tenía treinta y dos años de edad.

Cuando miro hacia atrás y veo ese horrible último año de constante beber, me pregunto cómo pude sobrevivir tanto física como mentalmente. Había habido, naturalmente, períodos en los que existía una clara comprensión de lo que había llegado a ser, acompañada por recuerdos de lo que había sido, y de lo que había esperado ser. El contraste era bastante impresionante. Sentada en un bar de la Segunda Avenida, aceptando tragos de cualquiera que los ofreciese, después de gastar lo poco que tenía; o sentada en casa sola, con el inevitable vaso en la mano, me ponía a recordar y, al hacerlo, bebía más de prisa, buscando caer rápidamente en el olvido. Era difícil reconciliar este horroroso presente con los simples hechos del pasado.

Mi familia tenía dinero — nunca había sido privada de ningún deseo material. Los mejores internados, y una escuela privada de educación social en Europa me había preparado para el convencional papel de debutante y joven matrona. La época en la que crecí (la era de la Prohibición inmortalizada por Scott Fitzgerald y John Held, Jr.) me había enseñado a ser alegre con los más alegres; mis propios deseos internos me llevaron a superarles a todos. El año después de mi presentación en la sociedad, me casé. Hasta aquel momento, todo iba bien — todo de acuerdo al plan indicado, como otros tantos miles. Entonces la historia empezó a ser la mía propia. Mi marido era alcohólico — yo sólo sentía desprecio por aquellos que no tenían para la bebida la misma asombrosa capacidad que yo — el resultado era inevitable. Mi divorcio coincidió con la bancarrota de mi padre, y me puse a trabajar, deshaciéndome de todo tipo de lealtades y responsabilidades hacia cualquiera que no fuera yo misma. Para mí, el trabajo era un medio para llegar al mismo fin, poder hacer aquello que quisiera.

Los siguientes diez años, hice sólo eso. Buscando más libertad y emoción me fui a vivir a ultramar. Tenía mi propio negocio, de suficiente éxito como para permitirme la mayoría de mis deseos. Conocía a toda la gente que quería conocer. Veía todos los lugares que quería ver. Hacía todas las cosas que quería hacer — y era cada vez más desgraciada. Testaruda, obstinada, corría de placer en placer y encontraba que las compensaciones iban disminuyendo hasta desvanecerse. Las resacas empezaron a tener proporciones monstruosas, y el trago de la mañana llegó a ser de urgente necesidad. Las lagunas mentales eran cada vez más frecuentes, y rara vez me acordaba de cómo había llegado a casa. Cuando mis amigos insinuaban que estaba bebiendo demasiado, dejaban de ser mis amigos. Iba de grupo en grupo, de lugar en lugar, y seguía bebiendo. Con sigilosa insidia, la bebida había llegado a ser más importante que cualquier otra cosa. Ya no me proporcionaba placer, simplemente aliviaba el dolor; pero *tenía* que tenerla. Era amargamente infeliz. Sin duda había estado demasiado tiempo en el exilio; debía volver a los Estados Unidos. Lo hice y, para sorpresa mía, mi problema empeoró.

Cuando ingresé en un hospital psiquiátrico para un tratamiento intensivo, estaba convencida de que tenía una seria depresión mental. Quería ayuda y traté de cooperar. Al ir progresando el tratamiento, empecé a formarme una idea más clara de mí misma, y de ese temperamento que me había causado tantos problemas. Había sido hipersensible, tímida, idealista. Mi incapacidad para aceptar las duras realidades de la vida me había convertido en una escéptica desilusionada, revestida de una armadura que me protegía contra la incomprensión del mundo. Esa armadura se había convertido en los muros de una prisión, encerrándome en ella con mi miedo y mi soledad. Todo lo que me quedaba era una voluntad de hierro para vivir mi propia vida a pesar del mundo exterior. Y allí me encontraba yo: una mujer aterrorizada por dentro y desafiante por fuera, que necesitaba desesperadamente un apoyo para continuar.

El alcohol era ese apoyo, y yo no veía cómo podía vivir sin él. Cuando el doctor me decía que no debía de beber nunca más, *no pude permitirme el creerle.* Tenía que insistir en mis intentos por enderezarme, tornando los tragos que necesitara, sin que se volvieran en mi contra. Además, ¿cómo podía *él* entender? No era bebedor, no sabía lo que era *necesitar* un trago, ni lo que un trago podía hacer por uno en un apuro. Yo quería *vivir*, no en un desierto, sino en un mundo normal. Y mi idea de un mundo normal era estar rodeada de gente que bebía; los abstemios no estaban incluidos. Estaba segura de que no podía estar con gente que bebía, sin beber. En esto tenía razón; no me sentía a gusto con *ningún* tipo de persona sin estar bebiendo. Nunca lo había estado.

Naturalmente, a pesar de mis buenas intenciones y de mi vida protegida tras los muros del hospital, me emborraché varias veces y quedé asombrada — y muy trastornada.

Fue en aquel momento cuando mi doctor me dio el libro *Alcohólicos Anónimos* para que lo leyera. Los primeros capítulos fueron una revelación para mi ¡Yo no era la única persona en el mundo que se sentía y comportaba de esa manera! No estaba loca, ni era una depravada; era una persona enferma. Padecía una enfermedad real que tenía un nombre y unos síntomas, como los de la diabetes o el cáncer. ¡Y una enfermedad era algo respetable, no un estigma moral! Pero entonces encontré un obstáculo. No tragaba la religión y no me gustaba la mención de Dios o de cualquiera de las otras mayúsculas. Si aquella era la salida, no era para mí. Yo era una intelectual y necesitaba una respuesta intelectual, no emocional. Así de claro se lo dije a mi doctor. Quería aprender a valerme por mí misma, no cambiar un apoyo por otro, y mucho menos por uno tan intangible y dudoso como aquél era. Así continué varias semanas, abriéndome camino a regañadientes a través del ofensivo libro y sintiéndome cada vez más desesperada.

Entonces, ocurrió el milagro. ¡A *mí*! A todo el mundo no le ocurre tan de repente, pero tuve una crisis personal que me llenó de cólera justificada e incontenible. Mientras bufaba desesperadamente de la cólera y planeaba una buena borrachera para *enseñarles*, mis ojos captaron una frase del libro que estaba abierto sobre la cama, "No podemos vivir con cólera." Los muros se derrumbaron y la luz apareció. No estaba atrapada; no estaba desesperada. Era *libre*, y no tenía que beber para enseñarles. Esto no era la "religión" ¡era libertad! Libertad de la cólera y del miedo, libertad para conocer la felicidad y el amor.

Fui a una reunión para conocer por mí misma al grupo de locos y vagabundos que habían realizado esta obra. Ir a una reunión de gente era una de esas cosas que toda mi vida — desde el día en que dejé mi mundo privado de libros y sueños para encontrarme en el mundo real de la gente, las fiestas y el trabajo — me había hecho sentir como una intrusa, y para ser parte de ellas necesitaba el estímulo de la bebida. Me fui temblando a una casa en Brooklyn llena de gente de mi clase. Hay otro significado de la palabra hebrea que se traduce como "salvación" en la Biblia, y éste es: "volver a casa". Había encontrado mi "salvación". Ya no estaba sola.

Aquel fue el principio de una nueva vida, una vida más completa y feliz de lo que nunca había conocido o creído posible. Había encontrado amigos, amigos comprensivos que a menudo sabían mejor que yo misma, lo que pensaba y sentía y que no me permitían refugiarme en una prisión de miedo y soledad por una ofensa o insulto imaginarios. Comentando las cosas con ellos, grandes torrentes de iluminación me mostraban a mí misma como en realidad yo era, y era como ellos. Todos nosotros teníamos en común cientos de rasgos característicos, de miedos y fobias, gustos y aversiones. De repente pude aceptarme a mí misma, con defectos y todo, como yo era — después de todo, ¿no éramos todos así? Y, aceptando, sentí una nueva paz interior, y la voluntad y la fuerza para enfrentarme a las características de una personalidad con las que no había podido vivir.

La cosa no paró allí. Ellos sabían qué hacer con esos abismos negros que bostezaban, listos para tragarme cuando me sentía deprimida o nerviosa. Había un programa concreto, diseñado para asegurarnos a nosotros, los evasivos de siempre, la mayor seguridad interior posible. Según iba poniendo en práctica los Doce Pasos, se iba disolviendo la sensación de desastre inminente que me había perseguido durante años. ¡Funcionó!

Miembro en activo de A.A. desde 1939, al fin me siento un miembro útil de la raza humana. Tengo algo con lo que puedo contribuir a la humanidad, ya que estoy peculiarmente cualificada, como compañera de fatigas, para prestar ayuda y consuelo a aquellos que han tropezado y caído en este asunto de enfrentarse con la vida. Tengo mi mayor sensación de logro al saber que he tomado parte en la nueva felicidad que han conseguido otros muchos como yo. El hecho de poder trabajar y ganarme la vida de nuevo, es importante, pero secundario. Creo que mi fuerza de voluntad, una vez exagerada, ha encontrado su justo lugar, porque puedo decir muchas veces al día, "Hágase Tu voluntad, no la mía"... y ser sincera al decirlo.

(4)

NUESTRO AMIGO SUREÑO

Pionero de A.A., hijo de ministro religioso, y granjero sureño, preguntó: "¿Quién soy yo para decir que no hay Dios?"

MI padre es un ministro episcopaliano y su trabajo le lleva a hacer largos viajes por malas carreteras. Tiene pocos feligreses pero muchos amigos porque para él no tiene importancia la raza, el credo o la situación social. Aquí viene ahora en su carruaje. Tanto él como su viejo Maud están contentos de llegar a casa. El viaje fue largo y frío pero estaba agradecido por los ladrillos calientes que una atenta persona le había dado para calentarse los pies. Muy pronto la cena está en la mesa. Mi padre bendice la mesa, lo cual atrasa mi ataque a las tortas de trigo sarraceno y las salchichas.

Llega la hora de acostarse. Subo a mi habitación en el ático. Hace frío y por eso me meto en seguida en la cama. Me meto debajo de una pila de mantas y apago la vela. Se está levantando el viento y aúlla alrededor de la casa. Pero yo me siento a salvo y seguro. Me quedo tranquilamente dormido.

Estoy en la iglesia. Mi padre está dando el sermón. Una avispa está subiendo por la espalada de una mujer que está enfrente de mí. Me pregunto si le llegará al cuello. ¡Qué lástima! Se ha ido volando. Por fin. Se ha terminado el sermón.

"Dejad que vuestra luz brille ante los hombres para que puedan ver vuestras buenas obras—." Busco mi moneda de cinco centavos para echar en el platillo para que se vean las mías.

Estoy en el cuarto de un compañero de la universidad. Me pregunta: "Novato, ¿te tomas un trago de vez en cuando?" Vacilo en responder. Mi padre nunca me ha hablado directamente acerca de la bebida, pero que yo sepa él no bebía. Mi madre odiaba el alcohol y tenía miedo a los borrachos. Su hermano había sido un bebedor y murió en un hospital del estado para los locos. Pero no se hablaba de su vida, al menos conmigo. Nunca me había tomado un trago, pero había visto en los muchachos que bebían la suficiente alegría como para despertar mi interés. Nunca llegaría a ser como el borracho del pueblo.

"Bien," dijo mi compañero, "¿lo haces?"

"De vez en cuando," dije mintiendo. No quería que pensase que yo era un mariquita.

Nos sirvió un par de copas. "Salud," dijo. Me la tomé de un trago y me atraganté. No me gustó pero no lo dije. Me sobrevino una agradable sensación de bienestar. Después de todo esto no estaba mal. Sí, me tomaré otra. Me sentía cada vez mejor. Llegaron otros muchachos. Se me desató la lengua. Todo el mundo se estaba riendo a carcajadas. Yo era ocurrente. No tenía ningún sentimiento de inferioridad. Ni siquiera estaba avergonzado de mis piernas delgadas. Esto era estupendo.

La habitación se iba llenando de una neblina. La luz eléctrica empezó a moverse. Luego aparecieron dos bombillas. Las caras de los otros muchachos parecían cada vez más borrosas. Qué mal me sentía. Me fui tambaleante hasta al baño. No debería haber bebido tanto ni tan de prisa. Pero ahora sabía cómo hacerlo. Después de esto bebería como un caballero.

Y así conocí a Don Alcohol, el gran señor que a mi petición me convertía en una persona jovial, que me daba tan buena voz cuando cantábamos y que me liberaba del temor y de los sentimientos de inferioridad. Era sin duda mi buen amigo.

Hora de los exámenes finales de mi último año y todavía tengo una posibilidad de graduarme. No habría intentado hacerlo pero mi madre lo espera con mucha ilusión. Gracias a un ataque de sarampión no me expulsaron durante mi segundo año.

Pero el fin está cerca. Mi último examen es bastante fácil. Miro las preguntas que hay en la pizarra. No puedo recordar la respuesta a la primera. Probaré la segunda. Esta tampoco. No parece que me acuerde de nada. Me concentro en una de las preguntas. No puedo fijar la atención en lo que estoy haciendo. Me siento nervioso. Si no empiezo pronto no me dará tiempo a terminar. En vano. No puedo pensar.

Me voy de la sala, lo cual se permite por el sistema de honor. Voy a mi cuarto. Me sirvo un trago de whisky con soda. Ahora vuelvo al examen. Mi pluma corre a toda prisa por la hoja. Sé lo suficiente para aprobar. Qué fiel amigo es Don Alcohol. Puedo contar con su ayuda. Qué poder ejerce sobre la mente. Me ha otorgado mi diploma.

Pesas menos de lo normal. Cuánto odio esta frase. Tres veces intenté alistarme en el ejército y tres veces me rechazaron por delgado. Claro que me he recuperado recientemente de una pulmonía y tengo una excusa, pero mis amigos ya están en la guerra o de camino y yo no lo estoy. Visito a un amigo que está esperando órdenes. Prevalece el ambiente de "come, bebe y diviértete" y lo absorbo. Todas las noches bebo mucho. Puedo aguantar mucho ahora, más que los demás.

Tengo que pasar un reconocimiento médico para alistarme y me admiten. Tengo que presentarme en el campo de entrenamiento el 13 de noviembre. Se firma el Armisticio el día 11 y se suspende el reclutamiento. Nunca fui al ejército. La guerra me deja con un par de mantas, un equipo de aseo, un suéter hecho por mi hermana y un sentimiento de inferioridad aún más grande.

Son las diez de la noche de un sábado. Estoy trabajando duro en los libros de contabilidad de una sucursal de una compañía grande. He tenido experiencia en vender, cobrar cuentas y en contabilidad y voy ascendiendo los peldaños.

Y entonces llega el colapso. El algodón cayó a pique y no se podía cobrar cuentas. Un superávit de 23 millones despareció. Oficinas cerradas y empleados despedidos. A mí me han transferido con los libros de contabilidad a la sede central. No tengo a nadie que me ayude y trabajo por las noches, los sábados y los domingos. Me han reducido mi sueldo. Afortunadamente, mi esposa e hijo recién nacido están en casa de unos familiares. Me siento agotado. El médico me ha dicho que si no trabajo al aire libre acabaré con tuberculosis. Pero qué voy a hacer. Tengo que mantener a la familia. No tengo tiempo para buscar otro trabajo.

Busco la botella que George el ascensorista acaba de darme.

Soy viajante. Se ha acabado el día sin mucho éxito. Voy a acostarme. Me gustaría estar en casa con la familia y no en este lúgubre hotel.

Pero mira quién está aquí. Mi amigo Carlitos. Cuánto me alegro de verte. ¿Cómo estás? ¿Una copita? Claro que sí. Compramos un galón de whisky por que está tan barato. No obstante, todavía ando con paso bastante seguro cuando me voy a la cama.

Llega la mañana. Me siento horrible. Un traguito me ayuda a enderezarme. Pero tengo que tomarme algunos más para mantenerme en pie.

Ahora soy maestro en una escuela para muchachos. Estoy contento en mi trabajo. Me llevo bien con los muchachos y lo pasamos muy bien en clase y fuera.

Las facturas del médico son muy elevadas y la cuenta de banco es baja. Mis suegros nos ayudan. Tengo el orgullo herido y estoy lleno de autocompasión. No parece que nadie me compadezca por mi enfermedad y yo no reconozco el amor que motiva el regalo.

Llamo al contrabandista para llenar mi barril carbonizado; pero no espero a que el barril suavice la bebida. Me emborracho. Mi esposa está muy triste. Su padre viene para sentarse conmigo. Nunca me dice nada hiriente. Es un verdadero amigo, pero yo no sé apreciarlo.

Nos quedamos en casa de mi suegro. Mi suegra está en el hospital en condición crítica. No puedo dormir. Tengo que calmarme. Bajo la escalera furtivamente y saco una botella de whisky del sótano. Me sirvo unos cuantos tragos uno tras otro. Aparece mi suegro. Le pregunto si le gustaría un trago. No me dice nada y parece que ni siquiera me ve. Se le muere su esposa esa noche.

Mi madre ya lleva mucho tiempo muriéndose de cáncer. Se está acercando al fin y está en el hospital. He estado bebiendo mucho sin llegar a emborracharme. No puedo dejar que mi madre lo sepa. La veo a punto de morir.

Vuelvo al hotel donde me alojo y consigo ginebra del botones. Me la bebo y me acuesto. Me tomo otros tragos más por la mañana y voy a visitar a mi madre. No puedo soportarlo. Vuelvo al hotel y consigo más ginebra. Sigo bebiendo sin tregua. Recobro el conocimiento a las tres de la mañana. Se ha vuelto a apoderar de mí una tortura indescriptible. Enciendo la luz. Tengo que salir del cuarto o me voy a tirar por la ventana. Voy caminando millas y millas. En vano. Voy al hospital donde he trabado amistad con el superintendente de noche. Me mete en la cama y me pone una inyección.

Estoy en el hospital visitando a mi esposa. Tenemos un nuevo hijo. Pero ella no está contenta de verme. He estado bebiendo durante el parto. Su padre se queda con ella.

Un día de noviembre frío y sombrío. He venido luchando ferozmente por dejar de beber, pero he perdido todas las batallas. Le digo a mi esposa que no puedo dejar de beber. Me suplica que me ingrese en un hospital para alcohólicos que alguien nos ha recomendado. Acepto hacerlo. Ella hace los arreglos, pero yo rehúso ir. Lo haré por mi cuenta a solas. Esta vez lo dejo para siempre. Sólo me voy a tomar unas pocas cervezas de vez en cuando.

Es el último día del siguiente mes de octubre, una mañana oscura y lluviosa. Me despierto encima de un montón de heno en un granero. Busco la bebida y no la encuentro. Me acerco a una mesa y me bebo cinco botellas de cerveza. Tengo que conseguir licor. De repente me siento desesperado, no puedo más. Voy a casa. Mi esposa está en el salón. Me estuvo buscando toda la noche desde que abandoné el auto y me fui vagando por ahí. Siguió buscándome por la mañana. Ya no puede aguantar más. Es inútil seguir intentándolo porque no hay remedio. "No digas nada", le digo. "Voy a hacer algo."

Estoy en un hospital para alcohólicos. Soy alcohólico. El manicomio me espera. ¿Me podrían encerrar en casa? Otra tontería. Podría irme al oeste y vivir en un rancho donde no pudiera conseguir nada para beber. Puede que haga esto. Otra tontería. Quisiera morirme como lo he deseado muchas veces. Soy demasiado cobarde para suicidarme.

Cuatro alcohólicos juegan al bridge en una sala llena de humo. Cualquier cosa para distraer la mente. Termina la partida y los otros tres se marchan. Me pongo a hacer la limpieza. Uno de los hombres vuelve y cierra la puerta.

Me mira. "Te crees que estás desahuciado, ¿verdad?," me pregunta.

"Sé que lo estoy," le respondo.

"Pues no lo estás," me dice. "Hoy hay hombres en Nueva York que estaban en peor situación que tú y ya no beben."

"¿Por qué has vuelto aquí?" le pregunto.

"Salí de aquí hace nueve días diciendo que iba a ser sincero, pero no lo he sido," me responde.

Un fanático, me digo a mí mismo, pero me callo por cortesía. "¿Qué hay?" le digo.

Entonces él me pregunta si creo en un poder superior a mí mismo, ya sea que lo llame Dios, Alá, Confucio, Causa Primera, Mente Divina, o cualquier otro nombre. Le dije que creo en la electricidad y en otras fuerzas de la naturaleza, pero en cuanto a Dios, si es que existe, nunca ha hecho nada por mí. Entonces me pregunta si estoy dispuesto a reparar todos los daños que pueda haber hecho a cualquier persona, por equivocadas que creyera que estaban estas personas. ¿Estoy dispuesto a ser sincero conmigo mismo acerca de mí mismo y contarle mis asuntos a otra persona y estoy dispuesto a pensar en otra gente y en sus necesidades en lugar de las mías para así liberarme de mi problema con la bebida?

"Haré cualquier cosa," replico.

"Entonces se han acabado todos tus problemas," me dice el hombre y se va del cuarto. Sin duda alguna este hombre está en mal estado mental. Cojo un libro y trato de leer pero no me puedo concentrar. Me meto en la cama y apago la luz. Pero no me puedo dormir. De repente se me ocurre una idea. ¿Es posible que toda la buena gente que he conocido esté equivocada acerca de Dios? Entonces me encuentro pensando en mí mismo y en algunas cosas que quería olvidar. Empiezo a ver que no soy la persona que creía ser, que me había juzgado a mí mismo comparándome con otros y siempre salía ganando. Me quedo sorprendido.

Luego se me ocurre una idea que es como una voz. "*¿Quién eres tú para decir que no hay Dios?*" Sigue resonando en mi cabeza. No me puedo librar de ello.

Me levanto de la cama y voy al cuarto de ese hombre. Está leyendo. "Tengo que hacerte una pregunta," le digo. "¿Cómo se encuadra la oración en esto?"

"Bueno," me dice, "a lo mejor has intentado rezar como yo lo he intentado. Cuando estabas en un apuro has dicho, 'Dios mío, haz esto o lo otro.' Y si los resultados eran de tu gusto, allí se acababa todo, y si no era así, has dicho: 'Dios no existe,' o 'no hace nada por mí,' ¿verdad?"

"Sí," le digo.

"Así no se hace," me dice. "Lo que yo hago es decir 'Dios, aquí estoy yo y aquí están mis problemas. Lo he arruinado todo y no puedo hacer nada para remediarlo. Aquí me tienes con todos mis problemas, haz lo que quieras conmigo.' ¿Te sirve esto de respuesta?"

"Sí," le respondo. Me vuelvo a la cama. No me parece tener sentido. De repente me sobreviene una ola de desesperación total. Estoy al fondo del infierno. Y allí nace una tremenda esperanza. Tal vez sea verdad.

Salto de la cama y me pongo de rodillas. No sé lo que estoy diciendo. Pero lentamente me viene una gran sensación de paz. Me siento con nuevos ánimos. Creo en Dios. Me vuelvo a la cama y duermo como un niño.

Algunos hombres y mujeres vienen a visitar a mi amigo de la noche anterior. El me invita a conocerlos. Es un grupo muy alegre. Nunca he visto gente tan alegre. Hablamos. Les hablo de lo de la paz y les digo que creo en Dios. Pienso en mi esposa. Debo escribirle. Una mujer me sugiere que la llame por teléfono. ¡Qué idea más maravillosa!

Al oír mi voz mi esposa sabe que he encontrado la solución. Viene a Nueva York. Salgo del hospital y vamos a visitar a algunos de estos nuevos amigos.

Estoy de vuelta en casa. He perdido la Comunidad. Todos los que me entienden están lejos. Sigo teniendo los mismos problemas y preocupaciones de siempre. Los miembros de mi familia me irritan. No parece que nada salga bien. Me siento triste y deprimido. Tal vez me ayudaría un trago. Me pongo el sombrero y salgo disparado en el auto.

Una cosa que me dijeron mis amigos de Nueva York fue que me interesara en las vidas de otras personas. Voy a ver a un hombre a quien me habían pedido que fuera a visitar y le cuento mi historia. Me siento mucho mejor. Me he olvidado del trago.

Estoy en un tren de camino a una ciudad. He dejado a mi esposa en casa, enferma, y he sido muy poco amable al dejarla. Me siento muy triste. Tal vez me ayudarán unos cuantos tragos cuando llegue a la ciudad. Se apodera de mí un gran temor. Hablo con la persona que está a mi lado. El temor y la idea loca desaparecen.

Las cosas en casa no van muy bien. Voy dándome cuenta de que no puedo hacer lo que quiero como solía hacer. Les echo la culpa a mi esposa y a los niños. La ira se apodera de mí, una ira tan intensa como nunca. No lo voy a aguantar. Hago las maletas y me voy. Me quedo en casa de algunos amigos comprensivos.

Veo que me he equivocado en algunas cosas. Ya no me siento airado. Vuelvo a casa y pido disculpas por mis errores. Me siento nuevamente tranquilo. Pero no me doy cuenta todavía que debo hacer actos constructivos de amor sin esperar nada a cambio. Me daré cuenta de esto después de tener algunas explosiones más.

Vuelvo a estar deprimido. Quiero vender la casa y trasladarme a otro sitio. Quiero estar en un lugar donde pueda encontrar a algunos alcohólicos a quienes ayudar y tener algunos compañeros. Un hombre me llama por teléfono. ¿Puede quedarse en mi casa un par de semanas un joven bebedor? Pronto tengo conmigo otros alcohólicos y otros que tienen otros problemas.

Empiezo a dármelas de Dios. Creo que puedo arreglar a todo el mundo. No arreglo a nadie, pero voy aprendiendo mucho y he hecho algunos amigos nuevos.

Nada anda bien. Estamos en mala condición económica. Tengo que encontrar una manera de ganar dinero. Parece que la familia está pensando únicamente en gastar dinero. La gente me fastidia. Intento leer. Intento rezar. Me veo hundido en la melancolía. ¿Por qué me ha abandonado Dios? Ando alicaído por la casa. No quiero salir y no quiero emprender nada. ¿Qué me está pasando? No puedo entender. No quiero ser así.

Voy a emborracharme. Tomo esta decisión con total frialdad. Es una acción premeditada. Me hago un pequeño apartamento encima del garaje; tengo libros y agua para beber. Voy al pueblo para comprarme algo que comer y alcohol para beber. No voy a tomarme nada hasta que vuelva. Luego me encerraré y me pondré a leer. Y mientras leo iré tomándome algunos traguitos a largos intervalos. Estaré sosegado y me quedaré así.

Subo al auto y me voy. A mitad de la avenida que lleva a la casa se me ocurre una idea. Por lo menos voy a ser sincero. Voy a decirle a mi esposa lo que voy a hacer. Doy marcha atrás y entro en la casa. Llamo a mi esposa y la llevo a una sala donde podemos hablar en privado. Le digo calmadamente lo que voy a hacer. No me dice nada. No se altera. Se queda allí perfectamente tranquila.

Cuando acabo de hablar, veo lo absurda que es la idea. No tengo el más mínimo miedo de nada. Me río de la locura de la propuesta. Hablamos de otras cosas. La fortaleza ha surgido de la debilidad.

Ahora no puedo ver la causa de esa tentación. Pero más tarde me daré cuenta de que todo empezó con que mi deseo de éxito material llegó a ser más fuerte que mi interés en el bienestar de mi prójimo. Llego a comprender mejor esa piedra angular del carácter: la honradez. Llego a darme cuenta de que nuestro sentido de la honradez se hace cada vez más agudo cuando actuamos de acuerdo con nuestro más noble concepto de la honradez.

Llego a entender que la sinceridad es la verdad y que la verdad nos liberará.

(5)

EL CICLO VICIOSO

*Cómo acabó quebrantando la obstinación de este
vendedor sureño y lo puso en camino de fundar A.A. en
Philadelphia.*

OCHO de enero de 1938—ese fue mi Día-D; el
lugar, Washington, D.C. Ese último viaje en
carrusel empezó el día antes de Navidad y en esos 14
días yo había logrado mucho. Primero mi nueva esposa
me abandonó llevando consigo las maletas y los muebles; luego el dueño de mi apartamento me echó del
apartamento vacío; y para colmo perdí otro empleo.
Después de pasar un par de días en varios hoteles de un
dólar al día y una noche en la cárcel, acabé en el portal
de la casa de mi madre, temblando violentamente, con
una barba de tres días y, como de costumbre, sin dinero. Muchas cosas parecidas me habían sucedido varias
veces en el pasado; pero en esta ocasión me habían
pasado todas a la misma vez.

Allí me encontraba a la edad de 39 años, un desastre
total. Nada había salido bien. Mi madre aceptó alojarme
sólo a condición de estar encerrado bajo llave en un
pequeño almacén después de haberle dado a ella mis
zapatos y mi ropa. Ya habíamos jugado este juego. Jackie
me encontró así, en paños menores, tumbado en un
catre, temblando, empapado de un sudor frío, con el
corazón latiéndome con fuerza, y con picores por todo
el cuerpo. De alguna manera, siempre me las arreglaba
para evitar los delirium tremens.

43

Tengo graves dudas de que hubiera llegado a pedir ayuda si no hubiera sido por Fitz, un viejo compañero de la escuela, quien convenció a Jackie de que me visitara. Si hubiera llegado dos o tres días más tarde, creo que lo habría echado a la calle, pero apareció cuando yo estaba abierto a cualquier cosa.

Jackie se presentó alrededor de las siete de la tarde y hablamos hasta las tres de la mañana. No me acuerdo mucho de lo que dijo, pero me di cuenta de que tenía enfrente de mí a alguien exactamente como yo; él había pasado tiempo en los mismos manicomios y las mismas cárceles, había conocido la misma pérdida de trabajos, las mismas frustraciones, el mismo aburrimiento y la misma soledad. Tal vez hubiera conocido todo esto mejor y con mayor frecuencia que yo. No obstante, estaba feliz, relajado, seguro de sí mismo y riéndose. Aquella noche, por primera vez en mi vida, admití sin rodeos lo solo que me sentía. Jackie me habló acerca de un grupo de personas en Nueva York, al que pertenecía mi viejo amigo Fitz, que tenían el mismo problema que yo y que, trabajando juntos para ayudarse unos a otros, ya no bebían y se sentían felices como él mismo. Dijo algo acerca de Dios o algún Poder Superior, pero yo le hice poco caso, todo eso no me interesaba nada. Del resto de la conversación, poco se me quedó en la memoria, pero sé que dormí el resto de aquella noche, y antes nunca había podido pasar una noche entera durmiendo.

Esa fue mi introducción a esta "Comunidad comprensiva," a la que un año más tarde se pondría el nombre de Alcohólicos Anónimos. Todos los que somos miembros de A.A. conocemos la tremenda alegría que hay en nuestra sobriedad; pero también hay tragedias. La historia de mi padrino, Jackie, era una de éstas.

Atrajo a muchos de nuestros pioneros, pero él mismo no logró mantenerse sobrio y murió de alcoholismo. La lección que aprendí por su muerte queda grabada en mi memoria; no obstante, muchas veces me pregunto qué hubiera pasado si otra persona hubiera venido a hacerme aquella primera visita. Así que siempre digo que mientras tenga presente ese día 8 de enero, me mantendré sobrio.

La pregunta perenne en A.A. es qué fue primero: la neurosis o el alcoholismo. Me gusta creer que yo era una persona bastante normal antes de que el alcohol se apoderara de mí. Pasé los primeros años de mi vida en Baltimore, donde mi padre era médico y comerciante de cereales. Mi familia era de posición acomodada y aunque mis padres bebían, a veces demasiado, no eran alcohólicos. Mi padre era una persona muy bien integrada y a pesar de que mi madre era algo nerviosa y un poco egoísta y exigente, nuestra vida familiar era bastante armoniosa. Éramos cuatro hijos; dos de mis hermanos se convirtieron en alcohólicos y uno murió de alcoholismo, pero mi hermana nunca se ha tomado un trago en su vida.

Asistí a las escuelas públicas hasta la edad de 13 años sin tener que repetir ningún curso y con calificaciones medias. No he dado muestras de ningún talento especial, ni he tendido ambiciones frustrantes. A los 13 años me enviaron a un prestigioso internado protestante en Virginia, donde estudié cuatro años y me gradué sin honores especiales. Era miembro del equipo de tenis y de atletismo; me llevaba bien con los muchachos y tenía un amplio círculo de amistades, pero ningún amigo íntimo. Nunca añoré mi hogar y siempre era bastante autosuficiente.

No obstante, en este lugar di mi primer paso hacia el alcoholismo al empezar a sentir una tremenda aversión por todas las iglesias y religiones establecidas. En esta escuela había lecturas de la Biblia antes de las comidas, y los domingos se celebraban cuatro servicios, y me puse tan rebelde que juraba que nunca me uniría o asistiría a ninguna iglesia, excepto en bodas y funerales.

A los 17 años me matriculé en la universidad, para contentar a mi padre que quería que yo estudiara medicina como él. Allí me tomé mi primer trago y lo recuerdo todavía, porque cada "primer" trago que tomé después de éste tenía exactamente el mismo efecto: podía sentirlo pasar por todas partes de mi cuerpo hasta los dedos de pies. Pero cada trago después del primero parecía tener menos efecto y después de tres o cuatro todos eran como agua. Nunca fui un borracho gracioso; cuanto más bebía más silencioso estaba, y cuanto más borracho estaba, más luchaba por mantenerme sobrio. Así que está claro que nunca me divertí bebiendo. Siempre parecía el más sobrio del grupo y de pronto era el más borracho. Incluso aquella primera noche tuve una laguna mental, lo que me lleva a creer que era alcohólico desde el primer trago. Mi primer año de universidad, apenas aprobé mis cursos. Me especialicé en póker y en beber. No quise unirme a ninguna fraternidad estudiantil, ya que quería ir por libre y aquel primer año me limitaba a borracheras de un día una o dos veces a la semana. El segundo año sólo bebía los fines de semana, pero casi me expulsaron por fracasar en mis estudios.

En la primavera de 1917 para evitar que me echaran de la universidad, me volví "patriótico" y me alisté en el ejército. Soy uno de los que salieron del ejército con un rango inferior al que tenía al entrar. Había asistido el verano anterior al campamento de entrenamiento para oficiales y por ello entré con el rango de sargento pero salí con el rango de soldado raso, y uno tiene que ser una persona bastante rara para hacer eso. En los dos años siguientes fregué más sartenes y pelé más papas que ningún otro recluta. En el ejército me convertí en alcohólico periódico: los períodos ocurrían cuando podía crearme la oportunidad. No obstante, me las arreglé para evitar el calabozo. Mi última borrachera en el ejército duró desde el 5 hasta el 11 de noviembre de 1918. El día 5 nos enteramos por la radio de que al día siguiente se iba a firmar el armisticio (una noticia prematura) así que me tomé un par de coñacs para celebrar; luego me subí a un camión y me fui sin permiso. Recuperé el conocimiento en Bar-le-Duc, a muchas millas de la base. Era el 11 de noviembre y las campanas estaban repicando y las sirenas estaban sonando por ser el día real del Armisticio. Allí estaba yo, sin afeitar, con las ropas rasgadas y sucias, sin ningún recuerdo de haber deambulado por toda Francia; y no obstante era un héroe para los franceses. De regreso a la base, me lo perdonaron todo por ser el fin de la guerra; pero a la luz de lo que he aprendido desde entonces, sé que era un alcohólico empedernido a la edad de 19 años.

Terminada la guerra y de regreso en Baltimore con mi familia, me dediqué a varios trabajos durante los tres años siguientes, y luego conseguí un puesto como agente de ventas, uno de los diez primeros empleados de una nueva compañía nacional de finanzas. ¡Qué oportunidad perdí! Esta compañía ahora tiene un volumen de ventas anual de más de tres mil millones de dólares. Tres años más tarde, a la edad de 25 años, abrí su sucursal en Philadelphia y estaba ganando más dinero de lo que he ganado desde entonces. Yo era sin duda el niño mimado, pero pasados dos años me pusieron en la lista negra por borracho irresponsable. No se tarda mucho en llegar al fondo.

Mi siguiente empleo fue en promoción de ventas para una compañía petrolera de Mississippi en la que tuve un rápido ascenso y recibí muchas palmaditas en la espalda. Luego, en un corto período de tiempo, destrocé dos automóviles de la compañía y ¡zas! me despidieron. Por extraño que parezca, el pez gordo que me despidió fue uno de los primeros hombres con quien me tropecé cuando me uní más tarde al Grupo de A.A. de Nueva York. Él también tuvo que pasar por grandes penalidades y llevaba dos años sin beber cuando lo volví a ver.

Después de perder el trabajo con la compañía petrolera, volví a Baltimore a vivir con mi madre, ya que mi primera esposa me había dicho adiós para siempre. Luego tuve un trabajo en ventas con una compañía nacional de fabricación de neumáticos. Reestructuré la política de ventas en la ciudad y, dieciocho meses más tarde, cuando tenía 30 años, me ofrecieron la gerencia de la sucursal. Como parte de este ascenso, me enviaron a su convención nacional en Atlantic City para contarles a los ejecutivos cómo lo había hecho. En aquella época me limitaba a beber los fines de semana, pero ya hacía un mes que no me había tomado nada. Llegado a mi habitación del hotel vi un anuncio debajo de un vaso que había en el escritorio que decía: "Está absolutamente prohibido beber en esta convención," firmado por el presidente de la compañía. Eso fue el colmo. ¿Quién, yo? ¿El personaje importante? ¿El único vendedor invitado a hablar en la convención? ¿El hombre que el lunes iba a asumir el mando de una de las sucursales más grandes? Les iba a enseñar quién manda aquí. Nadie de esa compañía me volvió a ver. Diez días más tarde telegrafié mi dimisión.

Mientras las cosas presentaran dificultades y el trabajo fuera exigente, yo siempre podía arreglármelas para controlar la situación, pero en cuanto captaba el truco, lograba dominar el asunto y el jefe me daba una palmadita en la espalda, estaba perdido. Los trabajos rutinarios me resultaban aburridos; por otro lado aceptaba los más complicados que podía encontrar y trabajaba día y noche hasta tenerlo bajo control; luego se convertía en algo tedioso, y yo perdía todo el interés en hacerlo. Nunca me preocupaba por los trabajos de seguimiento e invariablemente me premiaba a mí mismo por mis esfuerzos con aquel "primer" trago.

Después del trabajo con la compañía de neumáticos, llegó la década de los 30, la Depresión y la cuesta abajo. En los ocho años antes de que A.A. me encontrara tuve más de cuarenta trabajos, de vendedor y viajante, uno tras otro, y siempre la misma rutina. Trabajaba como un loco durante tres o cuatro semanas sin tomarme un solo trago; ahorraba dinero; pagaba algunas facturas y luego me "premiaba" a mí mismo con alcohol. Entonces volvía de nuevo a la ruina, me escondía en hoteles baratos por todo el país, pasaba alguna que otra noche en la cárcel, aquí o allá, y siempre tenía ese horrible sentimiento: "Qué más da, no hay nada que merezca la pena." Cada vez que sufría una laguna mental, y eso me pasaba cada vez que bebía, me sobrevenía aquel temor que me atormentaba: "¿Qué habré hecho esta vez?" En una ocasión lo supe. Muchos alcohólicos saben que pueden ir con su botella a un cine barato y beber, dormir, despertarse y volver a beber en la oscuridad. Fui a uno de esos cines una mañana con mi botella y al salir por la tarde, de camino a casa compré un periódico. Imagínense mi sorpresa al leer en la primera página que aquel día, alrededor del mediodía, me habían sacado del cine inconsciente y me habían llevado en ambulancia al hospital, me habían hecho un lavado de estómago y luego me dejaron ir. Evidentemente volví en seguida al cine con una botella, me quedé allí varias horas y luego me fui a casa sin acordarme de lo que había pasado.

Es imposible describir el estado mental del alcohólico enfermo. No me sentía resentido con nadie en particular; el mundo entero estaba equivocado. Mis ideas iban dando vueltas: ¿De qué se trata todo esto? La gente tiene sus guerras; se matan unos a otros; luchan ferozmente por conseguir el éxito—y ¿qué sacan de esto? ¿No he tenido yo éxito? ¿No he logrado cosas extraordinarias en el mundo de los negocios? ¿Qué saco yo de todo eso? Todo anda mal y no me importa nada. Durante los dos últimos años de mi carrera de bebedor, rezaba durante cada borrachera para no despertarme nunca. Tres meses antes de conocer a Jackie, hice mi segundo pobre intento de suicidarme.

Esa fue la historia que me llevó a estar dispuesto a escuchar aquel ocho de enero. Después de pasar dos semanas sin beber, pegado a Jackie, me di cuenta de que me había convertido en padrino de mi padrino, porque de pronto él se emborrachó. Me asombró enterarme de que él sólo llevaba un mes sin beber cuando me pasó el mensaje. Pero hice una llamada de socorro al grupo de Nueva York, a quienes aún no había conocido, y me sugirieron que fuéramos los dos. Fuimos al día siguiente y qué experiencia fue. Tuve una auténtica oportunidad de verme a mí mismo desde el punto de vista del no bebedor. Fuimos a la casa de Hank, el hombre que me había despedido once años antes en Mississippi y allí conocí a Bill, nuestro fundador. Bill llevaba tres años sobrio y Hank, dos. Los consideraba en aquel entonces un par de chiflados porque no sólo iban a salvar a todos los borrachos del mundo sino también a toda la gente normal. Ese primer fin de semana hablaban únicamente de Dios y cómo iban a arreglar la vida de Jackie y la mía. En aquellos días solíamos hacer los inventarios de nuestros compañeros rigurosa y frecuentemente. A pesar de todo esto, me gustaban estos nuevos amigos porque eran como yo. Todos habían sido personajes periódicos que habían metido la pata repetidamente en los momentos más inoportunos, y sabían, como yo, dividir un fósforo de cartón en tres fósforos separados. (Es muy útil saber hacerlo en lugares donde se prohíben los fósforos.) Ellos también habían ido en tren a un pueblo lejano sólo para despertarse en otro a cientos de millas de distancia en la dirección opuesta sin saber nunca cómo llegaron allí. Parecía que teníamos en común los mismos viejos hábitos. Durante ese primer fin de semana, decidí quedarme en Nueva York y aceptar todo lo que me ofrecían con excepción de "todo eso de Dios." Yo sabía que ellos tenían que enderezar sus ideas y sus costumbres; pero yo, yo estaba bien, solamente bebía demasiado. Con unos dólares para empezar y un pequeño empuje, pronto volvería a triunfar. Llevaba tres semanas sin beber, ya había limado las asperezas, y por mí mismo había conseguido que mi padrino lograra su sobriedad.

Bill y Hank acababan de tomar posesión de una

pequeña fábrica de cera para automóviles y me ofrecieron un trabajo: diez dólares a la semana y pensión completa en la casa de Hank. Estábamos a punto de llevar a la quiebra a Dupont.

En aquel entonces, el grupo de Nueva York estaba compuesto de unos doce hombres que trabajábamos de acuerdo al principio de sálvese quien pueda; no teníamos ninguna fórmula, ni siquiera un nombre. Seguíamos durante un tiempo las ideas de un hombre hasta decidir que estaba equivocado y luego cambiábamos de método siguiendo el ejemplo de otro. No obstante lográbamos mantenernos sobrios mientras permanecíamos unidos y seguíamos hablando. Había una reunión cada semana en la casa de Bill en Brooklyn, y todos nos íbamos turnando para jactarnos de haber transformado nuestras vidas de la noche a la mañana, y de la cantidad de borrachos que habíamos salvado y enderezado y, por último pero no por ello menos importante, para alardear del hecho de que Dios nos había tocado personalmente a cada uno de nosotros. ¡Qué cuadrilla de idealistas confundidos! Sin embargo todos abrigábamos un solo propósito sincero en lo más profundo de nuestros corazones: el de no beber. Durante los primeros meses, en nuestra reunión semanal yo era un peligro patente para la serenidad, porque aprovechaba toda oportunidad para arremeter contra ese "aspecto espiritual", según lo llamábamos, o cualquier otra cosa que tuviera el más leve olor a teología. Más tarde descubrí que los ancianos habían estado celebrando muchas reuniones rezando para encontrar una solución que les permitiera echarme a la calle y al mismo tiempo seguir siendo tolerantes y espirituales. No parecía que sus súplicas hubieran tenido una respuesta porque allí estaba yo, sobrio y vendiendo cantidad de cera para automóviles, de lo que ellos estaban realizando un beneficio del mil por ciento. Así que seguí avanzando feliz e independiente por mi propio camino hasta junio, cuando me fui de viaje para vender cera de automóviles por Nueva Inglaterra. Al final de una buena semana de ventas, dos clientes me invitaron a almorzar el sábado. Pedimos bocadillos y un hombre dijo "y tres cervezas." No puse ninguna objeción. Terminadas éstas otro hombre dijo "tres cervezas" y no puse objeción. Luego me tocó a mí pedir "tres cervezas"; pero esta vez fue diferente; había hecho una inversión de capital de 30 centavos lo cual, con un sueldo de diez dólares a la semana, representaba una cantidad importante. Por ello me bebí las tres cervezas, una tras otra y les dije a mis clientes, "nos veremos, muchachos," y me fui a la tienda a la vuelta de la esquina para comprarme una botella, y no los volví a ver nunca más.

Me había olvidado completamente de ese día 8 de enero cuando encontré la Comunidad, y pasé los cuatro días siguientes vagando medio borracho por Nueva Inglaterra, es decir no podía emborracharme ni desembriagarme. Intenté ponerme en contacto con los muchachos de Nueva York, pero me devolvieron los telegramas y cuando por fin logré contactar con Hank por teléfono, me despidió inmediatamente. En esa coyuntura me puse por primera vez a mirarme sinceramente a mí mismo. Me sentía más solo que nunca, porque incluso mis compañeros, gente como yo, se habían alejado de mí. Esta vez me dolió de verdad más que cualquier resaca que hubiera tenido. Se desvaneció mi brillante agnosticismo, porque vi por primera vez que los que realmente tenían fe, o por lo menos estaban intentando seriamente encontrar un Poder superior a ellos mismos, estaban más serenos y contentos de lo que yo había estado nunca, y parecían conocer un grado de felicidad que yo no había conocido nunca.

Unos pocos días más tarde, después de vender lo que me quedaba de cera para cubrir los gastos, llegué a Nueva York arrastrándome y con la lección bien aprendida. Cuando mis compañeros vieron la transformación de mi actitud, me volvieron a aceptar; pero por mi propio bien, tuvieron que ser duros conmigo; si no lo hubieran hecho así, no creo que me hubiera quedado. Nuevamente me veía enfrentado al desafío de un trabajo difícil, pero esta vez estaba decidido a seguir adelante. Durante mucho tiempo el único Poder Superior que yo podía reconocer era el poder del grupo; pero esto era mucho más de lo que yo había podido hacer antes, y era por lo menos un comienzo. También era un fin, porque desde el 16 de junio de 1938, no he tenido que andar solo nunca.

En ese entonces, se estaba redactando nuestro Libro Grande y todo estaba volviéndose más sencillo; teníamos una fórmula bien definida y todos estábamos de acuerdo en que este método era el término medio para todos los alcohólicos que deseaban la sobriedad. Esta fórmula no ha cambiado nada a lo largo de los años. No creo que los muchachos estuvieran perfectamente convencidos de la autenticidad de mi cambio de personalidad, porque no quisieron publicar mi historia en el libro, así que mi única colaboración en sus trabajos literarios fue mi firme creencia—por ser todavía un rebelde teológico—de que se debería matizar la palabra *Dios* añadiendo la frase "según nosotros Lo concebimos" porque a mí no me era posible aceptar la espiritualidad de otra manera.

Después de publicar el libro, todos nos encontrábamos muy atareados intentando salvar a todo el mundo; pero de hecho yo me mantenía al margen de A.A. Aunque asistía a las reuniones y estaba de acuerdo con todo lo que se hacía allí, nunca acepté un puesto de liderazgo activo hasta febrero de 1940. En esas fechas conseguí un buen puesto de trabajo en Philadelphia y pronto me di cuenta de que si quería seguir manteniéndome sobrio, tendría que tener algunos alcohólicos alrededor mío. Y así me encontré en un nuevo grupo. Cuando me puse a decirles a los muchachos cómo lo hacíamos en Nueva York y a hablarles detalladamente sobre el aspecto espiritual del programa, descubrí que no me iban a creer a no ser que predicara con el ejemplo. Y luego me di cuenta de que mientras iba aceptando la transformación espiritual o de personalidad, me iba sintiendo cada vez más sereno. Al decirles a los principiantes cómo podrían cambiar sus vidas y sus actitudes me veía a mí mismo cambiando un poco. Yo había sido demasiado autosuficiente para hacer un inventario moral, pero descubrí que al indicarle al recién llegado sus malas actitudes y acciones, yo estaba efectivamente haciendo mi propio inventario moral, y si esperaba que él fuera a cambiar, yo tendría que hacer algo para efectuar un cambio en mí mismo. Este proceso de cambiar ha sido para mí largo y lento, pero durante estos últimos años los dividendos han sido tremendos.

En el mes de junio de 1945, acompañado de otro miembro, fui a hacer mi primera—y única—visita de Paso Doce a una mujer alcohólica, y pasado un año me casé con ella. Se ha mantenido sobria ininterrumpidamente desde entonces, y esto ha sido muy bueno para mí. Podemos ser partícipes en las risas y las lágrimas de nuestros muchos amigos; y, lo más importante, podemos compartir nuestra manera de vida de A.A. y se nos ofrece cada día una oportunidad de ayudar a otras personas.

Para concluir, sólo puedo decir que sea cual sea el desarrollo o la comprensión que yo haya conocido y experimentado, no tengo ningún deseo de graduarme. Muy rara vez he faltado a las reuniones del grupo de A.A. de mi barrio y, como promedio, asisto a dos reuniones a la semana por lo menos. He servido solamente en un comité durante los últimos nueve años, porque creo que tuve mis oportunidades de hacerlo durante mi primeros años y ahora les corresponde a los recién llegados cubrir estos puestos. Ellos son mucho más espabilados y progresistas que éramos nosotros, los fundadores, y el futuro de nuestra comunidad está en sus manos. Ahora vivimos en el oeste del país y nos consideramos afortunados de poder contar con la Comunidad de nuestra área: buena, sencilla y amigable; y nuestro único deseo es seguir participando en A.A. y contribuyendo. Nuestro lema predilecto es: "Tómalo con calma."

Y sigo creyendo que mientras tenga presente aquel día 8 de enero en Washington, con la gracia de Dios, según Lo concibo yo, me mantendré felizmente sobrio.

(6)

LA HISTORIA DE JIM

Este médico, uno de los miembros pioneros del pri-
mer grupo de negros de A.A., cuenta cómo descubrió la
libertad al trabajar con su gente.

*N*ací en una pequeña aldea de Virginia en una
típica familia religiosa. Mi padre, que era
negro, servía a la localidad como médico. Recuerdo que
en mi infancia mi madre me vestía como solía vestir a
mis dos hermanas y yo llevaba el pelo largo y rizado
hasta la edad de seis años. A esa edad empecé a asistir a
la escuela, y por ello me deshice de los rizos. Descubrí
que ya a esa tierna edad tenía temores e inhibiciones.
Vivíamos a dos o tres casas de la iglesia Bautista y cuando había funerales recuerdo haber preguntado frecuentemente a mi madre si la persona había sido buena o
mala y si iba a ir al cielo o al infierno. En aquel entonces tenía unos seis años.

Mi madre era recién conversa y de hecho había llegado a ser una fanática religiosa. Ésa fue la manifestación principal de su neurosis. Era muy posesiva con sus
hijos. Mamá me inculcó un punto de vista muy purita-
no sobre las relaciones sexuales, así como sobre la
maternidad y la condición de la mujer. Estoy seguro de
que mis ideas referentes a cómo debería ser la vida eran
muy diferentes de las de la persona media con quien yo
tenía trato. Más tarde esta diferencia se iba a hacer sentir en mi vida. Ahora lo sé.

Alrededor de estas fechas, ocurrió en la escuela primaria un incidente que nunca he podido olvidar porque me demostró que yo era un cobarde. Durante el período de recreo estábamos jugando al baloncesto y yo, sin querer, hice caer a un compañero de clase un poco más grande que yo. Él agarró el balón y me pegó un balonazo en la cara. Ésa fue provocación suficiente para pelearme con él, pero no luché, y después del recreo me di cuenta del porqué. Por miedo. Y esto me dolió y me dejó muy alterado.

Mamá era de la vieja guardia y creía que yo debía asociarme sólo con gente correcta. Naturalmente, en mi época, los tiempos habían cambiado; ella no se había ajustado a los cambios. No sé si era bueno o malo, sólo sé que la gente pensaba de otra forma. Ni siquiera nos permitía jugar a las cartas en casa; pero de vez en cuando mi padre nos daba un vasito de whisky con azúcar y agua templada. En mi casa no había whisky aparte de la reserva privada de mi padre. Nunca en mi vida lo vi borracho. Él solía tomarse un traguito por la mañana y otro por la tarde, y yo también; pero normalmente tenía guardado su whisky en su oficina. Las únicas ocasiones en que veía a mi madre beber una bebida alcohólica era durante las Navidades, cuando se tomaba un ponche o un vaso de vino.

En mi primer año de la escuela secundaria, mi madre sugirió que no me uniera al cuerpo de cadetes. Consiguió un certificado médico para que yo no tuviera que ser miembro. No sé si ella era pacifista o si creía que, si hubiera otra guerra, esto tendría alguna influencia en mi decisión de alistarme.

Alrededor de esta época me di cuenta de que mi punto de vista sobre el sexo opuesto no se parecía al de los otros muchachos que yo conocía. Creo que por esta razón me casé antes de que lo hubiera hecho si no fuera por mi educación. Mi esposa y yo ahora llevamos 30 años casados. Violeta fue la primera chica con quien yo salí. En aquel entonces sufrí mucho por ella, porque no era la clase de muchacha con quien mi madre quería que yo me casara. En primer lugar, ya había estado casada; yo era su segundo marido. Mi madre se sentía tan resentida por esto que, la primera Navidad después de nuestra boda, no nos invitó a ir a cenar a su casa. Después del nacimiento de nuestro primer hijo, mis padres se hicieron aliados nuestros. Más tarde, después de que me volví alcohólico, ambos se pusieron en contra mía.

Mi padre venía del Sur y había sufrido mucho allí. Quería darme lo mejor, y creía que lo mejor sería que yo me hiciera médico. Por otro lado, creo que siempre tuve cierta inclinación hacia la medicina, aunque mi punto de vista sobre la medicina es diferente al de la persona media. Me dedico a la cirugía porque es algo que se puede ver; es más tangible. Pero recuerdo que en mis días de posgraduado y residencia cuando iba a ver a los pacientes solía empezar con un proceso de eliminación y muy a menudo acababa intentando adivinar lo que tenían. No era así con mi padre. Creo que él posiblemente tenía el don de la diagnosis intuitiva. Debido a que la medicina no era muy lucrativa en aquel entonces, mi padre había establecido un buen negocio de ventas por correo.

No creo haber sufrido mucho a causa de la situación racial porque así era cuando nací y no conocía nada diferente. No se maltrataba a una persona, aunque si se hacía, la persona sólo podía sentirse resentida. No podía hacer nada al respecto. Por otro lado, la situación era muy diferente más al sur. Las condiciones económicas tenían mucho que ver con esa situación. Con frecuencia, oía a mi padre decir que su madre hacía uso de los antiguos sacos de harina, haciendo un agujero al fondo y otros dos en las dos esquinas para así crear un vestido. Cuando mi padre llegó a Virginia para ir a la escuela, tenía resentimientos tan fuertes con los "blanquiñosos" sureños, como los solía tildar, que ni siquiera volvió allí para el funeral de su madre. Dijo que nunca volvería a pisar las tierras del Sur; y no lo hizo.

Fui a la escuela primaria y secundaria en Washington., D.C., y luego a la Universidad Howard. Hice mi residencia en Washington. Nunca tuve muchos problemas en la escuela. Podía hacer mis tareas sin dificultades. Sólo tenía problemas cuando me encontraba en situaciones sociales con otra gente. En cuanto a la escuela, siempre sacaba buenas notas.

Esto ocurrió alrededor de 1935 y por estas fechas empecé a beber. De 1930 a 1935, debido a la Gran Depresión y sus secuelas, los negocios iban de mal en peor. Tenía mi propia consulta médica en Washington, pero había cada vez menos pacientes y el negocio de ventas por correo empezó a decaer. Por haber pasado la mayor parte de su tiempo en un pequeño pueblo de Virginia, mi padre tenía poco dinero y el dinero que había ahorrado y las propiedades que había adquirido estaban en Washington. Tenía cincuenta años largos y todo lo que él había emprendido recayó sobre mis hombros cuando se murió en 1928. Durante los primeros años las cosas no fueron tan mal porque seguían marchando por su propia inercia. Pero cuando llegó el momento crucial, las cosas empezaron a venirse abajo y yo con ellas. Creo que hasta este punto sólo me había emborrachado tres o cuatro veces, y sin duda el whisky no me causaba ningún problema.

Mi padre había comprado un restaurante que creía me tendría ocupado en mi tiempo libre, y así fue cómo conocí a Violeta. Vino al restaurante para cenar. Ya la conocía desde hacía cinco o seis meses. Una tarde, para librarse de mí, se fue al cine con otra amiga. Un amigo mío, que tenía una farmacia al otro lado de la calle, pasó por el restaurante un par de horas más tarde y me dijo que había visto a Violeta en el centro de la ciudad. Le dije que ella me había dicho que se iba al cine, y como un tonto me enfadé y a medida que se iban agravando las cosas, me propuse ir a emborracharme. Ésa fue la primera vez en mi vida que realmente me emborraché. El temor de perder a Violeta y el sentimiento de que, aunque ella tuviera perfecto derecho a hacer lo que quisiera, debería haberme dicho la verdad me disgustó. Ése era mi problema: creía que todas las mujeres deberían ser perfectas.

Creo que no empecé a beber patológicamente hasta 1935 aproximadamente. Alrededor de esas fechas ya había perdido casi todas mis propiedades con excepción del lugar donde vivíamos. Las cosas habían ido de mal en peor. Como consecuencia, tuve que renunciar a muchas cosas a las que me había acostumbrado, y no me resultó muy fácil hacerlo. Creo que esto fue lo que realmente me hizo empezar a beber en 1935. Empecé a beber a solas. Volvía a mi casa con una botella y recuerdo muy claramente que miraba alrededor mío para ver si Violeta me estaba mirando. Ya debería haber sabido que algo andaba muy mal. Recuerdo verla observándome. Llegó el momento en que me habló del asunto, y yo decía que tenía un resfriado y no me sentía bien. Y así siguieron las cosas durante dos meses, y luego ella volvió a regañarme por la bebida. En aquel entonces, debido a la revocación de la Prohibición, nuevamente se podía comprar whisky, y yo iba a la tienda para comprar el mío y lo llevaba a mi oficina para esconderlo debajo del escritorio, y más adelante en otros lugares, y pronto había acumulado una buena cantidad de botellas vacías. Mi cuñado estaba viviendo con nosotros en aquel entonces, y yo le decía a Violeta, "tal vez las botellas sean de tu hermano. No sé. Pregúntale a él. No sé nada de las botellas." De hecho estaba ansiando tomarme un trago; sentía que lo necesitaba. Desde aquel momento en adelante, la mía es la historia típica de un bebedor.

Llegué al punto en que esperaba ansiosamente los fines de semana y las oportunidades que se me presentaban para beber, y para apaciguarme me decía que los fines de semana los tenía reservados para mí mismo y que el beber los fines de semana no interfería en mi vida familiar ni en mis negocios. Pero los fines de semana iban alargándose hasta incluir los lunes y pronto me encontré bebiendo todos los días. En esa coyuntura mi trabajo de médico apenas nos daba lo justo para vivir.

Una cosa peculiar ocurrió en 1940. En ese año, un viernes por la noche, un hombre a quien conocía hacía varios años, vino a mi consultorio. Mi padre le había atendido muchos años atrás. La esposa de este hombre había estado enferma un par de meses, y cuando vino a verme me debía una pequeña factura. Le receté y le di una medicina. Al día siguiente, sábado, volvió y me dijo: "Jim, te debo la medicina que me diste anoche. No te pagué." Pensé: "Sé que no me pagaste porque no te receté nada." Me dijo: "Sí. La receta que me diste anoche para mi esposa." El miedo se apoderó de mí porque no podía acordarme de nada. Ésa fue la primera laguna mental que tuve que reconocí como tal. A la mañana siguiente, llevé otra medicina a la casa de ese hombre y la cambié por la botella que tenía su esposa. Entonces le dije a mi esposa: "hay que hacer algo." Me llevé esa botella de medicina y se la di a un buen amigo mío que era farmacéutico para que la analizara y la medicina estaba perfectamente bien. Pero en este punto me di cuenta de que no podía parar y que era un peligro para mí mismo y para otros.

Tuve una larga conversación con un psiquiatra sin ningún resultado, y también por aquella época hablé con un pastor religioso a quien respetaba mucho. Él enfocó el asunto desde la perspectiva religiosa y me dijo que yo no iba a la iglesia con la debida frecuencia y que le parecía que ésa era, más o menos, la causa de mis problemas. Me rebelé contra esa idea, porque en la época en que estaba a punto de graduarme de la escuela secundaria, me vino una revelación acerca de Dios; y me complicó mucho las cosas. Se me ocurrió la idea de que si Dios, como mi madre decía, era un Dios vengativo, entonces no podía ser un Dios amoroso. No podía entenderlo. Me rebelé y, a partir de entonces, no creo que asistiera a la iglesia más de una docena de veces.

Después de este incidente en 1940, busqué otras formas de ganarme la vida. Tenía un buen amigo que trabajaba en el gobierno, y acudí a él para ver si me podía conseguir un trabajo. Me lo consiguió. Trabajé para el gobierno durante un año y seguí manteniendo mi consulta por las tardes hasta que las agencias gubernamentales fueron descentralizadas. Luego me fui al Sur porque me dijeron que el condado al que me dirigía en Carolina del Norte era un condado donde no se permitía la venta de alcohol. Pensé que esto sería una gran ayuda para mí. Conocería a algunas personas nuevas y estaría en un condado seco.

Pero cuando llegué a Carolina del Norte descubrí que no era nada diferente. El estado era diferente, pero yo no. No obstante, me mantuve sobrio unos seis meses porque sabía que Violeta iba a venir más tarde con los niños. En aquel entonces, teníamos dos hijas y un hijo. Algo pasó. Violeta había conseguido un trabajo en Washington. Ella también trabajaba para el gobierno. Empecé a preguntar dónde podría conseguirme un trago y descubrí que no era difícil. Creo que el whisky era más barato allí que en Washington. Las cosas iban empeorando hasta que llegaron a estar tan mal que el gobierno me volvió a investigar. Por ser alcohólico, astuto y porque aún me quedaba un poco de sentido común, sobreviví la investigación. Luego sufrí mi primera hemorragia estomacal grave. Pasé cuatro días sin poder ir a trabajar. También me metí en muchas dificultades económicas. Conseguí un préstamo de $500 del banco y $300 de la casa de empeños y me los bebí rápidamente. Entonces decidí volver a Washington.

Mi esposa me recibió amablemente, a pesar de que vivía en un apartamento de un solo cuarto con cocina. Se había visto reducida a esta situación. Prometí que iba a hacer lo debido. Ahora los dos estábamos trabajando en la misma agencia. Yo seguí bebiendo. Una noche de octubre me emborraché, me quedé dormido al aire libre bajo la lluvia y me desperté con pulmonía. Seguíamos trabajando juntos y yo seguía bebiendo y me imagino que los dos, en lo más profundo de nuestros corazones, sabíamos que yo no podía dejar de beber. Violeta creía que yo no quería dejar de beber. Tuvimos varias riñas, y en una o dos ocasiones le di un puñetazo. Decidió que no quería soportar más. Así que fue al tribunal y habló con el juez. Los dos idearon un plan según el cual ella podía evitar que yo la importunara de cualquier manera si así lo quería.

Volví a casa de mi madre para pasar allí unos cuantos días hasta que se calmaran las cosas, porque el fiscal había despachado una citación para que yo lo fuera a ver a su oficina. Un policía llamó a la puerta buscando a James S., pero allí no había nadie con ese nombre. Volvió varias veces. Pasados unos diez días, me metieron a la cárcel por estar borracho y este mismo policía estaba en la comisaría cuando me llevaron allí arrestado. Tuve que pagar una fianza de $300 porque él tenía la citación todavía en el bolsillo. Fui a ver al fiscal y acordamos que yo iría a vivir con mi madre, lo cual quería decir que Violeta y yo estábamos separados. Seguí trabajando y seguí yendo a almorzar con Violeta y ninguno de nuestros conocidos en el trabajo sabía que estábamos separados. Muy a menudo viajábamos juntos al trabajo, pero lo que realmente me daba rabia era la separación.

El siguiente mes de noviembre, me tomé unos días libres después del día de pago para celebrar mi cumpleaños, que era el 25 de ese mismo mes. Como de costumbre me emborraché y perdí el dinero. Alguien me lo quitó. Eso era lo que solía ocurrir. A veces se lo daba a mi madre y luego volvía para insistir que me lo devolviera. Tenía muy poco dinero. Me quedaban cinco o diez dólares en el bolsillo. El día 24, después de pasar bebiendo todo el día 23, debí de haber decidido que quería ver a mi esposa para tener una reconciliación o por lo menos hablar con ella. No recuerdo si fui en tranvía, caminando, o en taxi. Ahora lo único que recuerdo es que Violeta estaba en la esquina de las calles 8 y L, y recuerdo vívidamente que ella llevaba un sobre en la mano. Recuerdo hablar con ella, pero no lo que pasó después. Lo que realmente pasó fue que saqué una navaja del bolsillo y la apuñalé tres veces. Luego me fui y volví a casa para acostarme. Alrededor de las 8 ó 9, vinieron dos detectives y un policía para arrestarme por agresión; y yo me sentí la persona más asombrada del mundo cuando me dijeron que había agredido a alguien, y especialmente que había atacado a mi esposa. Me llevaron a la comisaría y me encerraron.

A la mañana siguiente tuve que comparecer ante el juez. Violeta fue muy amable y explicó al jurado que yo era fundamentalmente un buen hombre y un buen marido pero bebía demasiado y ella creía que me había vuelto loco y que me deberían encerrar en un manicomio. El juez dijo que si a ella le parecía así, haría que me confinaran tres días para tenerme en observación y examinarme. No hubo ningún tipo de observación. Puede que hicieran un poco de investigación. Lo más parecido a un psiquiatra fue un internista que me vino a sacar la sangre para hacer un análisis. Después del juicio, volví a sentirme magnánimo y me pareció que debería hacer algo para corresponderle a Violeta su bondad; así que dejé Washington y me fui a Seattle a trabajar. Estuve allí unas tres semanas y luego me impacienté y empecé a vagabundear por el país, de aquí para allá, hasta que acabé en Pennsylvania, en una acería.

Trabajé allí durante unos dos meses y entonces empecé a sentirme indignado conmigo mismo y decidí volver a casa. Creo que lo que más rabia me daba era que justo después del Domingo de Resurrección cobré mi sueldo de dos semanas y decidí que iba a enviarle algún dinero a Violeta y sobre todo que iba a enviarle un vestido de fiesta a mi hija. Pero daba la casualidad de que había una tienda de licores entre la acería y la oficina de correos y entré allí para tomarme un trago. Naturalmente la niña nunca recibió su vestido. Los $200 dólares que cobré aquel día de pago acabaron sirviéndome para muy poco.

Ya que sabía que yo solo no sería capaz de guardar la mayor parte de ese dinero, se lo di a un blanco, dueño del bar que frecuentaba, para que él me lo guardara. Acordó guardármelo pero yo no dejé de fastidiarle continuamente. El sábado antes de irme me quedaba un solo billete de 100 dólares; me compré un par de zapatos y despilfarré casi todo lo que quedaba. Con el poco dinero restante compré un billete de tren para regresar a Washington.

Unos diez días después de mi regreso, un amigo me llamó para pedirme que arreglara un enchufe eléctrico. Pensando únicamente en los dos o tres dólares que ganaría con los que podría comprarme whisky, hice el trabajo y así fue cómo conocí a Ella G., a quien debo mi ingreso a A.A. Fui al taller de este amigo para arreglar el enchufe, y allí vi a esta mujer. Ella me observaba sin decir nada. Finalmente me preguntó: "¿Te llamas Jim S.?" Y le dije que sí. Y luego me dijo quién era: Ella G. Años atrás cuando la conocí, era bastante delgada, pero en aquel entonces pesaba más o menos lo que pesa ahora, o sea alrededor de 90 kilos. No la había reconocido a primera vista, pero en cuanto me dijo su nombre la recordé inmediatamente. No me dijo nada en esa ocasión acerca de A.A., ni de conseguirme un padrino, pero me preguntó cómo estaba Violeta, y le respondí que Violeta estaba trabajando y le dije cómo podría ponerse en contacto con ella. Pasado un par de días, sonó el teléfono. Era Ella que me llamaba. Me preguntó si podría enviar a alguien a visitarme para hablar de un asunto de negocios. No dijo nada de mi consumo de whisky, porque si lo hubiera hecho, en seguida le habría dicho que no. Le pregunté de qué trataba este asunto, pero sólo me replicó que este hombre "tiene algo interesante que decirte, si le permites que vaya." Le dije que no tenía ningún inconveniente en verlo. Me pidió otra cosa más. Me pidió que, si fuera posible, estuviera sobrio para la entrevista. Y por ello hice un buen esfuerzo por estar sobrio ese día; aunque mi sobriedad no era sino una especie de aturdimiento.

Esa tarde, alrededor de las siete, se presentó Charlie G., mi padrino. Al principio no parecía muy cómodo. Me imagino que podía sentir que yo quería que se apresurara a decir lo que tuviera que decir y se fuera. Empezó a hablar acerca de sí mismo. Empezó a contarme sus penas y los problemas que tenía y me dije, ¿por qué me está contando sus problemas este hombre? Ya tengo los míos. Finalmente mencionó el asunto del whisky. Él seguía hablando y yo escuchando. Después de pasar él una hora hablando, yo todavía quería que se apresurara a terminar la historia y que se fuera para que yo pudiera ir a la tienda antes que cerrase para comprarme whisky. Pero a medida que él hablaba, iba dándome cuenta que ésta era la primera persona que había conocido que tenía los mismos problemas que yo y quien, lo creo sinceramente, me comprendía como individuo. Sabía que mi esposa no me entendía, porque todo lo que le había prometido a ella y a mi madre y a mis más íntimos amigos lo había hecho con toda sinceridad; pero el ansia de tomarme aquel primer trago era más poderosa que cualquier cosa.

Después de escuchar a Charlie hablar un rato, me di cuenta que este hombre tenía algo. En ese corto período de tiempo, logró despertar en mí algo que había perdido ya hacía muchos años, es decir, la esperanza. Cuando se marchó, le acompañé a la parada del tranvía, que estaba a una media cuadra de mi casa; pero entre mi casa y la parada había dos tiendas de licores, una en cada esquina. Cuando Charlie se subió en el tranvía y se fue, regresé a pie a casa sin siquiera pensar en las tiendas.

Al domingo siguiente nos reunimos en casa de Ella G. Allí estaban Charlie y otros tres o cuatro compañeros. Que yo sepa, ésa fue la primera reunión de un grupo de A.A. compuesto de gente negra. Celebramos una o dos reuniones en casa de Ella y luego dos o tres en la casa de su madre. Entonces Charlie, u otro compañero, sugirió que nos pusiéramos a buscar una sala para reunirnos en una iglesia u otro local. Abordé a varios pastores religiosos para proponerles la idea y todos decían que era una idea muy buena pero nadie nos ofreció un espacio. Así que fui al YMCA y ellos muy amablemente nos permitieron utilizar una sala a un alquiler de dos dólares por sesión. En aquel entonces efectuábamos nuestras reuniones los viernes por la tarde. Huelga decir que al comienzo no eran muy concurridas; la mayoría de las veces los únicos presentes éramos Violeta y yo. Pero con el tiempo logramos que otros dos o tres vinieran y se quedaran, y de allí, por supuesto, fuimos creciendo.

No he mencionado todavía el hecho de que Charlie, mi padrino, era blanco, y cuando iniciamos nuestro grupo contamos con la ayuda de otros grupos de gente blanca de Washington. Muchos compañeros, miembros de estos grupos, venían y nos apoyaban y nos explicaban cómo efectuar las reuniones. Y también nos ayudaron mucho, enseñándonos a hacer el trabajo de Paso Doce. Para decir verdad, si no hubiéramos podido contar con su ayuda, no habríamos sobrevivido. Nos ahorraron mucho tiempo y una gran pérdida de esfuerzos. Y, además, nos prestaron ayuda económica. Incluso cuando sólo teníamos que pagar dos dólares de alquiler por la sala de reuniones, a menudo eran ellos los que lo pagaban porque nuestra colecta era muy pequeña.

En esta época yo no trabajaba. Violeta me estaba cuidando y yo estaba dedicando todo mi tiempo a la fundación de nuestro grupo. Trabajé únicamente en esto durante seis meses. Iba recogiendo a los alcohólicos, uno tras otro, porque quería salvar a todo el mundo. Había descubierto este "algo" nuevo, y quería darlo a todos los que tenían un problema. No acabamos salvando a todo el mundo, pero nos las arreglamos para ayudar a algunas personas.

Ésta es la historia de lo que A.A. ha hecho por mí.

(7)

EL HOMBRE QUE DOMINÓ EL MIEDO

Pasó dieciocho años fugándose y luego se dio cuenta
de que no tenía por qué hacerlo. Y dio comienzo a A.A.
en Detroit.

URANTE DIECIOCHO AÑOS, desde que tenía 21 años de edad, el miedo dominó mi vida. Antes de cumplir los 30 años, había descubierto que el alcohol disolvía el miedo—por un rato. Al final, tenía dos problemas en vez de uno: el miedo y el alcohol.

Soy hijo de una buena familia. Me imagino que los sociólogos nos clasificarían como clase media alta. A los 21 años de edad, ya había vivido seis años en países extranjeros, hablaba tres idiomas con soltura y llevaba dos años de universitario. A los 20 años, debido a que mi familia estaba de capa caída, me vi obligado a empezar a trabajar. Entré en el mundo de los negocios con la absoluta seguridad de que sólo me esperaba el éxito. Por mi educación se me había inculcado esta confianza, y durante mis años adolescentes había demostrado diligencia e imaginación para ganar dinero. Que yo recuerde, nunca sufría de ningún temor inusitado. Las vacaciones escolares y de trabajo significaban para mí "viajar" y yo era un viajero entusiasta. Durante mi primer año de universidad salía con muchas chicas, e iba a muchos bailes, galas y cenas.

De repente todo esto cambió. Me sobrevino un ataque de nervios devastador. Pasé tres meses en la cama y tres más durante los que podía pasar breves períodos levantado y el resto del tiempo tumbado en la cama. Las visitas de mis amigos que duraban más de media hora me dejaban exhausto. Me hice un detenido reconocimiento médico en uno de los mejores hospitales del país y no descubrieron nada. Oí por primera vez la frase que iba a llegar a odiar: "No hay nada orgánicamente mal." Puede que la psiquiatría me hubiera ayudado, pero los psiquiatras aún no habían penetrado en el Medio Oeste.

Llegó la primavera. Fui a dar mi primer paseo. A media cuadra de mi casa, intenté doblar la esquina. El temor me dejó paralizado; pero en cuanto di la vuelta para volver a casa, el temor desapareció. Así empezó una serie sin fin de experiencias similares. Le conté esta experiencia a nuestro médico de cabecera, un hombre comprensivo que dedicaba muchas horas de su tiempo a intentar ayudarme. Me dijo que era imperativo que diera una vuelta completa a la manzana, me costara lo que me costara en angustia mental. Seguí sus instrucciones. Al llegar al punto directamente opuesto a la parte atrás de mi casa, desde donde podría haber cruzado por el jardín de un amigo, me sentí casi abrumado por el deseo de volver a casa; no obstante, hice el circuito completo. Es probable que muy pocos lectores de esta historia puedan comprender por su propia experiencia la euforia y la sensación de logro que yo sentí después de terminar esta tarea aparentemente simple.

No voy a contar todos los detalles de mi largo viaje de vuelta a una vida parecida a la normal—el primer corto viaje en un tranvía, la compra de una bicicleta usada que me permitió abrir nuevos horizontes en mi vida, el primer viaje al centro de la ciudad. Conseguí un trabajo fácil de tiempo parcial como vendedor para una pequeña imprenta del barrio. Esto amplió la esfera de mis actividades. Pasado un año, pude comprar un automóvil Modelo T y conseguir un mejor trabajo en una imprenta del centro. De este trabajo y del siguiente con otra imprenta me despidieron cortésmente. No tenía energía suficiente para ser este tipo de vendedor en frío. Pasé a ser un agente inmobiliario y gestor de propiedades. Casi al mismo tiempo descubrí que tomarse unos cócteles o whisky con soda por la tarde aliviaba las tensiones del día. Esta agradable combinación de un trabajo placentero y el alcohol duró cinco años. Por supuesto este último acabó matando a aquel; pero más sobre el asunto a continuación.

Todo esto cambió cuando yo tenía 30 años. Mis padres murieron, ambos en el mismo año, dejándome solo a mí, un hombre protegido y bastante inmaduro. Me fui a vivir a una "residencia para solteros". Todos los hombres allí bebían los sábados por la tarde y se divertían mucho. Mi manera de beber llegó a ser muy diferente a la de ellos. A causa de los nervios yo tenía fuertes dolores de cabeza, especialmente en la nuca. La bebida me los aliviaba. El alcohol acabó siendo un curalotodo. Yo participaba en las fiestas del sábado por la tarde y también me divertía. Pero también durante la semana, después de que mis compañeros se habían acostado, me quedaba despierto bebiendo hasta dormirme. Mi forma de pensar acerca de la bebida había cambiado. Por un lado, la bebida se había convertido en una muleta y, por otro lado, en un medio para retirarme de la vida.

Los nueve años siguientes fueron los de la Depresión, tanto nacional como personal. Armado con el valor que nace de la desesperación, y apoyado por el alcohol, me casé con una joven encantadora. Nuestra vida de casados duró cuatro años. Por lo menos tres de esos cuatro años debieron de haber sido un infierno para mi esposa porque tuvo que ser testigo de la desintegración moral, mental y económica del hombre que amaba. El nacimiento de un hijo no sirvió para detener el descenso en picado. Cuando por fin ella se marchó con el bebé, me encerré en la casa y estuve un mes borracho.

Los dos años siguientes no fueron sino un largo y lento proceso de cada vez menos trabajo y cada vez más whisky. Acabé sin hogar, sin trabajo, sin dinero y sin rumbo, huésped problemático de un íntimo amigo cuya familia estaba fuera de la ciudad. En medio de mi estupor diario—y pasé 18 ó 19 días en la casa de ese hombre—me acosaba la pregunta: ¿Adónde voy a ir cuando regrese su familia? Una tarde, poco antes del día de su regreso, sin habérseme ocurrido otra solución que el suicidio, fui al cuarto de Ralph y le conté la verdad. Era un hombre acomodado y podría haber hecho lo que hubieran hecho otros hombres en circunstancias parecidas. Podría haberme dado cincuenta dólares y haberme dicho que me enderezara e hiciera un nuevo comienzo. Durante los últimos dieciséis años, he dado gracias a Dios muchas veces porque *eso* fue exactamente lo que no hizo.

En lugar de hacer eso, se vistió, me llevó a un bar y me compró tres o cuatro dobles de whisky, y me puso en la cama. Al día siguiente me llevó a visitar a una pareja que no eran alcohólicos pero conocían al Dr. Bob y estaban dispuestos a llevarme en automóvil a Akron donde me dejarían a su cuidado. La única condición que me impusieron fue la siguiente: Me correspondía a mí tomar la decisión. ¿Qué decisión? Las posibilidades eran limitadas. Ir al norte, a los bosques de pinos y pegarme un tiro o ir al sur con la lejana esperanza de que un grupo de personas extrañas pudieran ayudarme a resolver mi problema con la bebida. El suicidio era el último recurso y yo no había llegado a ese punto todavía. Así que al día siguiente estos Buenos Samaritanos me llevaron a Akron y me pusieron en manos del Dr. Bob y el entonces pequeño grupo de Akron.

Mientras estaba en la cama del hospital, varios hombres con ojos serenos, caras de felicidad y un aire de confianza y decisión vinieron a verme y me contaron sus historias. Algunas historias eran difíciles de creer pero no hacía falta ser un gran cerebro para darse cuenta de que tenían algo que me podía servir. ¿Cómo conseguirlo? Era fácil, me dijeron, y me explicaron en sus propias palabras el programa de recuperación y la forma de vida diaria que hoy conocemos como los Doce Pasos de A.A. El Dr. Bob habló extensamente sobre la forma en que la oración le había liberado repetidas veces de la casi abrumadora compulsión por tomarse un trago. Fue él quien me convenció, por ser tan auténtica su propia convicción, de que un Poder superior a mí mismo podría ayudarme a superar las crisis de la vida y que el medio para comunicarse con este Poder era simplemente la oración. Aquí tenía frente de mí este yanqui alto, de facciones duras, bien instruido, que me estaba hablando de una manera muy práctica y realista sobre Dios y la oración. Si él y los demás compañeros podían hacerlo, yo también podría.

Cuando salí del hospital, el Dr. Bob y su muy amable esposa, Anne, me invitaron a quedarme en su casa. De repente me sentí presa del viejo pánico paralizador. El hospital me había parecido un lugar muy seguro. Ahora, me encontraba en una casa desconocida, en una ciudad extraña, y me acometió el temor. Me encerré en mi cuarto, el cual empezó a dar vueltas. Reinaban el pánico, la confusión y el caos. De esta vorágine surgieron sólo dos pensamientos coherentes: uno, un trago significaría vivir en la calle y la muerte; dos, ya no podía aliviar la tensión del temor volviendo a casa, como solía ser mi acostumbrada solución a este problema, porque ya no tenía hogar. Finalmente, y nunca sabré cuánto tiempo había pasado, me vino una clara idea: Prueba la oración. No tienes nada que perder y tal vez Dios te ayudará. Tal vez. Por no tener a otra persona a quien acudir, estaba dispuesto a darle a Dios una oportunidad, a pesar de tener graves dudas. Por primera vez en treinta años, me puse de rodillas. La oración que recé fue muy simple. Dije algo así: "Dios mío, desde hace dieciocho años he estado intentando resolver este problema sin conseguirlo. Te ruego me dejes ponerlo en tus manos."

Inmediatamente me sobrevino una tremenda sensación de paz y me sentí infundido de una fortaleza serena. Me tumbé en la cama y dormí como un niño. Una hora más tarde me desperté en un mundo nuevo. *Nada había cambiado y no obstante todo había cambiado.* Se me cayó la venda de los ojos y pude ver la verdadera dimensión de la vida. Había intentado ser el centro de mi propio mundo diminuto, pero Dios era el centro de un inmenso universo del cual yo formaba una parte tal vez esencial, pero muy pequeña.

Ya han pasado más de dieciséis años desde que recuperé la vida. Durante todo este tiempo, no me he tomado ni un trago. Esto en sí es un milagro. No obstante, es tan solo el primero de una serie de milagros que han sucedido, uno tras otro, como consecuencia de haber

intentado aplicar a mi vida diaria los principios encarnados en nuestros Doce Pasos. Me gustaría trazar para
ustedes en líneas generales los puntos sobresalientes de
estos dieciséis años de lento y constante progreso grati-
ficador.

Por motivos de salud y falta de dinero, tuve que quedarme casi un año en casa del Dr. Bob y Anne. Me sería
imposible repasar este año sin mencionar el amor y la
deuda que tengo para con estas dos maravillosas personas que ya no están con nosotros. Ellos y sus hijos me
hicieron sentir como si fuera parte de la familia. Ellos y
Bill W., cuyas visitas a Akron eran bastante frecuentes,
sentaron para mí un ejemplo de servicio a sus prójimos
que me infundió un gran deseo de emularlos. Durante
este año, a veces me rebelaba interiormente contra lo
que me parecía ser tiempo perdido por ser una carga
para estas buenas personas de medios limitados. Mucho
antes de tener una verdadera oportunidad de dar, tuve
que aprender la igualmente importante lección de recibir gentilmente.

Durante los primeros meses en Akron, estaba bastante seguro de no querer volver a pisar mi pueblo natal.
Allí me vería acosado por demasiados problemas econó-
micos y sociales. Volvería a empezar en otro lugar. Con
seis meses de sobriedad, veía la vida con otros ojos:
Tenía que volver a Detroit, no sólo para enfrentarme
con el lío que había creado, sino también porque allí era
donde podría ser de más utilidad a Alcohólicos Anónimos. En la primavera de 1939, Bill pasó por Akron de
camino a Detroit en viaje de negocios. Acepté al vuelo
la sugerencia de acompañarlo. Pasamos dos días juntos
allí antes de que él regresara a Nueva York. Algunos
amigos me invitaron a quedarme con ellos el tiempo

que quisiera. Me quedé con ellos tres semanas, aprovechando parte del tiempo para hacer enmiendas que no había tenido oportunidad de hacer antes.

El resto del tiempo lo dediqué al trabajo preparatorio de A.A. Buscaba a algunos candidatos "maduros"; no creía que fuera a hacer grandes progresos cazando a borrachos sueltos por los bares. Así que pasé el tiempo visitando a personas que yo creía que lógicamente tenían contacto con casos alcohólicos: médicos, ministros religiosos, abogados y jefes de personal de la industria. También hablé acerca de A.A. a cada amigo dispuesto a escucharme, en el almuerzo, en la cena o en la esquina de la calle. Un médico me sugirió mi primer candidato. Lo pesqué y lo envié por tren a Akron con una botella de whisky en el bolsillo para que no bajara del tren en Toledo. Hasta la fecha no he experimentado nada más emocionante que ese primer caso.

Aquellas tres semanas me dejaron completamente exhausto y tuve que regresar a Akron para pasar tres meses más de descanso. Mientras estaba allí, nos enviaron desde Detroit dos o tres "becarios" (como los solía llamar el Dr. Bob, probablemente porque tenían muy poco dinero). Cuando volví más tarde a Detroit para buscar trabajo y aprender a sostenerme a mí mismo, las cosas ya estaban en movimiento, aunque era lento. Pero pasaron seis meses de trabajo y desilusiones antes de poder juntar un grupo de tres hombres en el cuarto de la pensión donde me hospedaba para celebrar su primera reunión de A.A.

Parece sencillo, pero había dudas y obstáculos que vencer. Recuerdo bien una sesión que celebré conmigo mismo al poco tiempo de regresar. Fue más o menos así: Si voy gritando desde de los tejados que soy alcohólico, es muy posible que esto me impida conseguir un buen trabajo. Pero *supongamos que un hombre muera* porque yo por razones egoístas me quedé con la boca callada. No. Debía hacer la voluntad de Dios, no la mía. Su camino estaba claramente trazado ante mí y más valdría que dejara de justificar los atajos. No podía esperar conservar lo que había ganado a menos que lo diera a otros.

Seguía la Depresión y había escasez de trabajos. Todavía estaba un poco delicado de salud. Así que me creé un trabajo de vendedor de medias para mujeres y camisas para hombres hechas a la medida. Así tenía la libertad de hacer el trabajo de A.A. y descansar tres o cuatro días cuando no me quedaban fuerzas para seguir. Más de una vez me levanté por la mañana con el dinero justo para un café y una tostada y para ir en autobús a mi primera cita. Si no vendía nada, no almorzaba. No obstante, durante ese primer año, me las arreglé para mantenerme a mí mismo y evitar volver al viejo hábito de pedir dinero prestado cuando no podía ganarlo. Esto por sí solo fue un gran paso adelante.

Durante los tres primeros meses, hacía todo esto sin un automóvil, dependiendo completamente de los autobuses y los tranvías: yo que siempre tenía que tener un auto a mi inmediata disposición. Yo, que nunca en mi vida había dado un discurso y que hubiera estado muerto de miedo ante la perspectiva de hacerlo, me puse delante de los miembros del Club Rotary en diversas partes de la ciudad para hablar sobre Alcohólicos Anónimos. Yo, entusiasmado con el deseo de servir a A.A., participé en lo que probablemente fue el primer programa radiofónico sobre A.A., sobreviviendo un ataque de miedo al micrófono y sintiéndome grandemente satisfecho cuando terminó la emisión. Pasé una semana con los nervios de punta por haber aceptado hablar ante un grupo de alcohólicos internados en uno de los hospitales mentales del estado. Allí tuve la misma experiencia: euforia al cumplir la misión. ¿Hace falta que les diga quién sacó más provecho de todo esto?

Antes de pasar un año desde mi regreso a Detroit, A.A. era un grupo definitivamente establecido compuesto por doce miembros, y yo también estaba establecido en un modesto trabajo fijo de recogida y reparto de ropa para limpiar en seco. Era mi propio jefe. Sólo después de cinco años de vivir la vida de A.A. y con una mejoría sustancial de mi salud, pude aceptar un trabajo fijo de oficina en el que el jefe era otra persona.

Ese trabajo de oficina me obligaba a enfrentar un problema que había intentando eludir toda mi vida adulta: falta de entrenamiento. Esta vez hice algo al respecto. Me matriculé en un curso de contabilidad por correspondencia. Con este entrenamiento especializado y una buena formación comercial en la escuela de la dura experiencia, pude montar mi propio negocio de contable independiente dos años más tarde. Después de siete años de trabajo en este campo, se me presentó la oportunidad de asociarme con uno de mis clientes, un compañero de A.A. Nos complementamos muy bien: él es un vendedor nato y a mí se me dan mejor las finanzas y la administración. Por fin estoy haciendo el tipo de trabajo que siempre quería hacer y nunca tenía la paciencia ni la estabilidad emocional para prepararme para hacerlo. El programa de A.A. me enseñó a plantar los pies en la tierra, empezar desde abajo y ascender. Esto representa otro cambio importante para mí. En el pasado lejano solía empezar arriba como presidente o tesorero y acababa con el sheriff pisándome los talones.

Creo haber dicho bastante acerca de mi vida de negocios. Evidentemente he superado el miedo lo suficiente como para pensar en tener éxito en los negocios. Con la ayuda de Dios, soy capaz, un día a la vez, de asumir responsabilidades en los negocios, responsabilidades que, hace muy pocos años, no hubiera podido asumir ni soñando. Y ¿qué de mi vida social? ¿Qué de los temores que en una época me dejaban paralizado hasta tal punto de convertirme casi en ermitaño? ¿Y el miedo que tenía a viajar?

Sería una maravilla si les pudiera decir que mi confianza en Dios y mi diligencia en aplicar los Doce Pasos a mi vida diaria han eliminado el miedo completamente. Pero no sería cierto. Lo que les puedo decir francamente es: El miedo no ha dominado mi vida desde aquel día de septiembre de 1938, cuando descubrí que un Poder superior a mí mismo no sólo podría devolverme la cordura, sino que también me podría mantener sobrio y cuerdo. En los últimos dieciséis años nunca he intentado evadir nada a causa del temor. He hecho frente a la vida en vez de escaparme de la realidad.

Sigo sintiéndome nervioso al pensar en hacer algunas de las cosas que solían dejarme paralizado por temor; pero en cuanto me pongo a hacerlas, el nerviosismo desaparece y disfruto de la experiencia. En años recientes he podido contar con la feliz combinación de tiempo y dinero suficientes para viajar de vez en cuando. Soy propenso a ponerme muy nervioso un día o dos antes de embarcar, pero en cuanto empiezo el viaje, me lo paso bien.

Durante estos años ¿he tenido el deseo de tomarme un trago? Solamente una vez me vi acosado por una compulsión casi irresistible por beber. Por muy raro que parezca, las circunstancias y el ambiente eran muy agradables. Estaba sentado en una mesa elegantemente puesta para cenar. Estaba de muy buen humor. Llevaba en aquel entonces un año en A.A. y en lo que menos pensaba era en tomarme un trago. Tenía frente a mí una copa de jerez. Se apoderó de mí un deseo casi incontrolable de tomármela. Cerré los ojos y pedí ayuda. En quince segundos o menos el deseo se desvaneció. Ha habido varias ocasiones en las que he pensado en tomarme un trago. Normalmente estas ocasiones empiezan con recuerdos de experiencias agradables de beber que tenía de joven. Al comienzo de mi vida en A.A. me di cuenta de que no podía permitirme el lujo de acariciar tales pensamientos, como lo haría con un animal doméstico, porque este animal podría convertirse en monstruo. Así que en vez de fijarme en los vívidos recuerdos de felicidad, me pongo a pensar en una pesadilla de mis años posteriores de bebedor.

Hace veintinosecuántos años, eché a perder mi único matrimonio. Por lo tanto no era de extrañar que yo no considerara seriamente la posibilidad de casarme durante muchos años después de unirme a Alcohólicos Anónimos. El matrimonio exige aún más que el mundo de los negocios, buena fe y buena disposición para asumir responsabilidad y cooperar y practicar el dar y tomar. No obstante, debería de haber sentido, en lo más profundo de mi corazón, que llevar la vida egoísta del soltero era vivir a medias. Si vives solo, puedes efectivamente eliminar la pena de la vida; pero así eliminas también la alegría. En cualquier caso, todavía me esperaba el último paso hacia una vida completa. Así que, hace seis meses, me hice parte de una familia ya formada, compuesta de una esposa encantadora, cuatro hijos adultos, a quienes tengo gran cariño, y tres nietos. Por ser alcohólico, no podría ni pensar en hacer nada a medias. Mi esposa, una compañera de A.A., llevaba nueve años de viuda y yo 18 años de soltero. En tales casos, los ajustes resultan difíciles y se tarda algo en hacerlos, pero creemos que vale la pena. Los dos dependemos de Dios y de nuestra aplicación al programa de A.A. para que nos ayuden a hacer prosperar esta empresa conjunta.

Es muy pronto para saber hasta qué punto tendré éxito como marido. Sin embargo, creo que he llegado a ser suficientemente adulto como para emprender esta tarea que es el apogeo de la historia de un hombre que pasó dieciocho años intentando fugarse de la vida.

NO APRECIABA SU PROPIO VALOR

Pero descubrió que había un Poder Superior que tenía más fe en él que él tenía en sí mismo. Y de esa forma, A.A. nació en Chicago.

ME CRIÉ en un pueblecito de las afueras de Akron, Ohio, donde el estilo de vida era el típico de un pueblo pequeño. Tenía gran interés en los deportes y, por esto y la influencia de mis padres, no bebía ni fumaba en la escuela primaria o secundaria.

Todo esto cambió cuando fui a la universidad. Tenía que adaptarme a nuevas compañías y compañeros y parecía que lo más indicado era beber y fumar. Sólo bebía los fines de semana, y durante mis años de universidad y varios años después seguía bebiendo normalmente.

Después de graduarme de la universidad, fui a trabajar a Akron, y vivía en casa de mis padres. La vida hogareña volvió a ejercer una influencia moderadora. Cuando bebía, lo ocultaba de mis padres por respeto a sus sentimientos. Así seguí hasta la edad de 27 años. Luego empecé a viajar; mi territorio era los Estados Unidos y Canadá y con esta libertad y una cuenta de gastos ilimitada muy pronto me encontré bebiendo todas las noches y me engañaba a mí mismo diciéndome que era parte del trabajo. Ahora sé que el 60% de las veces bebía solo sin la compañía de los clientes.

En 1930, me trasladé a Chicago. Poco tiempo después, debido a la Depresión, descubrí que disponía de mucho tiempo libre y que un traguito por la mañana me servía de ayuda. Para 1932 mis borracheras duraban dos o tres días. Ese mismo año, mi esposa se hartó de mi forma de beber y llamó a mi padre en Akron para que viniera a recogerme. Le pidió que hiciera algo respecto a mí porque ella no podía. Estaba totalmente indignada.

Aquello fue el comienzo de cinco años de ida y vuelta entre mi casa de Chicago y Akron para dejar de beber. Durante este período las borracheras eran cada vez más frecuentes y más largas. En una ocasión, mi padre viajó hasta Florida para ayudarme porque el gerente de un hotel le había llamado y le había dicho que si quería volver a verme vivo, más valía que fuera allí lo más pronto posible. Mi esposa no podía entender por qué yo dejaba de beber por mi padre y no por ella. Hablaron entre ellos y mi padre le explicó que simplemente me quitó los pantalones, los zapatos y el dinero para que no pudiera conseguir licor y así no pudiera beber.

Una vez mi esposa decidió intentar hacer lo mismo. Después de encontrar todas las botellas que tenía escondidas en el apartamento, me quitó los pantalones, los zapatos y el dinero y las llaves, los escondió debajo de la cama del dormitorio de invitados y echó el cerrojo a la puerta del apartamento. Llegada la una de la noche, yo estaba desesperado. Encontré unos calcetines de lana, unos pantalones de franela blanca que habían encogido hasta llegarme a las rodillas y una vieja chaqueta. Arreglé el cerrojo de la puerta para poder volver a entrar y me fui. Me alcanzó una ráfaga de aire helado. Era el mes de febrero y había en el suelo una capa de nieve y de hielo, y la parada de taxis más cercana estaba a cuatro cuadras; pero llegué. En ruta al bar más cercano logré convencer al taxista de que mi esposa no me comprendía y de lo poco razonable que era. Cuando llegamos al bar, él se ofreció para comprarme un litro con su propio dinero. Luego al regresar al apartamento, él estaba dispuesto a esperar dos o tres días hasta que yo recobrara mi salud y le pudiera pagar el dinero de la botella y del viaje en taxi. Yo era un buen vendedor. A la mañana siguiente mi esposa no se podía explicar por qué yo estaba más borracho que la noche anterior visto que ella me había quitado todas las botellas.

A principios de enero de 1937, después de unas Navidades y un Día de Año Nuevo muy malos, mi padre vino a recogerme para pasar por la acostumbrada rutina de dejar de beber. Esto consistía en andar por la casa tres o cuatro días con sus noches hasta poder tomar algún alimento. Esta vez me hizo una sugerencia. Esperó hasta que yo estaba completamente sobrio y, el día antes de mi vuelta a Chicago, me dijo que había un pequeño grupo de hombres en Akron que aparentemente tenían el mismo problema que yo y estaban haciendo algo al respecto. Me dijo que estaban sobrios, felices y habían recuperado su dignidad y el respeto de sus vecinos. Mencionó a dos de ellos a quienes yo ya conocía muchos años y sugirió que hablara con ellos. Pero yo había recuperado la salud y además, me dije a mí mismo, nunca llegaría a encontrarme tan mal como ellos. Hacía tan sólo un año, había visto a Howard, ex médico, pidiendo diez centavos para comprarse un trago. Yo nunca llegaría a estar tan mal. Por lo menos habría pedido 25 centavos. Así que le dije a mi padre que yo lo podría vencer por mí mismo, que pasaría un mes sin beber y luego bebería sólo cerveza.

Pasados unos cuantos meses, mi padre estaba de

vuelta en Chicago para volver a recogerme, pero esa vez mi actitud era completamente diferente. No tardé en decirle que quería ayuda, que si esos hombres de Akron tenían una solución, yo la quería y haría cualquier cosa para conseguirla. Estaba totalmente derrotado por el alcohol.

Todavía tengo muy vivos recuerdos de llegar a Akron a las once de la noche, y sacar al mismo Howard de la cama para hacer algo para ayudarme. Pasó dos horas conmigo aquella noche contándome su historia. Me dijo que por fin llegó a enterarse de que beber era una enfermedad mortal, compuesta de una alergia más una obsesión, y una vez que el beber había pasado de ser un hábito a ser una obsesión, estábamos completamente desahuciados y condenados a pasar el resto de nuestras vidas en una institución mental—o morir.

Dio gran énfasis a la progresión de su actitud respecto a la vida y a la gente, y la mayoría de sus actitudes habían sido muy parecidas a las mías. A veces creía que él estaba contando mi historia. Yo creía que era completamente diferente de otra gente, que estaba volviéndome un poco loco, incluso hasta el punto de retirarme cada vez más de la sociedad y querer estar solo con la botella.

Aquí teníamos un hombre con casi la misma actitud ante la vida, sólo que él había hecho algo al respecto. Era feliz, disfrutaba de la vida y de la gente, y estaba volviendo a ejercer su profesión de médico. Al recordar aquella primera tarde, me doy cuenta de que por primera vez en ese momento empecé a sentir esperanza; y me parecía que si él podía recuperar esas cosas, tal vez también sería posible para mí.

Al día siguiente por la tarde, vinieron a visitarme

otros dos hombres y cada uno me contó su historia y las cosas que estaba haciendo para tratar de recuperarse de esta trágica enfermedad. Tenían ese algo que parecía brillar: una paz, una serenidad combinada con felicidad. Durante los dos o tres días siguientes, el resto de ese puñado de hombres vino a visitarme, me animaron, y me dijeron cómo estaban intentando vivir este programa de recuperación y lo mucho que se estaban divirtiendo al hacerlo.

Entonces y sólo entonces, después de un minucioso adoctrinamiento por parte de ocho o nueve individuos, se me permitió asistir a mi primera reunión. Esta primera reunión se celebró en la sala de estar de una casa y fue dirigida por Bill D., el primer hombre con quien Bill W. y el Dr. Bob habían tenido éxito.

En esa reunión había ocho o nueve alcohólicos y siete u ocho esposas. Era diferente de las reuniones que se celebran hoy día. No se había escrito el libro grande de A.A. y no había literatura aparte de varios folletos religiosos. El programa se transmitía solamente de palabra.

La reunión duró una hora y se cerró con el Padrenuestro. Después de terminar, pasamos a la cocina y tomamos café y rosquillas y seguimos hablando hasta muy entrada la noche.

Me quedé muy impresionado con esta reunión y con la felicidad de que hacían gala esos hombres a pesar de su falta de recursos materiales. En este pequeño grupo durante la Gran Depresión no había ninguno que no tuviera dificultades económicas.

En ese primer viaje, me quedé dos o tres semanas en Akron tratando de absorber tanto como fuera posible del programa y de la filosofía. Pasé mucho tiempo con el Dr. Bob, cuando él disponía de tiempo libre, y en las casas de dos o tres miembros, tratando de ver cómo vivía el programa la familia. Todas las tardes nos reuníamos en la casa de uno de los miembros y tomábamos café y rosquillas y pasábamos la tarde en compañía.

El día antes de volver a Chicago, el Dr. Bob—que tenía la tarde libre—me invitó a su oficina y pasamos tres o cuatro horas repasando formalmente el programa de Seis Pasos tal como era en aquel entonces. Los seis pasos eran:

1. Desinflamiento total
2. Dependencia y orientación de un Poder Superior
3. Inventario moral
4. Confesión
5. Restitución
6. Trabajo continuo con otros alcohólicos

El Dr. Bob me guió por todos estos pasos. Al llegar al inventario moral, mencionó varios malos aspectos de mi personalidad o defectos de carácter, tales como el egoísmo, el engreimiento, los celos, el descuido, la intolerancia, el mal genio, el sarcasmo y los resentimientos. Hablamos de estos defectos detenidamente y al final me preguntó si quería eliminarlos. Cuando le dije que sí, nos pusimos de rodillas y rezamos, cada uno de nosotros pidiendo que se nos quitaran estos defectos.

Aún tengo muy vívida esta imagen. Si llego a vivir cien años, siempre la tendré viva en mi memoria. Fue muy impresionante, y me gustaría que todos los A.A. pudieran contar con este tipo de apadrinamiento hoy día. El Dr. Bob siempre recalcaba fuertemente el aspecto religioso, y creo que servía de ayuda. Sé que a mí me sirvió de ayuda. Entonces, el Dr. Bob me guió por el paso de restitución y yo hice una lista de todas las personas a quienes había causado daño y empecé a idear formas y maneras de hacer enmiendas poco a poco.

En este momento tomé varias decisiones. La primera fue que trataría de formar un grupo en Chicago; la segunda fue que tendría que volver a Akron para asistir a las reuniones por lo menos cada dos meses hasta que el grupo estuviera funcionado en Chicago; la tercera fue que antepondría este programa a todo, incluso a mi familia, porque si no mantenía mi sobriedad, acabaría perdiendo a mi familia. Si no mantenía mi sobriedad, no tendría trabajo. Si no mantenía mi sobriedad, me quedaría sin amigos. De hecho ya me quedaban muy pocos.

Al día siguiente volví a Chicago y empecé una vigorosa campaña con mis supuestos amigos y compañeros de bebida. La respuesta era siempre la misma: Si en alguna ocasión lo necesitaran, con toda seguridad se pondrían en contacto conmigo. Fui a visitar a un ministro religioso y a un médico a quienes conocía, y ellos a su vez me preguntaron que cuánto tiempo había estado sobrio. Cuando les dije que llevaba seis semanas sobrio, me dijeron muy cortésmente que se pondrían en contacto conmigo si supieran de alguien que tuviera un problema con el alcohol.

Como es de suponer, pasó un año o más antes de que se pusieran en contacto conmigo. En mis viajes a Akron para recargar mis ánimos y trabajar con otros alcohólicos, le preguntaba al Dr. Bob acerca de esta demora y me preguntaba a mí mismo si estaba haciendo algo mal. El me respondía invariablemente: "Cuando estés listo y llegue el momento propicio, la Providencia proveerá. Siempre tienes que estar bien dispuesto y seguir haciendo contactos."

Unos pocos meses después de hacer mi primer viaje a Akron, estaba sintiéndome bastante gallito y no me parecía que mi esposa me estaba tratando con el debido respeto ahora que yo era un eminente ciudadano. Así que decidí emborracharme deliberadamente solo para que ella se diera cuenta de lo que se estaba perdiendo. Una semana después tuve que recurrir a un viejo amigo de Akron para que pasara dos días conmigo quitándome la borrachera. Esa fue la lección que aprendí: que uno no puede hacer un inventario moral y luego archivarlo, que el alcohólico tiene que seguir haciendo su inventario todos los días si espera mejorarse y mantenerse sobrio. Aquella fue mi única recaída. Me enseñó una valiosa lección. En el verano de 1938, casi un año después de hacer mi primer contacto con Akron, el hombre para quien estaba trabajando y que había oído del programa, vino a hablar conmigo y me preguntó si podía hacer algo por uno de sus vendedores que bebía mucho. Fui a verlo al hospital en que estaba confinado y descubrí para mi gran asombro que él estaba interesado. Hacía mucho tiempo que quería hacer algo respecto a su forma de beber, pero no sabía qué. Pasé varios días con él, pero no me sentía competente para transmitirle el programa. Así que le sugerí que fuera a Akron un par de semanas, y lo hizo, y se alojó en la casa de una de las familias de A.A. de allí. A partir de su regreso a Chicago, teníamos reuniones prácticamente todos los días.

Varios meses más tarde, un hombre que había estado en contacto con el grupo de Akron vino a vivir en Chicago, y los tres seguimos celebrando reuniones informales con bastante regularidad.

En la primavera de 1939, se imprimió el Libro

Grande, y recibimos dos solicitudes de información de la oficina de Nueva York, con referencia a un programa de radio de quince minutos que se hizo. Ninguna de estas personas estaba interesada por sí misma. Una de ellas era una madre que quería hacer algo por su hijo. Le sugerí que debería ir a consultar con el ministro religioso o médico de su hijo, y que tal vez le recomendaría el programa de A.A.

El médico, un hombre joven, se entusiasmó inmediatamente con la idea, y aunque no logró convencer al hijo, nos envió dos personas que estaban muy deseosas de seguir el programa. Nosotros tres no nos sentíamos capaces de hacer el trabajo y después de algunas reuniones lo convencimos de que ellos también deberían ir a Akron donde podrían ver en acción un grupo más antiguo.

Mientras tanto, un médico de Evanston, se convenció de que el programa tenía posibilidades y nos envió una mujer para que la ayudáramos. Ella estaba rebosante de entusiasmo y también hizo el viaje a Akron. Inmediatamente después de su regreso a Chicago en el otoño de 1939, empezamos a efectuar reuniones formalmente una vez a la semana y desde entonces hemos seguido haciéndolo y creciendo.

De vez en cuando, se nos ofrece a algunos de nosotros la posibilidad de ver crecer a una cosa buena de un pequeño grano hasta llegar a ser algo de gigantesca bondad. Yo he tenido este privilegio, a nivel nacional y en la ciudad en donde vivo. De un mero puñado en Akron, hemos ido extendiéndonos por todas partes del mundo. De un solo miembro en el área de Chicago que hacía regularmente el viaje a Akron, ahora somos más de seis mil.

Estos últimos dieciocho años han sido los más felices

de mi vida, por muy trillada que parezca la frase. Si hubiera seguido bebiendo, no habría disfrutado de quince de esos años. Antes de dejar de beber los médicos me dijeron que me quedaban como mucho tres años de vida.

Esta última parte de mi vida ha tenido un objetivo, no en términos de grandes logros sino en el vivir diario. El valor para hacer frente a cada día ha reemplazado a los temores e incertidumbres de los años anteriores. La aceptación de las cosas tal como son ha reemplazado a la impaciencia que me consumía por conquistar el mundo. Ya no trato de arremeter contra los molinos de viento sino que intento cumplir los quehaceres cotidianos que por sí mismos son de poca importancia, pero que son parte integrante de vivir plenamente.

En el pasado me trataban con escarnio, desdén y lástima; ahora disfruto del respeto de mucha gente. En el pasado tenía conocidos, todos ellos amigos en las buenas épocas; ahora tengo multitud de amigos que me aceptan por quien soy. Y durante los años que he pasado en A.A. he hecho muchas amistades auténticas y sinceras que siempre apreciaré.

Se me considera un hombre que ha tenido un éxito moderado en la vida. No tengo grandes posesiones materiales. Pero tengo una gran riqueza en amistades, valor, seguridad de mí mismo, y una justa valoración de mis habilidades. Sobre todo, he conseguido lo mejor que se le puede conceder a una persona: el amor y la comprensión de un Dios bondadoso que me ha levantado del basurero alcohólico para ponerme en un puesto de responsabilidad, en el que he podido cosechar los ricos frutos de haber demostrado un poco amor por los demás y de servirles en lo que pueda.

(9)

LAS LLAVES DEL REINO

Esta dama de mundo contribuyó al desarrollo de A.A. en Chicago y así pasó sus llaves a mucha gente.

ACE UN POCO MÁS de quince años, por una larga y calamitosa serie de experiencias devastadoras, me encontré impulsada hacia la destrucción total sin poder hacer nada para detenerlo. Era impotente, incapaz de cambiar el curso actual de mi vida. Cómo pude haber llegado a este trágico punto muerto, no se lo podría haber explicado a nadie. Tenía 33 años y se me había acabado la vida. Estaba atrapada en un ciclo de alcohol y sedantes que parecía ser ineludible, y el simple hecho de estar consciente había llegado a ser intolerable.

Yo era producto de la época de la Prohibición de la posguerra, los locos años veinte. La época de la "*It girl*", las muchachas liberadas, con el pelo cortado al estilo paje, la época de los bares clandestinos, las botellas de petaca, y los vaqueros de pacotilla, de John Held, Jr. y F. Scott Fitzgerald, todo salpicado con una patente pseudosofisticación. Claro que esa fue una era de confusión, pero la mayoría de mis conocidos salió de aquella época con los pies sobre la tierra y una buena ración de madurez adulta.

Y no podría yo culpar a las circunstancias de mi niñez por mi dilema. No podría haber elegido padres más atentos y cariñosos. Disfrutaba de todas las ventajas imaginables en un hogar bien ordenado. Fui a las mejo-

94

res escuelas, los mejores campamentos de verano, pasamos vacaciones en los mejores centros turísticos, viajamos a lugares exóticos e interesantes. Cualquier deseo razonable que tuviera, me habría sido posible satisfacerlo. Era fuerte y sana y muy atlética.

A la edad de 16 años experimenté algunos de los placeres del beber social. Me gustaba todo lo relacionado con el alcohol: el sabor, los efectos; y ahora me doy cuenta de que un trago me producía un efecto diferente del que les producía a otros. Al poco tiempo encontraba muy aburrida cualquier fiesta en la que no se sirviera alcohol.

Me casé a los 20 años, tuve dos hijos y me divorcié a los 23. Mi hogar deshecho y mi corazón destrozado avivaron las brasas de mi autocompasión hasta convertirlas en una gran hoguera y esto me daba suficientes motivos para tomarme un trago y luego otro más.

A los 25 años tenía un problema con el alcohol. Empecé a visitar a médicos con la esperanza de que uno de ellos pudiera encontrar un remedio para mis cada vez más numerosas dolencias, preferiblemente algún tipo de operación quirúrgica.

Por supuesto los médicos no encontraron nada por el estilo. Solamente una mujer inestable, poco disciplinada, mal adaptada y llena de temores indescriptibles. La mayoría de ellos me recetaron sedantes y me aconsejaron descanso y moderación.

Entre los 25 y 30 años de edad, lo fui probando todo. Me trasladé a Chicago, a un nuevo entorno, a mil millas de mi hogar. Estudié arte; me esforcé desesperadamente por despertar mi interés en multitud de cosas. Nada me dio el resultado deseado. Seguía bebiendo cada vez más, a pesar de mi lucha por controlarme. Probé el régimen de cerveza, el régimen de vino, intenté espaciar los tragos, medirlos. Tomar bebidas solas o tomar bebidas combinadas. Intenté beber sólo cuando me sentía feliz, o sólo cuando me sentía deprimida. Y no obstante, a los 30 años de edad me encontré acosada, dominada por una compulsión por beber completamente fuera de mi control. No podía dejar de beber. Lograba mantenerme abstemia breves intervalos de tiempo, pero siempre me sobrevenía como una oleada la apremiante *necesidad* de beber y, mientras me sentía envuelta en esa oleada, me entraba tal pánico que creía que si no me tomaba ese trago me moriría.

Huelga decir que no era una forma placentera de beber. Ya hacía tiempo que había dejado de fingir ser una bebedora social. Bebía en pura desesperación, sola y encerrada en mi casa. Sola en la relativa seguridad de mi hogar porque sabía que no podía arriesgarme a perder el conocimiento en un lugar público o al volante de mi automóvil. Ya no podía prever cuánto podría aguantar, si iba a ser el segundo o el décimo trago el que me quitaría el conocimiento.

Durante los tres años siguientes me encontré en varios sanatorios, una vez pasé diez días en coma, del que casi no me recuperé. Fui entrando y saliendo de hospitales o estuve confinada en casa con enfermeras de día y de noche. Llegada a ese punto, quería morirme pero no tenía el valor de suicidarme. Estaba atrapada y no tenía la más vaga idea de cómo o por qué me había sucedido todo esto. Y durante todo este tiempo, mi temor alimentaba mi creciente convicción de que muy pronto sería necesario que me encerraran en una institución. Nadie se comportaba así fuera de los manicomios. Me sentía abatida, avergonzada. Sentía un temor cercano al pánico. Sólo podía escapar perdiendo el conocimiento. Sin duda alguna ahora todo el mundo podría haber visto que sólo un milagro podría salvarme del colapso total. Pero ¿dónde se puede conseguir una receta para un milagro?

Ya hacía un año que un médico estaba insistiendo en ayudarme. Él había probado todo, desde hacerme asistir a misa diariamente a las seis de la mañana hasta ponerme a realizar las labores más insignificantes para sus pacientes de beneficencia. Nunca sabré por qué se preocupó por mí tanto tiempo, porque él sabía que en la medicina no había remedio para mí, y, a él como a los demás médicos de la época, se le había enseñado que los alcohólicos eran incurables y no había que hacerles caso. Se recomendaba a los médicos atender a los pacientes que pudieran beneficiarse de la medicina. Sólo podían ofrecer al alcohólico un alivio pasajero y, en las últimas etapas, ni siquiera eso. Era una pérdida de tiempo para el médico y un desperdicio de dinero para el paciente. Sin embargo, había algunos médicos que consideraban el alcoholismo como una enfermedad y les parecía que el alcohólico era víctima de algo que no podía controlar. Tenían una vaga sospecha de que debía de haber una solución para esta gente aparentemente desahuciada. Afortunadamente para mí, mi médico era uno de los progresistas.

Y luego, en la primavera de 1939, un libro extraordinario salió de una imprenta de Nueva York con el título *Alcohólicos Anónimos*. No obstante, debido a dificultades económicas, por un tiempo toda la tirada se quedó en la casa impresora y el libro no tuvo ninguna publicidad y, aún si uno sabía de su existencia, no se podía comprar en las librerías. Pero de alguna que otra manera mi médico se enteró de este libro y llegó a saber algo de la gente responsable de su publicación. Escribió a Nueva York para pedir un ejemplar y, después de leerlo, se lo puso debajo del brazo y vino a visitarme. Esa visita marcó el punto decisivo de mi vida.

Hasta ese momento, nadie me había dicho que era alcohólica. Pocos médicos van a decir a un paciente desahuciado que no hay solución para él o para ella. Pero este día mi médico me dijo sin rodeos: "La gente como tú es bastante bien conocida por la profesión médica. Cada médico tiene su cuota de pacientes alcohólicos. Algunos de nosotros luchamos por ayudar a esta gente porque sabemos que están muy enfermos y también sabemos que, si no ocurre algún milagro, no vamos a poder ayudarlos sino temporalmente, y van a ir empeorando hasta que pase una de estas dos cosas. Mueren de alcoholismo agudo o acaban sufriendo de demencia y hay que confinarlos permanentemente."

Además me explicó que el alcohol no hacía distinción de sexo ni de condición social, y que la mayoría de los alcohólicos que él había conocido tenían una capacidad mental superior a la media. Dijo que los alcohólicos parecían tener una agudeza innata y solían destacar en sus respectivos campos, fueran cuales fueran sus oportunidades educativas o ambientales.

"Observamos al alcohólico trabajando en un puesto de responsabilidad y sabemos que debido a que bebe mucho y diariamente está funcionando al 50% de su capacidad y sin embargo parece que aún puede realizar un trabajo satisfactorio. Y nos preguntamos hasta dónde podría llegar este hombre si se le pudiera quitar su problema alcohólico y pusiera en acción el cien por cien de sus habilidades.

"Pero con el tiempo," dijo, "el alcohólico acaba perdiendo toda su capacidad mientras la enfermedad empeora progresivamente. Esta es una tragedia penosa de ver: la desintegración de una mente y un cuerpo sanos."

Luego me dijo que había un pequeño grupo de gente en Akron y en Nueva York que había desarrollado una técnica para detener su alcoholismo. Me pidió que leyera el libro *Alcohólicos Anónimos*, y después que hablara con un hombre que había tenido éxito en detener su propio alcoholismo. Este hombre podría contarme más. Me quedé despierta toda la noche leyendo ese libro. Para mí fue una experiencia maravillosa. Me aclaró muchas cosas que no había entendido acerca de mí misma y, lo mejor de todo, prometía la recuperación si yo hiciera unas pocas cosas simples y estuviera dispuesta a que se me eliminara el deseo de beber. Había esperanza. Tal vez yo podría encontrar la salida de esta existencia agonizante. Tal vez podría encontrar libertad y paz, y volver a ser dueña de mi propia alma.

El día siguiente, recibí la visita del Sr. T., un alcohólico recuperado. No sé qué tipo de persona yo esperaba encontrar, pero me sorprendió agradablemente ver que el Sr. T. era un caballero con mucho aplomo, inteligente, bien arreglado y de buenos modales. Me sentí inmediatamente impresionada por su cortesía y encanto. Me hizo sentir muy cómoda con sus primeras palabras. Al mirarlo, me resultaba difícil creer que él se hubiera encontrado una vez en la misma situación en que yo me encontraba entonces.

No obstante, según me iba contando su historia, no tenía más remedio que creerle. Al describir sus sufrimientos, sus temores, sus muchos años de ir a tanteos buscando una solución a lo que siempre parecía ser imposible de solucionar, era como si me estuviera describiendo a mí, sólo la experiencia y el conocimiento le podían haber dado tan clara comprensión del asunto. Llevaba dos años y medio sin beber y se había mantenido en contacto con un grupo de alcohólicos recuperados de Akron. El contacto con este grupo era extremadamente importante para él. Me dijo que esperaba que un día se estableciera un grupo de este tipo en el área de Chicago, pero hasta la fecha, no había empezado. Creía que me sería útil visitar al grupo de Akron y conocer a muchos como él.

Llegada a este punto, con la explicación del médico, las revelaciones del libro, y la entrevista esperanzadora con el Sr. T., estaba lista y dispuesta a ir a los confines de la tierra, si fuera necesario, para encontrar lo que tenía esta gente.

Así que fui a Akron, y también a Cleveland, y conocí a más alcohólicos recuperados. Vi en estas personas una paz y una serenidad que sabía que debía conseguir para mí misma. No solamente estaban en paz con ellos mismos, sino que estaban disfrutando de la vida con una intensidad que rara vez se ve, excepto en los muy jóvenes. Parecían tener todos los ingredientes para triunfar en la vida: filosofía, fe, sentido del humor (se podían reír de ellos mismos), objetivos bien definidos, aprecio, y sobre todo aprecio y comprensión de sus prójimos.

Nada en sus vidas era más importante que responder a la súplica de ayuda de un alcohólico necesitado. No dudaban en viajar millas y pasar toda la noche despiertos para ayudar a alguien totalmente desconocido. Lejos de esperar elogios por sus obras, decían que el hacerlo era un privilegio e insistían en que invariablemente recibían más de lo que daban. ¡Qué gente tan extraordinaria!

No me atreví a esperar encontrar todo lo que esta gente había encontrado, pero si pudiera conseguir una pequeña parte de su atractiva calidad de vida—y sobriedad—sería suficiente.

Poco después de volver a Chicago, mi médico, animado por los resultados de mi contacto con A.A., nos envió otros dos pacientes alcohólicos. Para finales de septiembre de 1939, teníamos un núcleo de seis personas y celebramos nuestra primera reunión oficial de grupo.

Me resultó muy difícil recobrar la buena salud. Ya hacía muchos años que dependía de algún apoyo artificial, ya fuera el alcohol o los sedantes. Dejarlo todo a la vez fue penoso y aterrador. Nunca hubiera podido lograr hacerlo yo sola. Tuve que contar con la ayuda, la comprensión y la maravillosa camaradería que tan generosamente me brindaron mis amigos ex-alcohólicos— todo esto y el programa de recuperación encarnado en los Doce Pasos. Al aprender a practicar estos pasos en mi diario vivir, empecé a tener fe y una filosofía de la vida. Se abrieron nuevas perspectivas para mí, nuevas posibilidades de experiencias que explorar, y la vida empezó a cobrar color e interés. Con el tiempo, me encontraba esperando con ilusión cada día nuevo.

A.A. no es un plan de recuperación que se pueda terminar y abandonar. Es una forma de vida, y el desafío supuesto por sus principios es suficientemente grande para hacer que cualquier ser humano siga esforzándose por practicarlo durante toda su vida. No superamos ni podemos superar este plan. Por ser alcohólicos que tenemos detenido el alcoholismo tenemos que tener un programa de vida que nos permita un desarrollo sin límites. Ir paso a paso es esencial para mantenerlo detenido. Puede que otros sigan con sus viejos hábitos retrógrados sin mucho peligro, pero para nosotros el retroceso puede ser mortal. Sin embargo, esto no es tan duro como parece, porque llegamos a estar agradecidos por la necesidad de acatar la disciplina, y encontramos compensación por nuestro continuo esfuerzo en los incontables dividendos que recibimos.

Hay un cambio total en nuestra forma de vivir. Solíamos intentar evitar la responsabilidad; ahora la aceptamos agradecidos de poder cumplir con ella. En vez de querer evadir algún problema desconcertante, nos sentimos entusiasmados ante la posibilidad que nos ofrece de aplicar las técnicas de A.A. y nos vemos abordándolo con sorprendente vigor.

Los pasados quince años de mi vida han sido ricos y significativos. He tenido mis problemas, dolores, y desilusiones porque así es la vida; pero también he conocido una gran alegría y una paz que conduce a una libertad interna. Tengo muchos amigos y, con mis compañeros de A.A., tengo una camaradería poco común. Porque, con estas personas, tengo un auténtico parentesco. Primero, por el dolor y desesperación que tenemos en común; luego por los objetivos que compartimos y por nuestras recién encontradas fe y esperanza. Y con el transcurso de los años, trabajando juntos, compartiendo nuestras experiencias, teniendo confianza los unos en los otros, sintiendo mutua comprensión y amor, sin condiciones, sin obligaciones, logramos tener relaciones inapreciables y sin par.

Ya no hay soledad, con ese horrible dolor tan profundamente sentido en el corazón de todo alcohólico que antes nada podía tocar. Ese dolor ha desaparecido y no hay porqué volver a sentirlo.

Ahora hay un sentimiento de pertenecer, de que se te quiere, se te necesita, se te ama. A cambio de la botella y la resaca, se nos han dado las Llaves del Reino.

SEGUNDA PARTE

DEJARON DE BEBER A TIEMPO

Entre los principiantes que se unen a A.A. hoy en día, hay muchos que no han progresado hasta las últimas etapas del alcoholismo, aunque con el tiempo es posible que todos lo hubieran hecho.

La mayoría de estos compañeros afortunados no tienen la menor familiaridad con los delirium tremens, los hospitales, los manicomios y las cárceles. Algunos eran muy bebedores y habían pasado por algunos episodios graves. Pero para otros muchos la bebida no era sino una ocasional molestia incontrolable. Rara vez perdieron su salud, sus negocios, su familia o sus amigos.

¿Por qué se unen a A.A. personas así?

Los diecisiete individuos que ahora cuentan sus experiencias responden a esta pregunta. Se dieron cuenta de haberse convertido en alcohólicos, reales o potenciales, aunque aún no se habían causado graves daños.

Se dieron cuenta de que el no poder controlar su forma de beber, a pesar de repetidos intentos, cuando realmente querían controlarla era el síntoma fatal de tener un problema con la bebida. Esto, junto con los cada vez más graves y frecuentes trastornos emocionales, les convenció que el alcoholismo compulsivo ya se había apoderado de ellos; que la ruina total era solamente cuestión de tiempo.

Al ser conscientes de este peligro, acudieron a A.A. Se dieron cuenta de que el alcoholismo podría acabar siendo tan mortal como el cáncer; claro que ninguna persona cuerda esperaría a que un tumor maligno llegara a ser intratable antes de buscar ayuda.

Por lo tanto, estos diecisiete miembros de A.A., y cientos de miles como ellos, se han ahorrado años de infinitos sufri-

mientos. Lo resumen más o menos así: "No esperamos a tocar fondo porque, gracias a Dios, podíamos ver el fondo. De hecho, el fondo subió y nos tocó a nosotros. Esto nos convenció de acudir a Alcohólicos Anónimos."

(1)

EL ESLABÓN PERDIDO

Lo consideraba todo como causa de su infelicidad—
excepto el alcohol.

CUANDO TENÍA ocho o nueve años de edad la vida de repente se volvió muy difícil. Empezaron a surgir emociones que yo no entendía. La depresión venía infiltrándose en mi vida y empezaba a sentirme solo incluso cuando me encontraba en una sala llena de gente. De hecho, no me parecía que la vida tuviera sentido en absoluto. Es difícil decir qué fue lo que originó esto, especificar un hecho o evento que cambió todo para siempre. La sencilla verdad era que desde muy niño me sentí infeliz.

Todo era muy confuso. Recuerdo aislarme en el patio de recreo de escuela y ver a los otros niños reír, jugar y sonreír, y sentir que no podía relacionarme con ellos. Me sentía diferente. No me sentía como si fuera uno de ellos. Por alguna razón no creía encajar.

Muy pronto mis calificaciones escolares reflejaron estos sentimientos. Mi comportamiento y mi actitud parecían ser molestos a todos a mi alrededor. Pronto empecé a pasar más tiempo en la oficina del director que en la clase. Mis padres, perplejos por tener un hijo tan infeliz, empezaron a tener dificultades. Mi casa pronto se llenó de sonidos de gritos y de discusiones acerca de la forma apropiada de tratarme. Descubrí que escapar de casa me ofrecía una especie de consuelo temporal. Hasta que, claro, la policía me encontraba y me traía de vuelta a mi casa, a mis preocupados padres.

Por esa época empecé a ver terapeutas y especialistas, cada uno con una teoría diferente y una solución diferente. Me hicieron pruebas y entrevistas especiales diseñadas para llegar a la raíz de mis problemas y llegaron a la conclusión de que tenía dificultades de aprendizaje y sufría de depresión. El psiquiatra me recetó una medicina y los problemas en la escuela empezaron a desaparecer. Incluso la depresión empezó a aliviarse un poco durante un tiempo. No obstante, parecía haber algo básicamente mal.

Fuera cual fuera el problema, pronto encontré lo que parecía ser la solución de todo. A la edad de 15 años viajé con mi familia a Israel. Mi hermano iba a celebrar su *bar mitzvah* en la cima de Masada. No había edad legal mínima para beber así que me resultó muy fácil entrar en un bar y pedir un trago. La víspera del Año Nuevo caía en mitad del viaje y, como el calendario judío celebra el Año Nuevo en una fecha diferente a la del calendario gregoriano, la única fiesta que había se estaba celebrando en la sección americana de la universidad. Aquella noche me emborraché por primera vez. Eso cambió todo.

Empecé la tarde con una visita a un bar local. Pedí una cerveza a la camarera y al tomarme el primer trago inmediatamente sentí que algo era diferente. Miré a mi alrededor, a la gente bebiendo y bailando, sonriendo y riendo; todos eran mayores que yo. De pronto sentí que encajaba allí. Me fui a la universidad donde encontré centenares de americanos celebrando el año nuevo. Antes de terminar la noche, me había peleado con varios compañeros borrachos y volví al hotel completamente ebrio y lleno de moretones. Qué noche más maravillosa. Aquella noche me enamoré—de la bebida.

Al volver a los Estados Unidos, estaba decidido a continuar mi recién descubierta aventura amorosa. Intenté convencer a mis amigos de que bebieran conmigo, pero encontré resistencia. Sin desanimarme, me puse a encontrar amigos nuevos, amigos que pudieran ayudarme a seguir aplicando esta solución fantástica a mis problemas más desesperantes. Mis aventuras empezaron como actividades de fin de semana para llegar a ser una obsesión diaria. Al comienzo hacían falta varias cervezas para emborracharme a mi gusto. Pero antes de pasar tres años, tenía que beber cada tarde una botella de vodka, una botella de vino y varias cervezas para llegar a la deseada laguna mental. Hacía lo que fuera necesario para conseguir alcohol, es decir, mentir, robar, y engañar. Mi lema era: Si te sintieras como yo tú también tendrías que emborracharte.

A medida que se iban intensificando mis sentimientos de desesperación y depresión, también aumentaba mi consumo de alcohol. Pensaba en suicidarme cada vez más frecuentemente. Me parecía como si las cosas nunca fueran a cambiar. Dejé de hacer progresos con mi analista. La desesperación se agravaba con el hecho de que la única cosa que me producía alivio, la única cosa con la que contaba para quitarme el dolor, me estaba destruyendo. Me temía que el fin estaba cerca.

En el último semestre de la escuela secundaria toqué fondo. Estaba bebiendo todos los días. Como ya había sido aceptado en una universidad, decidí convertir ese último semestre en una gran fiesta. Pero no fue nada divertido. Me sentía deprimido. Me gradué por los pelos y conseguí un trabajo en un garaje local. Me resultaba difícil beber y trabajar a la vez ya que ambas eran actividades de dedicación plena, pero inventaba todo tipo de mentiras para asegurar que nada interfiriera con el beber. Después de recibir varias reprimendas por llegar tarde al trabajo por la mañana, me inventé una historia para ocultar el hecho de que siempre tenía una resaca. Le dije al encargado que tenía cáncer y tenía que ir todas las mañanas al médico para recibir tratamiento. Decía lo que fuera necesario para proteger mi forma de beber.

Cada vez más frecuentemente tenía breves momentos de claridad, momentos en que sabía sin duda que era alcohólico. Momentos en que estaba mirando el fondo del vaso preguntándome a mí mismo: ¿Por qué hago esto? Había que hacer algo, algo tenía que cambiar. Tenía tendencias suicidas, estaba repasando cada faceta de mi vida intentando descubrir la raíz del problema. Esto llegó a su culminación una última noche en la que bebí y me fijé en el problema. Sólo pensarlo me daba náuseas y era aún peor seguir bebiendo para olvidarlo. Me vi obligado a considerar al alcohol como el sospechoso principal.

Al día siguiente fui a trabajar, tarde como de costumbre, y durante todo el día no pude parar de pensar en este problema real. No podía más. ¿Qué me estaba pasando? Todas esas sesiones de terapia no me habían arreglado la vida. Todavía me sentía angustiado. Más valdría que me matara a mí mismo; beber hasta morir. En mi última y desesperada lucha por encontrar una solución, repasé mi vida buscando el eslabón perdido. ¿Había olvidado algún hecho crucial que me condujera a una clara comprensión del problema, que hiciera posible que la vida fuera un poco más soportable? No, no había nada. Excepto, por supuesto, mi forma de beber.

A la mañana siguiente fui a ver a mi analista. Le dije que había decidido abandonar la terapia, porque después de ocho años no me estaba dando resultados. Pero decidí decirle que había estado repasando mi vida en busca de ese eslabón perdido y había descubierto una sola cosa que nunca le había mencionado: que yo bebía. Se puso a hacerme preguntas—acerca de la cantidad y de la frecuencia y lo que bebía. En medio de estas preguntas me puse a llorar a lágrima viva y le pregunté entre sollozos, "¿Usted cree que tengo un problema con la bebida?" Me replicó: "Creo que es bastante obvio." Y luego le pregunté: "¿Cree que soy alcohólico?" Y me respondió, "Esto lo va a tener que decidir usted mismo." Sacó de un cajón de su escritorio una lista de reuniones de Alcohólicos Anónimos; ya había subrayado las reuniones para gente joven.

Me dijo que me fuera a casa y no bebiera el resto del día, que me llamaría a las nueve de la tarde y le gustaría oír que no me había tomado un trago. Era difícil, pero fui a casa, me encerré en mi habitación y estuve mordiéndome las uñas hasta que llamó. Me preguntó si me había tomado un trago. Le dije que no. Y le pregunté qué debería hacer ahora. Me dijo que al día siguiente hiciera lo mismo, y además que fuera a la primera reunión que había subrayado en la lista. Al día siguiente fui a mi primera reunión de Alcohólicos Anónimos. Tenía 18 años de edad.

En el estacionamiento me quedé sentado quince minutos en mi auto intentando infundirme suficientes ánimos para entrar y enfrentarme a mí mismo. Recuerdo armarme del valor para abrir la puerta y salir del auto, tan sólo para volver a cerrarla, descartando la idea de entrar en la reunión calificándola de absurda. Esta escena de indecisión se repitió unas cincuenta veces antes de entrar. Si no hubiera entrado creo que hoy no estaría vivo.

La sala estaba llena de humo y repleta de gente aparentemente feliz. Encontré un asiento en el fondo de la sala, y me senté e intenté entender el formato de la reunión. Cuando el coordinador preguntó si había alguien nuevo, miré a mi alrededor y vi varias manos levantadas; pero yo no estaba listo para levantar la mía, llamando la atención. Los participantes se dividieron en varios grupos y seguí a uno de ellos a otra sala donde me senté. Abrieron un libro y leyeron un capítulo titulado "Séptimo Paso". Después de la lectura, se ofreció a todos los compañeros sentados alrededor de la mesa una oportunidad de hacer comentarios y por primera vez en mi vida me encontré a mí mismo rodeado de gente con la que realmente me podía identificar. Ya no me sentía como un inadaptado total, porque allí me encontraba en una sala llena de gente que se sentía exactamente como yo, y así se me quitó un tremendo peso de encima. Yo fui el último en hablar y, por no haber entendido la lectura, lo único que pude decir fue "¿Qué demonios son defectos?"

Varios miembros, al darse cuenta de que aquella era mi primera reunión, me llevaron abajo a otra sala y me explicaron el programa en líneas generales. Puedo recordar muy poco de lo que me dijeron. Recuerdo haber dicho a estos miembros que este programa que me habían explicado me parecía que era exactamente lo que yo necesitaba; pero no creía que podría mantenerme sobrio el resto de mi vida. ¿Cómo iba a estar sin beber si mi novia rompiera conmigo, o si se muriera mi mejor amigo; o incluso en las ocasiones felices como las graduaciones, o las bodas y fiestas de cumpleaños? Me sugirieron que me podría mantener sobrio un día a la vez. Me explicaron que tal vez sería más fácil si tuviera la mira puesta en las siguientes 24 horas y me enfrentara a las otras situaciones cuando y si acaso se presentaran. Decidí probar la sobriedad, un día a la vez, y así lo he hecho desde entonces.

Cuando ingresé en Alcohólicos Anónimos ya me había hecho algún daño físico, tenía una variedad de rarezas mentales y estaba en bancarrota espiritual. Sabía que era impotente ante el alcohol y que tenía que estar abierto a lo que la gente sugería para lograr la recuperación. No obstante, en lo referente a la espiritualidad, le opuse una resistencia constante. A pesar de haberme criado en una familia judía tanto en el sentido étnico como religioso, yo era agnóstico y me resistía a cualquier cosa y a cualquiera que pareciera estar imponiéndome creencias religiosas. Para mi gran sorpresa, Alcohólicos Anónimos me sugería algo diferente.

La idea de que la religión y la espiritualidad no eran la misma cosa era algo nuevo para mí. Mi padrino simplemente me pidió que mantuviera mi mente abierta a la posibilidad de que hubiera un Poder superior a mí mismo, según yo lo concibiera. Me aseguró que nadie iba a imponerme un sistema de creencias, que esto era un asunto personal. De mala gana abrí mi mente a la posibilidad de que tal vez hubiera algo de razón en esa forma de vida espiritual. Sin prisa pero sin pausa, llegué a darme cuenta de que ciertamente había un Poder superior a mí mismo, y pronto me encontré con un Dios constantemente presente en mi vida y siguiendo un camino espiritual que no estaba en conflicto con mis creencias religiosas personales.

El seguir este camino espiritual produjo un cambio decisivo en mi vida. Parecía llenar el vacío que antes solía llenar con alcohol. Mi amor propio mejoró de forma dramática, y conocí una felicidad y una serenidad que nunca antes había conocido. Empecé a ver la belleza y la utilidad de mi propia existencia e intenté expresar mi gratitud ayudando a otros en todo lo que podía. Entraron en mi vida una nueva confianza y fe y me enseñaron un plan que era mucho mejor de lo que me pudiera haber imaginado.

No fue fácil y nunca lo ha sido, pero todo va mejorando. Desde aquella primera reunión mi vida ha cambiado completamente. Cuando llevaba tres meses en el programa me matriculé en la universidad. Mientras muchos de mis compañeros universitarios estaban experimentando por primera vez con el alcohol, yo estaba asistiendo a las reuniones y otros encuentros de A.A., participando activamente en el trabajo de servicio y cultivando relaciones con Dios, con mi familia, con mis amigos y seres queridos. Rara vez me paré a pensar dos veces en lo que estaba haciendo: era lo que quería hacer y lo que tenía que hacer.

A lo largo de los últimos siete años, se me han presentado casi todas las situaciones en las que creía que no me podría mantener sobrio. Sin duda la sobriedad y la vida tienen sus altibajos. De vez en cuando, la depresión vuelve a colarse en mi vida y tengo que acudir a ayuda profesional. No obstante, este programa me ha suministrado las herramientas para mantenerme sobrio en situaciones tristes, como la muerte de mis mejores amigos y las relaciones fracasadas; y las ocasiones felices, como las fiestas de cumpleaños, bodas y graduaciones. La vida es enormemente mejor que antes. Vivo la vida que solía soñar y todavía me queda mucho trabajo por hacer. Tengo esperanza que compartir y amor que dar y sigo progresando un día a la vez, viviendo esta aventura que se llama vida.

(2)

MIEDO AL MIEDO

Esta mujer era precavida. Decidió que no se dejaría arrastrar por la bebida, y que jamás se tomaría ese trago matutino.

*N*O CREÍA que fuera alcohólica. Creía que mi problema era que había estado casada veintisiete años con un borracho. Y cuando mi marido encontró A.A., lo acompañé a su segunda reunión. Me pareció que era maravilloso, realmente maravilloso, para él. Pero no para mí. Luego fui a otra reunión y seguí creyendo que era maravilloso—para él; pero no para mí.

Esto ocurrió una calurosa tarde de verano, en el Grupo Greenwich Village, y había un pequeño porche en el antiguo local de reunión en la calle Sullivan y después de la reunión salí afuera a tomar el aire. En el portal había una joven encantadora que me preguntó, "¿Eres tú también una borracha como nosotros?" Y le dije "No, por Dios, no. Es mi marido. Está allí adentro." Me dijo cómo se llamaba y le dije, "Te conozco de algún sitio." Resultó que ella había ido a la escuela secundaria con mi hija. Y le dije, "Eileen, ¿eres tú una de esa gente?" Y me dijo, " Sí, lo soy."

Según volvíamos por el pasillo, por primera vez en mi vida, le dije a otro ser humano, "yo también tengo problemas con la bebida." Me tomó de la mano y me presentó a la mujer que tengo el orgullo de decir que es mi madrina. Esta mujer y su marido son los dos miembros de A.A. y me dijo, "Pero tú no eres alcohólica; es tu marido." Y le dije, "sí." Ella dijo "¿Cuánto tiempo llevas casada?" Le dije, "veintisiete años." Me dijo, "¿veintisiete años casada con un alcohólico? ¿Cómo lo has aguantado?" Y me dije a mí misma, aquí tenemos una persona muy amable y comprensiva. Qué bien. Y le dije, "Bueno, lo he aguantado para mantener la familia unida y por los hijos." Me dijo, "Sí, ya lo sé. Eres una mártir, ¿verdad?" Me alejé de esa mujer rechinando los dientes y maldiciendo en voz baja. Afortunadamente no le dije nada a George de camino a casa. Pero aquella noche, mientras estaba tumbada en la cama pensé: "Menuda mártir eres, Jane. Vamos a repasar el expediente." Y cuando lo repasé me di cuenta de que era tan borracha como George, si no más. A la mañana siguiente, lo desperté y le dije, "voy a hacerme miembro," y me dijo, "ya sabía que algún día lo ibas a hacer."

Empecé a beber hace casi treinta años, justo después de casarme. Mi primera borrachera fue de *bourbon* y créanme, era alérgica. Cada vez que tomaba un trago me ponía enferma de muerte. Pero teníamos que recibir muchas visitas. A mi marido le gustaba divertirse; yo era muy joven y también quería divertirme. La única forma de hacerlo que conocía era beber tanto como él.

Me metí en graves problemas por mi forma de beber. Tenía miedo, y había decidido que nunca llegaría a emborracharme, así que estaba siempre en guardia y tenía mucho cuidado. Teníamos una hija pequeña a quien yo quería mucho, y eso frenaba bastante el avance de mi carrera de bebedora. A pesar de esto, cada vez que bebía me metía en problemas. Siempre quería beber demasiado, así que estaba en guardia, siempre contando mis copas. Si nos invitaban a una fiesta formal y sabía que sólo se iban a servir uno o dos traguitos, no tomaba nada. Era muy cautelosa porque sabía que si me tomaba uno o dos tragos, tal vez tendría el deseo de tomarme cinco, seis, siete u ocho.

Me porté bastante bien durante unos pocos años. Pero no era feliz y nunca me dejaba arrastrar por la bebida. Tuvimos nuestro segundo hijo, un varón, y cuando llegó a la edad escolar y pasaba la mayor parte del tiempo en la escuela, algo sucedió. Empecé a beber de verdad.

Nunca tuve que ser ingresada en un hospital. Nunca perdí un empleo. Nunca fui a la cárcel. Y, a diferencia de otros muchos, nunca me tomé un trago por la mañana. Necesitaba un trago, pero temía tomarme un trago matutino porque no quería ser una borracha. No obstante me convertí en borracha, pero tenía un miedo mortal de tomarme ese trago matutino. Muchas veces me acusaban de hacerlo cuando iba a jugar al *bridge* por la tarde, pero nunca me tomé un trago por la mañana. Todavía estaba atontada de la noche anterior.

Debería haber perdido a mi marido, y creo que sólo el hecho de que él también era alcohólico nos mantuvo unidos. Nadie que no lo fuera se hubiera quedado conmigo. Muchas mujeres que han llegado a la etapa a la que yo llegué en mi carrera de bebedora han perdido a sus maridos, hijos, hogares, todo lo que tenían en gran estima. He tenido mucha suerte. La cosa más importante que perdí fue mi dignidad. Podía sentir el temor infiltrándose en mi vida. No podía dar la cara a la gente; no podía mirarles a los ojos, a pesar de haber sido siempre muy dueña de mí misma, e incluso atrevida. Negaba descaradamente lo evidente. No dudaba en decir todo un rosario de mentiras para salir de apuros.

Pero sentía infiltrarse en mi vida el temor y no podía

soportarlo. Llegó hasta tal punto que pasaba escondida gran parte del tiempo, no contestaba el teléfono, y me quedaba sola tanto tiempo como podía. Rehuía a todos mis conocidos menos a los del club de *bridge*. No podía mantenerme al ritmo de mis demás amigos y no quería ir a visitar a nadie que no bebiera tanto como yo. Nunca me di cuenta de que el primer trago es el que hace que te emborraches. Creía que me estaba volviendo loca al ver que no podía dejar de beber. Esto me asustó tremendamente.

George intentó repetidas veces abstenerse de la bebida. Si yo hubiera sido sincera con respecto a lo que creía querer más que nada en el mundo, o sea un marido sobrio y una vida doméstica contenta y feliz, hubiera dejado de tomar con él. Intentaba abstenerme un día o dos, pero siempre se presentaba algo que me desviaba del camino. Una pequeña cosa como, por ejemplo, tener las alfombras torcidas, o lo que fuera, alguna nimiedad que me parecía mal y me iba sin más a tomarme un trago. Y bebía a escondidas. Tenía botellas escondidas en todos los rincones del apartamento. No creía que mis hijos lo supieran, pero descubrí que sí lo sabían. Es de sorprender lo convencidos que estamos de haber engañado a todos respecto a nuestra forma de beber.

Llegué al punto en que no podía entrar en mi apartamento sin tomarme un trago. Ya no me importaba si George bebía o no. Yo tenía que beber. A veces me quedaba tumbada en el suelo del baño, enferma de muerte, rogando poder morirme y diciéndole a Dios, como siempre le rezaba cuando bebía: "Dios mío, sácame de este apuro y nunca volveré a hacer lo mismo." Y luego decía, "Dios mío, no me hagas caso. Ya sabes que mañana volveré a hacer lo mismo."

Solía inventar excusas para hacer que George volviera a beber. Estaba tan harta de beber sola y de cargar con toda la culpa, que lo incitaba a beber, a volver a beber. Y luego me peleaba con él porque había vuelto a beber. Y otra vez de vuelta a lo mismo. Y él, el pobre, no sabía lo que estaba pasando. Cada vez que encontraba una de mis botellas escondidas por la casa, se solía preguntar cómo podría habérsele escapado esa botella. Yo misma no me acordada de todos los sitios donde las tenía escondidas.

Llevamos muy pocos años en A.A. pero estamos intentando recuperar el tiempo perdido. Mi vida de casada había sido veintisiete años de confusión. Ahora la situación ha cambiado completamente. Tenemos fe y confianza el uno en el otro, y nos comprendemos. A.A. nos ha dado esto. Me ha enseñado tantas cosas. Ha cambiado totalmente mi forma de pensar acerca de todo. No puedo permitirme el lujo de tener resentimientos contra nadie porque estos pueden acumularse hasta impulsarme a otra borrachera. Debo vivir y dejar vivir. Y "pensar": esta palabra tan importante significa tanto para mí. En mi vida todo era asunto de acción y reacción. Nunca me paraba a pensar. No me importaba nadie, ni siquiera mi propia persona.

Me esfuerzo por vivir nuestro programa como se me ha expuesto, un día a la vez. Me esfuerzo por vivir hoy de tal manera que no me sentiré avergonzada al despertarme mañana por la mañana. Antiguamente odiaba despertarme y recordar cómo había sido la noche anterior. Nunca podía soportar esos sentimientos al despertarme por la mañana. Y a menos que tuviera una perspectiva prometedora de lo que iba a pasar ese día, ni siquiera tenía el más mínimo deseo de levantarme. Eso no era vivir. Ahora me siento muy agradecida, no sólo por mi sobriedad, que trato de mantener día a día, sino también por la posibilidad de ayudar a otra gente. Nunca creí que pudiera ser útil a nadie, excepto a mi marido, a mis hijos y tal vez a algunos amigos. Pero A.A. me ha enseñado que puedo ayudar a otros alcohólicos.

Muchos vecinos míos dedican parte de su tiempo a trabajos voluntarios. En particular, había una mujer a quien veía salir cada mañana y dirigirse fielmente al hospital de la vecindad. Un día al tropezarme con ella en la calle, le dije "¿Qué tipo de trabajo voluntario haces?" Me lo describió; era muy simple. Fácilmente yo podría hacerlo. Me dijo: "¿Por qué no lo haces tú también?" Y le respondí: "Me encantaría." Me dijo: "¿Qué te parece si pongo tu nombre en la lista de voluntarios, aunque sólo puedas hacerlo un día o dos?" Pero luego pensé: "Un momento, ¿cómo me voy a sentir el martes que viene? ¿Cómo me voy a sentir el viernes que viene, si me comprometo para el viernes? ¿Cómo me iba a sentir el sábado por la mañana? Nunca podía estar segura. Tenía miedo de fijar tan siquiera un día. Nunca podía estar segura de tener la cabeza despejada y las manos dispuestas a hacer algún trabajo. Así que nunca hice ningún trabajo voluntario. Y me sentía agotada, derrotada. Disponía del tiempo y ciertamente tenía la capacidad para hacerlo, pero nunca hice nada.

Ahora todos los días estoy tratando de hacer algo por compensar todas esas cosas egoístas, desconsideradas y tontas que hacía en mis días de bebedora. Espero nunca olvidarme de estar agradecida.

(3)

EL AMA DE CASA QUE BEBÍA EN CASA

Escondía sus botellas en los cestos de la ropa y en los cajones del tocador. En A.A. descubrió que no había perdido nada y había encontrado todo.

*M*I HISTORIA es un tipo especial de historia de mujer: la historia de una mujer que bebe en casa. Tenía que quedarme en casa: tenía dos bebés. Cuando el alcohol se apoderó de mí, el bar que frecuentaba era mi cocina, mi salón de estar, mi dormitorio, el baño de atrás y los dos cestos de la ropa.

En una época admitir que era y soy alcohólica significaba para mí la vergüenza, la derrota y el fracaso. Pero a la luz de la nueva comprensión que he encontrado en A.A., me ha sido posible ver esa derrota, ese fracaso y esa vergüenza como semillas de victoria. Porque sólo por pasar por estos sentimientos de derrota y de fracaso, por no poder controlar mi vida y el alcohol, pude rendirme y aceptar el hecho de que tenía esta enfermedad y que tenía que aprender a vivir sin alcohol.

Nunca bebía mucho cuando estaba con otra gente, pero hace trece años, durante una época de mucha tensión y presión, empecé a utilizar el alcohol en mi casa, a solas, para obtener un alivio temporal y poder dormir un poco más.

Tenía problemas. Todos los tenemos y creía que un poco de brandy o de vino de vez en cuando no haría daño a nadie. No creo que, cuando empecé a hacerlo, tuviera en mente la idea de que estaba bebiendo. *Tenía* que dormir. *Tenía* que despejar la mente y liberarme de las preocupaciones y *tenía* que relajarme. Pero de uno o dos tragos por la tarde, mi consumo de alcohol fue aumentando rápidamente. Al poco tiempo me encontraba bebiendo todo el día. Tenía que tomarme mi vino. Para el final de esa época el único incentivo que tenía para vestirme por la mañana era el de salir y comprar "provisiones" para ayudarme a empezar el día. Pero lo único que empezaba a hacer era beber.

Debería haberme dado cuenta de que el alcohol se estaba apoderando de mí cuando empecé a beber furtivamente a escondidas. Empezaba a proveerme suficientes cantidades de alcohol para tener a mano para la gente que "tal vez pasara por la casa." Y claro que no valía la pena guardar una botella medio vacía, así que me tomaba lo que quedaba y naturalmente tenía que salir para reabastecer mis existencias en seguida para quienes me visitaran inesperadamente. Pero siempre era yo la persona inesperada que tenía que beber el resto de la botella. No podía ir a la tienda de vinos y mirar al hombre a la cara francamente y comprarme una botella, como solía hacer cuando tenía fiestas en casa o amigos de visita y bebía normalmente. Tenía que contarle toda una historia y hacerle una y otra vez la misma pregunta. "¿Y esta botella para cuántas personas alcanza?" Quería que él supiera que yo no iba a bebérmela toda.

Tenía que esconderme, como muchos miembros de A.A. han tenido que hacer. Solía esconder botellas en los cestos de la ropa y en los cajones del tocador. Cuando empezamos a hacer cosas así con el alcohol, hay algo que anda mal. Necesitaba la bebida y sabía que bebía demasiado, pero no sabía que tenía que dejar de beber. Seguía bebiendo. En aquel entonces mi casa era un lugar para deambular de un lado a otro. Iba pasando de una sala a otra, pensando y bebiendo, bebiendo y pensando. Y sacaba el trapo y la aspiradora, y tenía todo listo para hacer la limpieza, pero no hacía nada. Alrededor de la cinco de la tarde, de manera bastante caótica, me las arreglaba para volver a poner todo en su lugar apropiado e intentaba preparar la cena y después de cenar volvía a beber hasta perder el conocimiento.

Nunca sabía qué venía primero: el pensar o el beber. Si tan sólo pudiera dejar de pensar, no bebería. Si tan sólo pudiera dejar de beber, tal vez no pensaría. Pero lo que había era una confusión total por fuera y por dentro. Y no obstante tenía que tomarme ese trago. Tú sabes cómo son los efectos del consumo de vino crónico, cómo una persona se va deteriorando, desintegrando. No me importaba mi apariencia; no me importaban las cosas que hacía. Para mí, el bañarme no era sino una oportunidad de estar sola con una botella en un lugar donde podía beber en privado. Tenía que tener la botella a mi lado durante la noche, en caso de que me despertara con necesidad de tomarme un trago.

No sé cómo lograba llevar la casa. Seguía haciendo lo mismo, dándome cuenta de cómo era la persona en quien me estaba convirtiendo, y por eso seguía odiándome a mí misma, sintiéndome amargada, echando la culpa a la vida, echando la culpa a todo con excepción del simple hecho de que yo debería cambiar, debería hacer algo con respecto a mi forma de beber. Al final no me importaba nada. Nada en absoluto. Simplemente quería seguir viviendo hasta llegar a cierta edad para poder realizar lo que creía que me correspondía hacer por mis hijos, y luego—lo que fuera. Para ellos era mejor tener una madre a medias que no tener ninguna. Necesitaba el alcohol. No podía vivir sin alcohol. Sin alcohol no podía hacer nada. Pero llegó el momento en que ya no podía seguir viviendo con el alcohol. Y ese momento llegó después de que mi hijo sufriera una enfermedad que duró tres semanas. El médico le recetó una cucharada de coñac para ayudarle a dormir cuando sufría de tos. Naturalmente eso me sirvió de excusa para cambiar de bebida, de vino a coñac, durante las tres semanas. No sabía nada del alcoholismo o del *delirium tremens*, pero cuando me desperté esa última mañana de la enfermedad de mi hijo, tapé el ojo de la cerradura con cinta porque "todo el mundo estaba allí afuera." Iba caminando por el apartamento de arriba para abajo empapada de un sudor frío. Pedí a mi madre a gritos por teléfono que viniera, algo iba a pasar, no sabía qué era pero si ella no se apresuraba a venir, yo iba a explotar. Llamé por teléfono a mi marido y le dije que viniera a casa.

Después de ese episodio, me quedé sentada una semana, el cuerpo en una silla, la mente vagando por el espacio. Creía que los dos nunca iban a volver a juntarse. Sabía que tenía que decirle adiós al alcohol. Ya no podía vivir con él. Pero ¿cómo iba a poder vivir sin él? No sabía. Me sentía resentida, vivía hundida en el odio. Acabé atacando a mi marido, la persona que me había apoyado en todo y que ha sido mi ayuda más grande y constante. Ataqué también a mi familia, a mi madre. La gente que no habría dudado en venir a ayudarme, era la gente con quien no quería tener ningún trato.

No obstante, empecé a intentar vivir sin alcohol. Pero lo único que logré hacer fue luchar con el alcohol. Y créanme, un alcohólico no puede luchar con el alcohol. Le dije a mi marido: "Voy a intentar interesarme en algo fuera de la casa, para así salir de esta rutina sofocante." Creía que me estaba volviendo loca. Si no me tomaba nada, iba a tener que hacer algo.

Me convertí en una de las mujeres más activas de la comunidad, en la asociación de padres y maestros y otras organizaciones y campañas comunitarias. Cuando me hacía miembro de una organización, tardaba muy poco tiempo en integrarme en un comité y luego en ser presidenta del comité, y si era miembro de un grupo, pronto llegaba a ser tesorera o secretaria del mismo. Pero no me sentía feliz. Estaba haciendo la vida del "Dr. Jekyll y Mr. Hyde". Mientras lograba salir de casa, mientras estaba ocupada trabajando, no bebía. Pero de alguna que otra manera siempre tenía que volver a servirme ese primer trago. Y cuando me tomaba ese primer trago, me lanzaba en ese carrusel de siempre. Y lo que sufría más era mi hogar.

Me convencí de que todo iría bien si pudiera encontrar algo que me gustara hacer. Así que cuando los niños estaban en la escuela desde las 9:00 hasta las 3:00, monté un negocio en el que, con el tiempo, llegué a tener bastante éxito. Pero no me sentía feliz. Porque me di cuenta de que todas las cosas a las que recurría acababan convirtiéndose en un substituto del alcohol. Y cuando todo lo que hay en la vida no es sino un substituto de la bebida, no hay felicidad, no hay tranquilidad. Todavía tenía que beber; tenía necesidad de ese trago. El mero hecho de cesar de beber no basta para el alcohólico mientras siga la necesidad de beber. Empecé a beber cerveza. Siempre había odiado la cerveza, pero ahora llegué a quererla. Así que eso no fue la solución tampoco.

Volví a consultar otra vez con el médico. Él sabía lo que yo estaba haciendo, lo mucho que me estaba esforzando. Le dije: "No puedo encontrar el término medio en la vida. No lo puedo encontrar. Si no estoy trabajando sin tregua, estoy bebiendo." Me preguntó: "¿Por qué no pruebas Alcohólicos Anónimos?" Estaba dispuesta a hacer cualquier cosa. Estaba derrotada. Vencida por segunda vez. La primera vez fue cuando me di cuenta de que no podía vivir con el alcohol. Esa segunda vez, descubrí que no podía vivir una vida normal sin el alcohol, y me sentía más abatida que nunca.

La camaradería que encontré en Alcohólicos Anónimos me hizo posible encarar mi problema, sincera y francamente. No podía hacerlo así con mis parientes, ni tampoco con mis amigos. A nadie le gusta confesar que es un borracho, que no puede controlar este asunto. Pero al unirnos a A.A., podemos hacer frente a nuestro problema sincera y abiertamente. Asistía a las reuniones cerradas y abiertas. Y tomaba todo lo que A.A. tenía que ofrecerme. Tómalo con calma, lo primero primero, un día a la vez. Llegada a ese punto, me entregué. Oí a una mujer muy enferma decir una vez que no creía en el aspecto del programa que tenía que ver con la entrega. ¡Dios mío! Para mí la entrega ha significado la capacidad de ocuparme de mi casa, de enfrentarme con mis responsabilidades como debo hacer, de tomar la vida según venga día tras día y de resolver mis problemas. Esto es lo que la entrega ha significado para mí. En el pasado me entregaba a la botella, y no podía hacer estas cosas. Desde que entregué mi voluntad a A.A., todo lo que A.A. esperaba que yo hiciera lo he hecho lo mejor que he podido. Cuando se me pide hacer una visita de Paso Doce, la hago. No soy *yo* quien va a hacerlo; A.A. me está guiando allí. A.A. nos ofrece a nosotros los alcohólicos una dirección, un camino a seguir hacia una forma de vida sin necesidad de tomar alcohol. Para mí esta vida es para vivir un día a la vez; dejo para el futuro los problemas del futuro. Cuando llegue la hora de resolverlos, en esa hora Dios me dará el poder para hacerlo.

Desde niña me enseñaron a creer en Dios, pero ahora sé que, hasta que yo no encontré este programa de A.A., nunca conocí lo que era la fe en la realidad de Dios, la realidad de su poder que ahora me acompaña en todo lo que hago.

(4)

MÉDICO, CÚRATE A TI MISMO

Psiquiatra y cirujano, había perdido el rumbo, hasta que se dio cuenta de que Dios, no él, era el Sanador Supremo.

SOY MÉDICO, con licencia para practicar la medicina en un estado del oeste. También soy alcohólico. En dos aspectos, puedo ser un poco diferente de otros alcohólicos. Primero, en las reuniones de A.A., todos oímos hablar a quienes lo han perdido todo, han estado en la cárcel, en prisión, a quienes han perdido sus familias, a quienes han perdido sus ingresos. Yo nunca perdí nada de eso. Nunca me encontré en los barrios perdidos. Gané más dinero en mi último año de bebedor que en toda mi vida. Mi esposa nunca me insinuó que fuera a dejarme. En todo lo que hice desde la escuela primaria, tuve éxito. Fui presidente de mi clase de la escuela primaria; fui presidente de todas las clases de la escuela secundaria y en el último año fui presidente del cuerpo estudiantil. Fui presidente de todas mis clases en la universidad y presidente de *ese* cuerpo estudiantil. Me consideraron como la persona con mayor probabilidad de éxito. Lo mismo sucedió en la facultad de medicina. Soy miembro de más sociedades médicas y honoríficas que hombres diez o veinte años mayores que yo.

El mío era el barrio perdido del éxito. El barrio perdido real de cualquier ciudad es un lugar triste. El barrio perdido del éxito es igual de triste.

El segundo aspecto en que, tal vez, soy un poco diferente de los otros alcohólicos es el siguiente: Muchos alcohólicos dicen que no les gusta el sabor del alcohol pero les gustaban los efectos. Me encantaba el alcohol. Me gustaba mojarme los dedos con alcohol para poder lamerlos y volver a saborearlo. Me divertía enormemente bebiendo. Lo disfrutaba inmensamente. Y luego, un día perdido en la memoria, un día que apenas puedo recordar, crucé la línea que todos los alcohólicos conocen bien, y desde ese día en adelante, el beber me resultaba penoso. Antes de cruzar esa línea, un par de tragos me hacía sentir bien; después de cruzarla, ese mismo par de tragos me dejaban sintiéndome fatal. Intentando superar esa sensación, me tomaba rápidamente otros tragos más y luego todo estaba perdido. El alcohol ya no servía.

En mi último día de bebedor, fui a ver a un amigo que había tenido grandes problemas con el alcohol y a quien su esposa había abandonado varias veces. Pero él se había restablecido y estaba siguiendo este programa. Fui a visitarlo con la extraña idea de investigar Alcohólicos Anónimos desde el punto de vista médico. En lo más profundo de mi corazón tenía la sospecha de que, tal vez, podría encontrar ayuda allí. Este amigo me dio un folleto y me lo llevé a mi casa e hice que mi esposa me lo leyera. Había dos frases en el folleto que me impresionaron mucho. Una decía: "No creas que eres un mártir por haber dejado de beber." Y esto me produjo gran impacto. La segunda decía: "No creas que has dejado de beber por otra persona; lo dejas por ti mismo." Y esto también me produjo gran impacto. Después de que mi esposa me leyó esto, le dije, como le había dicho muchas veces desesperado, "Tengo que hacer algo." Ella es de natural bondadoso y me dijo: "No me preocuparía por esto; probablemente algo pasará." Y luego subimos la cuesta de la colina donde tenemos una parrilla para preparar el fuego y mientras subíamos me dije a mí mismo—voy a volver a la cocina para servirme otro trago. Y en aquel momento algo pasó.

Me vino la idea: Este es el último. A esas alturas ya estaba en mi segunda botella. Y cuando me vino esta idea, fue como si alguien me hubiera quitado de los hombros una carga pesada, porque aquel *fue* el último trago.

Dos días más tarde, me llamó un amigo mío desde Nevada City; es el hermano de una íntima amiga de mi esposa. Me dijo: "¿Earle? Y le dije, "Sí." Me dijo, "Soy alcohólico; ¿qué debo hacer?" Y le ofrecí algunas ideas sobre lo que se debe hacer, y así hice mi primer trabajo de Paso Doce incluso antes de entrar en el programa. La satisfacción que me produjo darle a él algo de lo que había leído en esos folletos sobrepasó con mucho cualquier sentimiento que hubiera tenido antes al tratar a mis pacientes.

Así que decidí asistir a mi primera reunión. Me presentaron como psiquiatra. (Soy miembro de la Sociedad Psiquiátrica Norteamericana, pero no ejerzo la psiquiatría como tal. Soy cirujano.)

Como me dijo una vez un compañero de A.A., no hay nada peor que un psiquiatra confundido.

Nunca olvidaré aquella primera reunión a la que asistí. Había cinco personas presentes, incluyéndome a mí. En un extremo de la mesa estaba sentado el carnicero del pueblo. A un lado de la mesa estaba sentado uno de los carpinteros del pueblo. Y en el otro extremo estaba sentado el panadero, y al otro lado se sentaba mi amigo que era mecánico. Al entrar en la reunión recuerdo haberme dicho a mí mismo, "Aquí estoy yo, miembro del Colegio de Cirujanos Americano, miembro del Colegio de Cirujanos Internacional, diplomado de una de las más importantes juntas de especialistas de los Estados Unidos, miembro de la Sociedad Psiquiátrica Americana, y tengo que acudir al carnicero, al panadero y al carpintero para que me ayuden a ser un hombre."

Otra cosa me sucedió. Este asunto era tan nuevo para mí que conseguí todo tipo de libros acerca de Poderes Superiores, y puse una Biblia al lado de mi cama, y otra en mi auto. Todavía está allí. Y puse otra en mi armario del hospital. Y otra en mi escritorio. Y puse un Libro Grande en mi mesita de noche, y un ejemplar de *Doce Pasos y Doce Tradiciones* en mi armario del hospital, y conseguí libros de Emmet Fox, y libros de Dios-sabe-quién, y me puse a leer todos estos libros. Y de pronto mi vi subiendo por encima del grupo, y flotando cada vez más alto hasta encontrarme allá arriba en una nube rosa, conocida como la Séptima Rosa, y volví a sentirme fatal. Y me dije a mí mismo, más vale que me emborrache si he de sentirme así.

Fui a ver a Clark, el carnicero. Y le dije, "Clark, ¿qué me pasa a mí? No me siento bien. Llevo tres meses en este programa y me siento muy mal." Y me dijo, "Earle, por qué no vienes conmigo, para que hablemos un rato." Me ofreció un café y un pastel, me invitó a sentarme y me dijo, "No te pasa nada. Ya llevas sobrio tres meses y has estado trabajando duro. Lo estás haciendo bien." Pero luego me dijo, "Déjame decirte una cosa. Tenemos en esta comunidad una organización que ayuda a la gente, y esta organización se conoce como Alcohólicos Anónimos, ¿Por qué no te haces miembro?"

Y le dije, "¿Qué crees que he estado haciendo?" "Bueno," me dijo, "has estado sobrio pero has estado flotando allá arriba en una nube. ¿Por qué no vas a casa, tomas el Libro Grande, lo abres por la página 54 y ves lo que dice?" Así que lo hice. Cogí el Libro Grande y lo leí y esto es lo que decía: "Rara vez hemos visto fracasar a una persona que ha seguido concienzudamente nuestro camino." La palabra "concienzudamente" me llamó la atención. Y luego decía: "Las medidas parciales no nos servían para nada. Estábamos en el punto de cambio." Y la última frase decía: "Entregándonos completamente, le pedimos Su protección y cuidado."

Las frases "Entregándonos completamente"; "Las medidas parciales no nos servían para nada"; "...ha seguido concienzudamente nuestro camino"; "Entregarse de lleno a este sencillo programa" resonaban en mi cabeza engreída.

Años atrás, me sometí al psicoanálisis en busca de alivio. Pasé cinco años y medio en psicoanálisis y acabé convirtiéndome en un borracho. No quiero decir nada despectivo de la psicoterapia; es un muy buen método de tratamiento, no muy potente, pero muy bueno. Lo volvería a hacer.

Probé todos los trucos que había para lograr la paz mental, pero hasta que no caí doblegado en mis rodillas alcohólicas, hasta que no llegué a un grupo de mi propia comunidad con el carnicero, el carpintero, el panadero y el mecánico, que me pudieran dar los Doce Pasos, no obtuve nada que se pareciera a una respuesta a la última parte del Primer Paso. Así que, después de dar la primera mitad del Primer Paso, y haberme admitido cautelosamente a Alcohólicos Anónimos, algo sucedió. Y luego me dije a mí mismo: Imagínate a un alcohólico admitiendo algo. No obstante, hice mi admisión.

El Tercer Paso decía: "Decidimos poner nuestras voluntades y nuestras vidas al cuidado de Dios, como nosotros Lo concebimos." Ahora nos pedían que tomáramos una decisión. Teníamos que ponerlo todo en manos de un payaso a quien ni siquiera podíamos ver. Al alcohólico esto le resulta difícil de tragar. Aquí está, impotente, ingobernable, en las garras de algo superior a él mismo, y tiene que ponerlo todo en manos de otra persona. Esto llena de rabia al alcohólico. Somos gente magnífica. Podemos enfrentarnos a cualquier situación. Así que uno se pone a pensar: ¿Quién es este Dios? ¿Quién es este tipo a quien tenemos que entregar todo? ¿Qué puede hacer él por nosotros que nosotros no podamos hacer por nosotros mismos? Bueno, no sé quién es, pero tengo una idea.

En lo que a mí concierne, tengo una prueba absoluta de la existencia de Dios. Un día estaba en mi oficina después de haber operado a una mujer. Fue una intervención quirúrgica seria, de cuatro o cinco horas de duración, y la mujer ya había pasado nueve o diez días postoperatorios. Estaba progresando muy bien, caminando por los pasillos, y su marido me llamó por teléfono y me dijo, "Muchas gracias, doctor, por haber curado a mi mujer," y le agradecí por las felicitaciones, y él colgó el teléfono. Y me rasqué la cabeza y me dije a mí mismo, qué cosa tan curiosa me ha dicho este hombre, que yo curé a su esposa. Aquí estoy en mi oficina sentado en mi escritorio y ella está allí en el hospital. Ni estoy allí con ella y aun si estuviera, la única cosa que le podría ofrecer sería apoyo moral, y no obstante, él me agradece por haber curado a su esposa. Y pensé: ¿Qué estará curando a esta mujer? Yo sí le puse las suturas. El

Jefe Supremo me ha dotado de talento diagnóstico y quirúrgico, y Él me lo ha dado prestado para que lo use durante el resto de mi vida. No es propiedad mía. Me lo ha dado prestado e hice el trabajo que a mí me corresponde, pero eso terminó ya hace nueve días. ¿Qué fue lo que sanó ese tejido que yo dejé cosido? No fui yo. Esta experiencia me sirve como prueba de un Algo superior a mí. Yo no podría ejercer la medicina sin el Gran Médico. Todo lo que hago yo de una manera muy sencilla es ayudarle a curar mis pacientes.

Poco después de empezar a trabajar en el programa, me di cuenta de no ser un buen padre, de no ser un buen esposo; pero sí era un buen sostén económico. Nunca robé nada de mi familia. Les daba todo, excepto la cosa más importante, tranquilidad de mente. Así que fui a hablar con mi esposa y le pregunté si había algo que tal vez pudiéramos hacer para estar en armonía y ella se paró y me miró fijamente y me dijo "No te importan nada mis problemas." Y yo por poco le di una bofetada pero me dije a mí mismo, "¡Agárrate a tu serenidad!"

Ella se fue y yo me senté y crucé las manos y miré al cielo y dije, "Por amor de Dios, ayúdame." Y luego me vino a la mente una idea sencilla, tonta. No sabía nada de cómo ser padre; no sabía cómo volver a casa los fines de semana y trabajar allí como los demás esposos; no sabía cómo entretener a mi familia. Pero me acordé de que cada noche después de cenar mi esposa se levantaba para lavar los platos. Bueno, yo podría lavar los platos. Así que fui a hablar con ella y le dije: "Hay una sola cosa que quiero en mi vida, y no quiero que nadie me dé encomios ni aplausos; no quiero nada de ti ni de Janey por el resto de sus vidas, excepto una sola cosa: la oportunidad de hacer siempre lo que ustedes quieran que yo haga, y quiero empezar a hacerlo lavando los platos." Y ahora me encuentro lavando los malditos platos todas las noches.

Es bien sabido que los médicos han tenido muy poco éxito en ayudar a los alcohólicos. Han dedicado cantidades astronómicas de tiempo y energía a sus intentos de solucionar nuestro problema, pero parece que no son capaces de detener tu alcoholismo o el mío.

Y los clérigos también se han esforzado diligentemente por ayudarnos, pero no parece haber tenido gran efecto. Y el psiquiatra tiene su diván en el que nos ha tenido tumbados numerosas veces, pero no nos ha ayudado mucho a pesar de haberse esforzado; y tenemos una profunda deuda de gratitud con los clérigos, con los médicos y con los psiquiatras; pero, salvo en muy contados casos, no han aliviado nuestro alcoholismo. Pero Alcohólicos Anónimos sí nos ha ayudado.

¿Cuál es este poder que tiene Alcohólicos Anónimos? ¿Este poder curativo? No sé qué es. Supongo que el médico diría, "Esto es asunto de medicina psicosomática." Y supongo que el psiquiatra diría, "Es cuestión de relaciones personales benévolas." Y supongo que otra gente diría, "Esto es terapia de grupo."

Para mí es Dios.

MI OPORTUNIDAD DE VIVIR

A.A. dio a esta adolescente las herramientas para salir de su oscuro abismo de desesperación.

*P*ASÉ POR las puertas de Alcohólicos Anónimos a la edad de 17 años, una contradicción andante. Por fuera era la viva imagen de una adolescente rebelde, con todas las poses desafiantes que la acompañan. Por dentro, tenía tendencias suicidas, estaba ensangrentada y derrotada. Andaba con un paso decidido que denotaba una confianza que no tenía. Me vestía como una muchacha pendenciera con quien no querías meterte. Adentro estaba temblando de miedo de que alguien pudiera penetrar mis defensas y ver quién era en realidad.

Si hubieras podido ver quién era yo de verdad, me habrías vuelto la espalda lleno de asco, o te habrías aprovechado de mi multitud de defectos para destruirme. Estaba convencida de que, de una u otra forma, acabaría lastimada. No podía permitir que esto pasara, así que mantenía mi verdadera persona escondida detrás de una sólida barrera de ruda rebeldía. Cómo llegué aquí sigue siendo un misterio para mí.

Me crié en una familia cariñosa de clase media. Teníamos nuestros problemas—¿hay una familia que no los tenga? Pero no había abusos, verbales ni corporales; y no se podría decir que mis padres no hicieran todo lo posible por mí. Mis abuelos, paterno y materno, eran alcohólicos, y de niña oí multitud de historias acerca de lo desastroso que esto era para sus vidas y las vidas de quienes los rodeaban. No, no quería ser alcohólica.

En los primeros años de mi adolescencia empecé a sentirme preocupada por no encajar. Hasta ese punto, no me importaba el no ser una de las "populares". Me decía que si hiciera el suficiente esfuerzo, tarde o temprano llegaría a encajar. A los catorce años dejé de intentarlo. Pronto descubrí los efectos relajantes de la bebida. Diciéndome que sería más cuidadosa que mis infortunados abuelos, me dediqué a sentirme mejor.

El beber me liberaba del temor sofocante, de los sentimientos de insuficiencia, y las voces insistentes que oía desde el fondo de mi cerebro, diciéndome que nunca daría la talla. Todo esto se desvanecía cuando bebía. La botella era mi amiga, mi compañera, unas vacaciones portátiles. Cuando la vida llegaba a ser demasiado intensa, el alcohol la suavizaba o borraba el problema completamente, por un rato.

Acabé buscando las lagunas mentales. Por muy extraño que parezca, nunca me asustaban. La escuela y el hogar servían para estructurar mi vida. Al perderme en una laguna mental me convertía en autómata y así andaba el resto del día. La perspectiva de pasar mis años adolescentes sin guardar ningún recuerdo me parecía muy atractiva.

No había dado la vida por perdida, sino solamente la niñez. La gente adulta tenía toda la suerte. Sentaban todas las reglas. Ser niña era lo peor. Si tan sólo pudiera soportarlo hasta cumplir los 18 años, todo cambiaría. En aquel entonces yo no tenía la más remota idea de lo acertadas que iban a ser esas palabras.

Me lancé precipitadamente a lo que quedaba de la subcultura de los años sesenta, tomando como lema "no parar hasta vomitar" y así lo hacía. Me gustaba beber. Me gustaba el efecto que el alcohol producía en mí. No me gustaba vomitar en absoluto. Tardé muy poco en descubrir que había otras sustancias que podía tomar para ayudarme a "controlar" mi consumo de licor. Con un poco de esto y un poco de aquello, podía pasar toda la noche con el mismo trago en la mano. Así podía divertirme mucho sin arrojar.

En un abrir y cerrar de ojos, llegué a ser alguien, o así me parecía. Tenía multitud de amigos con quienes estar. Hacíamos cosas emocionantes: faltar a clases, ir de viaje y beber formaban parte de esta vida nueva. Durante un tiempo fue una maravilla. El tener que presentarme ante el director de la escuela o ser interrogada por la policía, cosas que antes me habrían dejado avergonzada, ahora eran motivos de orgullo. El que pudiera someterme a estos interrogatorios sin decir nada ni quedarme desconcertada me ganaba el respeto y la confianza de mis amigos.

Por fuera yo era una joven que parecía sentirse cómoda consigo misma. No obstante, muy lentamente, todo lo que estaba haciendo, que en mi fuero interno sabía que era malo, empezaba a concomerme. Mi primera reacción fue beber más. No tuvo el resultado esperado. Las lagunas mentales fueron contadísimas. Parecía no importar cuánto bebía o las mezclas que hiciera con otras sustancias, ya no podía encontrar el alivio que buscaba.

En mi hogar, la vida se estaba deshaciendo. Seguía haciendo cosas que hacían llorar a mi madre. En la escuela buscaban un excusa para expulsarme. El vicedirector me expuso su punto de vista inequívocamente: "Enderézate o te vas a encontrar de patitas en la calle. Para siempre."

Comencé la penosa espiral hacia mi fondo unos dos años escasos después de empezar a beber. Sabía que era necesario graduarme y por ello hice los cambios necesarios en mi estilo de vida para poder quedarme en la escuela. Vi a mis amigos seguir divirtiéndose. Me sobrevino una depresión que me envolvía en una neblina gris. Ya no podía faltar a las clases; mi novio, al volver a casa del campamento de entrenamiento de reclutas, me dejó y consiguió otra novia; mi madre seguía llorando; y todo era culpa mía.

Hubo varios intentos de suicidio. Me es grato poder decirles que no tenía gran talento para el asunto. Entonces, me dije a mí misma que, visto que ya no me divertía bebiendo, dejaría de beber y de usar drogas. Si vas a sentirte igual de mal borracha o sobria ¿no es una pérdida de tiempo beber? No tenía la menor esperanza de sentirme mejor cuando dejara de beber. Simplemente no quería desperdiciar la bebida.

No se me ocurrió nunca la posibilidad de no poder dejar de beber. Cada día inventaba un nuevo método para no emborracharme. Si llevo esta camisa, no beberé. Si estoy con esta persona, o en este lugar, no beberé. No dio los resultados deseados. Cada día me levantaba con una nueva determinación de no emborracharme. Con pocas excepciones, antes del mediodía estaba tan borracha que no podía decir ni mi nombre.

Las voces que oía dentro de mi cabeza se volvían cada vez más despiadadas. Con cada fracaso, me decían: "Ves, has fracasado nuevamente. Ya sabías que no ibas a sentirte mejor. Eres una perdedora. Nunca vas a superarlo. ¿Por qué intentarlo? Sigue bebiendo hasta morir."

En las raras ocasiones en que me las arreglaba para llegar al mediodía sin estar borracha, eran muy pocos quienes se aventuraban a acercarse a mí. Cuando estaba sobria yo no era una persona muy amable. Estaba enojada y asustada, y quería que los demás se sintieran tan mal como yo. Unas cuantas veces, mis compañeros me presionaron para que bebiera. "Aquí, toma, tal vez te pondrás menos difícil." Siempre tenía yo una réplica áspera, y luego aceptaba lo que me ofrecían. Hacia el fin de esa experiencia, cada noche rezaba a Dios para que me llevara mientras dormía, y por la mañana, lo insultaba por haberme permitido vivir.

Nunca tuve la intención de acabar en A.A. Si alguien me decía que tal vez bebía demasiado, me echaba a reír. No bebía más que mis amigos. Nunca me emborrachaba cuando no quería hacerlo: claro que siempre lo quería. No podía ser alcohólica. Era demasiado joven. La vida era mi problema. Las otras sustancias eran mi problema. Si tan sólo pudiera encontrar el truco, entonces podría beber.

Conseguí un trabajo como camarera en una cafetería local. Por estar abierto hasta muy tarde, el lugar atraía a una clientela muy variada, incluyendo a algunos miembros de Alcohólicos Anónimos. Estos no eran mis clientes favoritos. De hecho su comportamiento me conducía a beber. Eran muy bulliciosos y difíciles de complacer. Pasaban de mesa en mesa hablando en voz alta y nunca dejaban muy buenas propinas. Atendí al mismo grupo durante seis semanas seguidas antes de tener una noche libre.

Hacía tiempo que creía que mi problema tenía que ver con estar loca, y lo que me sucedió esa noche me sirvió como prueba patente: eché de menos a esa banda variopinta que durante todo el mes anterior me había estado sacando de quicio.

Echaba de menos las risas y las caras sonrientes. Fui al restaurante para tomar un café con ellos.

Por una serie de acontecimientos encadenados que decidí creer que eran actos de mi Poder Superior, me convencieron para ir a una reunión. Me dijeron que iba a ser una reunión abierta especial de aniversario de A.A., lo cual quería decir que cualquier persona podía asistir. Me dije a mí misma: ¿Qué puede tener de malo? Atiendo a esta gente; tal vez me pueda ayudar a comprenderlos mejor.

La tarde indicada llegué para encontrarme con que la reunión de aniversario era la semana siguiente, pero los miembros decidieron por votación que me podía quedar. Me dejó asombrada; era una verdadera lección de humildad. ¿Esta gente quería mi compañía? Eso fue para mí una idea difícil de aceptar. Me quedé y escuché, teniendo buen cuidado de que se enteraran de que yo no tenía un problema.

La siguiente semana asistí a la reunión de aniversario sin ninguna intención de volver a otra reunión. Yo no era alcohólica. Tenía otros problemas que requerían mi atención. Al resolverlos estaría bien. A la semana siguiente un amigo que era alcohólico por su propia admisión me preguntó si iba a asistir a la reunión. Mis pensamientos se aceleraron a la velocidad de la luz. Si esta persona creía que yo necesitaba asistir a la reunión, tal vez era cierto. Pero yo no era alcohólica.

Asistí a la reunión y llegué a la decisión de que las drogas eran mi problema. A partir de esa noche, dejé de usarlas. El resultado fue un aumento dramático en mi consumo de alcohol. Me di cuenta de que no podría seguir así. Una noche que iba a casa tambaleándome se me ocurrió que tal vez si dejara de beber, tan sólo por una corta temporada, quizás podría empezar a poner las cosas en orden y luego volver a beber.

Tardé unos tres meses en darme cuenta de que mi problema era yo misma y la bebida hacía que mi problema fuera mucho peor. Las otras sustancias sólo servían para controlar mi forma de beber. Si me dieran a elegir, me quedaría con la bebida sin pensarlo dos veces. La palabra "airada" ni siquiera se aproxima a describir cómo me sentía cuando tuve que admitir que era alcohólica.

Aunque estaba agradecida por no estar loca, como en principio había creído, me sentí decepcionada. A todos los que asistían a las reuniones de Alcohólicos Anónimos se les había concedido muchos más años de beber que a mí. No era justo. Alguien me dijo que rara vez la vida era justa. No me parecía divertido; pero ya no tenía la opción de prolongar mi carrera de bebedora.

Después de pasar 90 días sobria, tenía la mente suficientemente clara para darme cuenta de haber tocado fondo. Si volviera a beber, tan sólo sería cuestión de tiempo antes de que una de estas dos cosas pasara: Tendría éxito en suicidarme o empezaría a vivir la vida de los muertos vivientes. Ya había visto cómo era esto último, y era preferible la auténtica muerte.

En ese momento me rendí. Admití que era alcohólica y no tenía la menor idea de qué hacer al respecto. Muchos de mis compañeros querían que me sometiera a tratamiento, pero yo me resistí a hacerlo. No quería que los muchachos de la escuela supieran lo que estaba pasando. Si me sometiera a tratamiento, todos se enterarían en menos de una semana. Aun más importante, tenía miedo. Tenía miedo de que en el centro de tratamiento me hicieran unas pruebas y me dijeran: "No eres alcohólica; estás loca." Sabía en mi corazón que no era así. Pero era un poco más difícil convencer a mi cerebro. La idea de encontrarme desprovista de A.A. era aterradora. A.A. era mi ancla en un mar de confusión. Tardé muy poco en apartar de mi camino cualquier cosa que pudiera presentar una amenaza a mi sensación de seguridad. No tenía nada en contra de los centros de tratamiento entonces, ni ahora. Simplemente no quería ingresar en uno y no lo hice.

No obstante me mantuve sobria. El pasar un solo verano con gente que disfrutaba de la vida sobria era lo único que yo necesitaba para querer la sobriedad más que un trago. No te voy a decir que hacía todo lo que se me pedía que hiciera, cuándo y cómo se me pedía; porque no fue así. Al igual que la mayoría de la gente recién llegada al programa, me puse a buscar un camino más fácil y cómodo. Conforme con lo sugerido por el Libro Grande, no lo pude encontrar.

Por no poder encontrar un camino más fácil y cómodo, me puse a buscar a la persona con la varita mágica, la persona que pudiera hacer que me mejorara completamente al instante. Esa fue una búsqueda frustrante, y acabé dándome cuenta de que, si quería vivir esta vida, iba a tener que hacer lo que los demás compañeros habían hecho. Nadie me había forzado a beber y nadie iba a forzarme a mantenerme sobria. Este programa es para la gente que lo quiere, no para la gente que lo necesita.

Si todos los que necesitan A.A. se presentaran a la puerta, nos encontraríamos con las salas abarrotadas. Desgraciadamente, la mayoría nunca llega a la puerta. Me cuento entre los afortunados. No sólo por haber encontrado el programa siendo tan joven, sino simplemente por haberlo encontrado. Mi estilo de beber me condujo al precipicio descrito en el Libro Grande con mayor rapidez de la que nadie se pudiera haber imaginado.

Estoy convencida de que, si hubiera seguido el mismo rumbo, habría llegado pronto al fin del viaje. No creo que fuera más lista que nadie, según me suelen decir los compañeros que llegaron a A.A. a una edad más avanzada. Era para mí la hora propicia, mi oportunidad de vivir, y la aproveché. Si todavía me hubiera divertido bebiendo o si hubiera habido la más remota posibilidad de recuperar la alegría de beber, no habría dejado de beber en el momento en que lo hice.

Nadie que beba tanto como yo bebía se despierta un día al borde del abismo para decirse a sí mismo: Ésta es una perspectiva bastante aterradora; creo que sería conveniente dejar de beber antes de caerme. Creía firmemente que podía seguir hasta donde yo quisiera y luego parar y volver cuando dejara de ser divertido. Lo que ocurrió fue que me encontré a mí misma en el fondo del cañón pensando que nunca volvería a ver el sol. A.A. no me sacó de ese agujero. Me dio las herramientas necesarias para construir una escalera, con doce peldaños.

La sobriedad no es como yo creía que iba a ser. Al principio era una montaña rusa emocional, con multitud de crestas empinadas y profundos valles. Mis emociones eran nuevas, nunca experimentadas y no estaba completamente segura de querer sentirlas. Lloraba cuando debería estar riéndome y reía cuando debería estar llorando. Cosas que creía ser el fin del mundo resultaron ser regalos del cielo. Todo era muy confuso. Poco a poco las cosas llegaron a equilibrarse. Al ponerme a dar los pasos de recuperación, empecé a ver claramente el papel que yo había desempeñado en el triste espectáculo de mi vida.

Si me preguntaran cuáles son las dos cosas más importantes de la recuperación, diría que son la buena voluntad y la acción. Estaba dispuesta a creer que A.A. me estaba diciendo la verdad. No puedo expresar con palabras cuánto quería creer que era verdad. Quería que esto funcionara. Luego empecé a actuar según lo prescrito.

No siempre ha sido cómodo seguir los principios expuestos en el Libro Grande, ni pretendo decir que he logrado la perfección. Todavía no he encontrado en el Libro Grande un pasaje que diga: "Ahora ya has terminado los Pasos; que tengas una buena vida." El programa es un plan de vida diaria para toda la vida. Ha habido ocasiones en que me ha vencido la tentación de la dejadez. Estas ocasiones las veo como oportunidades de aprender.

Cuando estoy dispuesta a hacer lo que debo hacer, obtengo como recompensa una paz interior que ninguna cantidad de licor podría ofrecerme. Cuando no estoy dispuesta a hacer lo que debo hacer, me vuelvo inquieta, irritable y descontenta. Siempre me toca a mí elegir. Por medio de los Doce Pasos, se me ha concedido el don de poder elegir. Ya no estoy a merced de una enfermedad que me dice que la única solución es beber. Si la buena voluntad es la llave que abre el cerrojo de las puertas del infierno, la acción es lo que abre las puertas de par en par para que podamos andar en libertad entre los seres vivientes.

Desde que logré mi sobriedad he tenido muchas oportunidades para desarrollarme. He conocido las luchas y los logros. Durante todo este tiempo no he tenido que tomarme un trago, ni he estado sola. La buena voluntad y la acción me han ayudado a sobrepasarlo todo, con la orientación de un Poder Superior amoroso y la camaradería del programa. Cuando me asaltan las dudas, tengo confianza en que todo saldrá como debería salir. Cuando tengo miedo, busco la mano de otro alcohólico para calmarme.

La vida no me ha llenado de riqueza monetaria, ni me he hecho famosa ante los ojos del mundo. Mis bendiciones no se pueden medir en estos términos. No hay ninguna cantidad de dinero ni fama que se pueda igualar a lo que se me ha dado. Hoy puedo caminar por cualquier calle, por cualquier sitio, sin temor a encontrarme con alguien a quien haya lastimado. Hoy día no estoy consumida por el ansia del próximo trago o el arrepentimiento por los daños que hice en mi última borrachera.

Hoy día vivo entre los vivientes, ni mejor ni peor que los demás hijos de Dios. Hoy me miro en el espejo al ponerme el maquillaje y sonrío, en vez de evitar ver mi reflejo. Hoy quepo dentro de mi piel. Estoy en paz conmigo misma y con el mundo que me rodea.

A medida que he ido desarrollándome en A.A., Dios me ha bendecido con hijos que nunca han visto a su madre borracha. Tengo un marido que me ama simplemente por quien soy y he ganado el respeto de mi familia. ¿Qué más puede pedir una borracha derrotada? Sabe Dios que es mucho más de lo que me hubiera podido imaginar, y mucho más de lo que me merecía. Y todo porque estuve dispuesta a creer que A.A. tal vez funcionaría también para mí.

(6)

ESTUDIANTE DE LA VIDA

Viviendo en casa con sus padres, intentó valerse de la
fuerza de voluntad para vencer la obsesión de beber.
Pero su sobriedad no se arraigó hasta que no conoció a
otro alcohólico y asistió a una reunión de A.A.

*E*MPECÉ A BEBER a la edad de 18 años, muy tarde
entre los de mi generación. Pero una vez que
empecé, la enfermedad del alcoholismo me pegó con
ganas y rápidamente recuperó el tiempo perdido.
Después de unos cuantos años de beber, un día, acosada por graves dudas de tener un problema con el alcohol, leí un volante con una lista de preguntas del tipo
"¿Eres alcohólico?" Para mi gran alivio, descubrí que
casi nada se podía aplicar a mi caso. Nunca había perdido un trabajo, ni un marido, ni hijos ni ninguna posesión
material a causa del alcohol. El hecho de que la bebida
me había impedido tener estas cosas no se me ocurrió
hasta que me uní a Alcohólicos Anónimos.

No puedo echar la más mínima culpa por mi forma
de beber a mi crianza. Mis padres, que ahora llevan 35
años casados, eran cariñosos y siempre me apoyaban
mucho en todo lo que hacía. No hay otra persona de mi
familia que dé muestra alguna de beber o comportarse
de forma alcohólica. Por alguna que otra razón, a pesar
de los recursos que tuve a mi disposición durante mi
niñez y juventud, llegué a ser una mujer adulta aterrorizada por el mundo alrededor mío. Era extremadamente insegura, aunque procuraba ocultar este hecho.

No sabía qué hacer con mis emociones, no las podía comprender; siempre me parecía que todo el mundo, menos yo, sabía lo que estaba pasando, y lo que correspondía hacer; como si mi vida fuera la única que no venía acompañada de un manual de instrucciones.

Cuando descubrí el alcohol, todo cambió. Me tomé mi primer auténtico trago mi primera noche en la universidad. Fui a la que resultaría ser la primera de muchísimas fiestas de la asociación estudiantil. No me gustó la cerveza así que me dirigí a un recipiente lleno de un refresco de fruta de aspecto bastante inocuo. Me dijeron que contenía un poco de alcohol. No sé cuántos tragos me tomé; todos mis recuerdos de los acontecimientos reales de esa noche son borrosos; no obstante puedo recordar lo siguiente: Cuando estaba bebiendo, me sentía bien. Comprendía. Todo parecía tener sentido. Podía bailar, hablar y disfrutar siendo quién era. Era como si yo hubiera sido un rompecabezas al que le faltaba una pieza: en cuanto me tomaba un trago, esa pieza aparecía instantáneamente encajada en su lugar apropiado.

No recuerdo cómo volví a casa esa noche, y a la mañana siguiente me desperté completamente vestida y sin haberme quitado el maquillaje. A pesar de sentirme fatal, logré arrastrarme hasta la ducha y prepararme para mi primer día de estudios. Durante toda la clase estuve suplicando con los ojos al profesor que nos dejara salir temprano. Pero no nos dejó ir hasta la hora indicada y al sonar el timbre salí disparada, fui corriendo al baño y allí escondida vomité.

La locura de la enfermedad ya se había manifestado. Recuerdo pensar mientras estaba arrodillada devolviendo que esto era fantástico. La vida era estupenda. Por fin había encontrado la solución: el alcohol. Sin duda esta vez había bebido excesivamente. Pero yo era nueva en el juego. Sólo tendría que aprender a beber correctamente y luego todo me iría bien.

Durante los ocho años siguientes seguí intentando beber correctamente. Hice un progreso fenomenal: en ninguna etapa de mi carrera de bebedora se me podría haber descrito como una bebedora social. En casi toda ocasión en la que ingería una cantidad de alcohol, experimentaba una laguna mental; pero me dije que podría vivir con esto; era muy poco a cambio del poder y la confianza que el alcohol me ofrecía. Seis meses después de empezar a beber, me encontré bebiendo casi todos los días.

Acabé teniendo que pasar por un período de prueba académica el primer semestre de mi segundo año (en la escuela secundaria siempre había sacado sobresalientes), y mi primera reacción fue la de cambiar mi especialidad. Mi vida universitaria giraba alrededor de las fiestas, la bebida y los hombres. Solamente andaba con gente que bebía como yo. A pesar de que varias personas ya habían expresado su preocupación por mi forma de beber, lo justificaba diciendo que sólo estaba haciendo lo que acostumbraban hacer todos los estudiantes de la universidad.

De alguna que otra manera me las arreglé para graduarme; no obstante, mientras la mayoría de mis amigos estaban buscando y consiguiendo buenos trabajos y abruptamente dejando de beber, parecía que me habían dejado atrás en el campus. Había decidido que yo también iba a sentar la cabeza y beber como se debía; pero para mi gran frustración descubrí que no lo podía hacer.

Conseguí un empleo penoso como vendedora por el que me pagaban una miseria, y por eso seguía viviendo con mis padres. Trabajé dos años en este puesto por una sola razón: me ofrecía la posibilidad de beber con un mínimo de interferencia. Mi costumbre era comprarme un litro de whisky mientras iba haciendo mi ronda de citas con clientes y lo guardaba debajo del asiento del coche. Al llegar a casa por la tarde, bebía al menos la mitad del litro sentada ante la televisión viendo viejos programas hasta perder el conocimiento. Y esto lo hice cada noche durante casi dos años. Me había convertido en una bebedora diaria y solitaria y empecé a sentirme un poco preocupada.

En esa coyuntura mi comportamiento era el clásico: tenía botellas escondidas en todas partes de la casa; bebía furtivamente el licor de mis padres cuando se agotaba mi pequeño surtido; me cuidaba de no tirar muchas botellas a la basura al mismo tiempo para evitar que se oyera el tintineo; rellenaba con agua las botellas de vodka y ginebra de mis padres; etcétera. También solía grabar mis programas favoritos mientras los estaba viendo porque siempre perdía el conocimiento antes del final.

Por esa época pusieron en la televisión la película *"My name is Bill W."* *(Me llamo Bill W.)* acerca del cofundador de A.A. Llena de curiosidad, me senté a verla con mis botellas de whisky y de soda. Cuando Bill sacó su botella del auto para armarse de valor antes de visitar a su suegro, di un suspiro de alivio. "Oh, no estoy tan mal," me dije a mí misma. Y luego me puse a emborracharme y perdí el conocimiento. No recuerdo nada más de la película.

Mis padres no sabían qué hacer. No hacía nada de

nada y siempre estaba irritable y hostil. Yo sabía que bebía demasiado y que mi vida era un desastre; pero nunca relacioné estas dos situaciones. Mis padres hicieron la única sugerencia que entonces les parecía lógica: me ofrecieron ayuda económica si quería volver a la universidad. Por no ver otra salida, no dudé en aprovechar la oportunidad.

Pasé dos años haciendo un curso de postgraduado en una universidad que estaba a 750 millas de la casa de mis padres. Puedo decir con toda sinceridad que sé por qué esto se suele llamar una cura geográfica. Durante unos nueve meses pude reducir drásticamente la cantidad que bebía. Seguía bebiendo casi todos los días, pero no hasta sumirme en mi acostumbrado sopor, y muy rara vez experimentaba una laguna mental. Ese primer año pude concentrarme en mis estudios y trabar muchas amistades. Pero las curas geográficas son sólo temporales; la mía duró algo menos de un año. Después de diez meses, empecé poco a poco a volver a mis antiguas costumbres. Al poco tiempo me encontraba bebiendo la misma cantidad de whisky que solía beber en casa; y volvieron las lagunas mentales. Mis calificaciones empezaron a bajar y mis amigos empezaron a preocuparse. Incluso volví a ver los viejos programas. Había traído conmigo mis cintas de video que había grabado en casa.

Afortunadamente me las arreglé para graduarme, pero realmente no había hecho ningún progreso. Después de la graduación, volví a casa de mis padres, por no haber podido conseguir un trabajo. Estaba de vuelta. Estaba de vuelta en mi antiguo cuarto; había vuelto a la misma rutina de beber todas las tardes hasta perder el conocimiento y mi condición iba empeorándose. Empezaba a beber cada día más temprano y a consumir más y más alcohol. No tenía trabajo, ni amigos; aparte de mis padres, no veía a nadie.

Esto era para mí el colmo de la frustración. ¿No había hecho todo lo que se esperaba que hiciera? ¿No me había graduado de la universidad y conseguido un título de maestría? Nunca había ido a la cárcel, ni estrellado ningún auto, ni me había metido en líos como una auténtica alcohólica. Cuando tenía un trabajo no faltaba ningún día a causa de beber. Nunca me metí en deudas, ni había abusado de un esposo ni de mis niños. Claro que bebía mucho, pero no tenía ningún problema. ¿Cómo podría tenerlo si no había hecho ninguna de las cosas que demuestran que uno es alcohólico? Entonces, ¿cuál era el problema? Lo único que quería era un trabajo decente para poder ser independiente y productiva. No podía entender por qué la vida nunca me presentaba buenas oportunidades.

Hacía trabajitos en casa para mis padres a cambio de comida y techo hasta que conseguí un trabajo con un empresario local. Este trabajo no ofrecía muchas oportunidades para avanzar, ni tampoco el sueldo era muy bueno, pero me hacía salir de la casa y era bastante estimulante. En este punto estaba luchando ferozmente por controlar mi forma de beber. Sabía que si me tomaba un solo trago perdería completamente el control y bebería hasta perder el conocimiento. No obstante, día tras día seguía intentando vencer esta obsesión por el alcohol.

Un día, después del trabajo, compré medio galón de whisky y aquella noche me bebí casi la tercera parte en menos de cuatro horas. Al día siguiente estaba muy enferma, pero logré ir al trabajo. Cuando volví a casa, me senté en el sofá de mis padres y sabía, yo *sabía*, que iba a seguir bebiéndome el whisky a pesar de sentirme muy mal por lo acontecido la noche anterior. También sabía que no quería beber. Sentada en aquel sofá, me di cuenta de que el viejo dicho "podría parar si quisiera, pero no quiero" no tenía que ver con mi caso, porque no quería beber. Me vi a mí misma levantarme del sofá e ir a ponerme un trago. Cuando me volví a sentar en el sofá, empecé a llorar. Se empezó a romper mi negación. Creo que aquella noche toqué fondo pero entonces no lo sabía. Simplemente creía que estaba loca. Me bebí el resto del medio galón.

Seis meses más tarde mi jefe me envió a California para una exposición comercial. No me gustaba trabajar en estas exposiciones pero me encantaba viajar, así que fui. Estaba muy nerviosa por este viaje porque a mi jefe le gustaba la juerga y habíamos hecho arreglos para que un hombre de Hawai de nuestra edad viniera para trabajar en la exposición con nosotros. Me las había arreglado para pasar treinta y un días sin beber y estaba aterrorizada de que me fuera a dejar vencer por la tentación de estar en un viaje a gastos pagados en una ciudad divertida, con dos juerguistas. Me había resultado muy difícil pasar treinta y un días sin beber; la obsesión me asaltaba todos los días.

Llegué el viernes bastante tarde y me las arreglé para no beber aquella noche. Al día siguiente en la exposición, se me ofreció el regalo que me cambió la vida. Nuestro representante de ventas de Hawai parecía estar frustrado. Yo creía que se sentía decepcionado por no haber hecho una venta a una pareja con la que acababa de tratar. Me acerqué para consolarlo. Me dijo que su malestar no tenía nada que ver con la pareja; me explicó que esa misma semana había perdido a su novia, había abandonado la escuela, perdido su apartamento y también su trabajo fijo. Y añadió: "Soy alcohólico. He estado sobrio un año y medio pero la semana pasada volví a beber y por ello mi vida ahora es un desastre."

En ese mismo instante, oí una palabra en mi cabeza. La palabra era "ahora". Sabía que quería decir: "¡Di algo *ahora!*"

Para mi gran asombro, dije estas palabras: "Mike, creo que yo también lo soy." Su estado de ánimo cambió instantáneamente. Ahora me doy cuenta de que lo que vi era la esperanza. Empezamos a hablar. Entre otras cosas, le dije que había pasado un mes sin tomarme un trago, pero no iba a A.A. Cuando me preguntó por qué había evitado ir a A.A., le dije que era porque no creía que había tocado fondo. No se rió y me dijo, "Tocas fondo cuando dejas de excavar." Me llevó a mis tres primeras reuniones de A.A.

En la segunda reunión me resolví a tratar de lograr la sobriedad. Había unas treinta y cinco personas en la reunión, pero la sala era muy pequeña y daba la impresión de estar abarrotada. Por ser forastera, me levanté y me presenté a mí misma cuando el coordinador me lo pidió. Más tarde, el coordinador me pidió que compartiera. Me levanté y me acerqué al podio y al micrófono—nunca me he sentido tan nerviosa en la vida. No obstante las palabras me salieron de forma natural mientras describía los eventos que me habían conducido aquella noche a esa reunión.

Mientras hablaba, miraba las caras de la gente alrededor mío. Y lo vi. Vi la comprensión, la empatía, el amor. Hoy creo que vi a mi Poder Superior por primera vez reflejado en aquellas caras. Allí mismo en el podio me di repentina cuenta de que esto era lo que había estado buscando toda mi vida. Allí estaba la respuesta: justo en frente de mis ojos. Me sobrevino un alivio indescriptible. Sabía que había acabado la lucha.

Esa misma noche, aún sintiendo la euforia del alivio y la esperanza, me acordé de la tarde en el baño de la universidad mi primer día de clase, cuando me sentía tan segura de haber encontrado la solución en el alcohol. Podía ver claramente ahora que era mentira. Esta es la descripción que me parece más apropiada para el alcohol: es una mentira, una mentira diabólica e insidiosa. Y estuve persiguiendo largo tiempo esta mentira, aun cuando era obvio que no iba a llegar a ninguna parte y me estaba matando a mí misma haciéndolo. En aquella reunión de A.A., al mirar todas aquellas caras, finalmente vi la verdad.

Cuando volví a casa, me metí de lleno en A.A. Asistí a noventa reuniones en noventa días, conseguí una madrina, y me uní a un grupo base. Hice todo lo que se me sugirió. Hacía el café, me comprometí a hacer varias cosas, y empecé a participar en el servicio. Me monté en la montaña rusa de los primeros días de la sobriedad. Mereció la pena todo el tiempo que dediqué para llegar donde me encuentro hoy.

Es muy importante para mi sobriedad estudiar y trabajar los Pasos. Aún sigo asistiendo a dos reuniones de Pasos cada semana. Tengo una madrina que me guía por los Pasos con dulzura pero con firmeza, con mano segura, de una manera que espero poder emular con las dos mujeres que ahora son mis ahijadas. Las Promesas han empezado a hacerse realidad para mí, y me queda todavía mucho por hacer.

Es casi imposible describir adecuadamente todo lo que el programa me ha dado, en estos seis cortos años.

Los pasados cinco años he podido mantenerme económicamente en mi propio apartamento y tengo intención de comprar una casa el año que viene. Tengo un buen trabajo con un futuro halagüeño: desde que logré mi sobriedad, he visto un aumento del 150 por ciento en mi sueldo.

Sin embargo, así como el alcoholismo no supone forzosamente pérdidas materiales, así también las ganancias materiales no son la verdadera indicación de la sobriedad. Las verdaderas recompensas no son de naturaleza material. Ahora tengo amigos porque sé cómo ser amiga y sé cómo fomentar y alimentar mis valiosas amistades. En vez de los amoríos de una noche prolongados, que yo llamaba novios, hace ya casi cinco años que tengo en mi vida un hombre especial. Y, lo más importante, sé quien soy. Sé cuáles son mis objetivos, sueños, valores y límites. Sé como cuidarlos, protegerlos, y validarlos. Estas son las verdaderas recompensas de la sobriedad y son las cosas que siempre estaba buscando. Me siento muy agradecida de que mi Poder Superior interviniera para enseñarme el camino hacia la verdad. Rezo cada día para nunca volverle la espalda. Vine a A.A. para dejar de beber; lo que he recibido a cambio es mi vida.

(7)

SUPERAR LA NEGACIÓN

Ella se dio cuenta finalmente de que cuando disfruta-
ba de la bebida no podía controlarla y cuando la con-
trolaba, no podía disfrutarla.

*L*A NEGACIÓN es el aspecto más astuto, desconcertante y poderoso de mi enfermedad, la enfermedad del alcoholismo. Cuando lo pienso ahora, me resulta difícil creer que no podía ver que tenía un problema
con mi forma de beber. Pero en lugar de ver la verdad
cuando todos los "todavías" (como en, eso no me ha
pasado a mí — todavía) empezaban a suceder, lo que
hacía era simplemente rebajar mis estándars.

Mi padre era alcohólico, y mi madre bebía durante
todo su embarazo, pero no culpo a mis padres por mi
alcoholismo. Niños con una educación mucho peor que
la mía no acabaron siendo alcohólicos, mientras algunos
que tuvieron circunstancias mucho mejores sí lo fueron.
De hecho, hace tiempo que dejé de preguntarme "¿por
qué a mí?" Es como un hombre en un puente en medio
de un río con los pantalones ardiendo que se estuviera
preguntando por qué están ardiendo sus pantalones. No
importa el porqué. ¡Tírate al agua! Y eso es exactamente lo que yo hice al recurrir a A.A. una vez que finalmente superé la negación.

Me crié con el sentimiento de que yo era la única
cosa que mantenía unida a mi familia. Esto, unido al
miedo de no ser lo suficientemente buena, era demasiada presión para una niña pequeña. Todo cambió

cuando me tomé mi primer trago a la edad de dieciséis años. Todo el temor, la timidez y el malestar se evaporaron con aquel trago ardiente de whisky tomado directamente de la botella durante una incursión al armario de las bebidas en una fiesta. Me emborraché, perdí el conocimiento, vomité, seguí haciendo arcadas, estuve enferma de muerte al día siguiente y me di cuenta de que volvería a hacerlo. Por primera vez me sentí parte de un grupo sin tener que ser perfecta para conseguir la aprobación.

Asistí a la universidad con la ayuda de becas, programas de estudio y trabajo, y préstamos para estudiantes. Las clases y el trabajo me mantenían demasiado ocupada y no me quedaba mucho tiempo para beber, y además estaba prometida a un muchacho que no era alcohólico. Pero rompí nuestras relaciones en mi último año de universidad después de descubrir las drogas, el sexo y el rock n' roll, los compañeros de mi mejor amigo: el alcohol. Seguí explorando todo lo que tenían que ofrecer los últimos años de la década de los sesenta y principios de los setenta. Después de viajar por Europa, decidí establecerme en una ciudad grande.

Bueno, alcancé el éxito, llegué al alcoholismo total. Una ciudad grande es buen lugar para ser alcohólico. Nadie se da cuenta. Almuerzos de tres martinis, tragos después del trabajo, y un trago en el bar de la esquina antes de acostarme era lo acostumbrado cada día. Todo el mundo tiene lagunas mentales ¿no? Solía bromear acerca de lo bueno que era tener lagunas mentales por el mucho tiempo que ahorrabas en el transporte. Un momento estabas aquí, y al siguiente minuto ya estabas allí. Al recordar, el hacer chistes y tomármelo a risa ayudó a solidificar mi firme negación. Otro truco que usaba era ir con compañeros que bebían un poco más que yo. Así siempre podía indicar su problema.

A causa de uno de estos compañeros fui arrestada por primera vez. Si el conductor del auto se hubiera detenido cuando la policía encendió las luces, todo habría ido bien. Si, después de casi persuadir a la policía para dejarnos seguir, el que manejaba se hubiera quedado callado, todo habría ido bien. Pero no fue así, él empezó a balbucear acerca de estar en rehabilitación y demás. Me escapé con una sentencia por delito menor. Y por muchos años, no le di ninguna importancia a este arresto porque la culpa era de él. Simplemente ignoré el hecho de que yo había estado bebiendo todo el día.

Una mañana mientras estaba en el trabajo, recibí una llamada del hospital para decirme que fuera allí rápidamente. Mi padre estaba ingresado allí, muriendo de alcoholismo. Tenía sesenta años. Ya había estado antes en hospitales, pero esta vez era diferente. Con el estómago dolorosamente dilatado, hinchado con fluidos que sus riñones y su hígado ya no podían procesar por haber cesado de funcionar, sobrevivió tres semanas. La muerte por alcoholismo es muy lenta y dolorosa. Verle morir de alcoholismo me convenció de que yo nunca podría llegar a ser alcohólica. Yo sabía demasiado acerca de la enfermedad, me conocía demasiado bien a mí misma como para caer en sus garras. Envié su cuerpo a casa y no asistí al funeral. Ni siquiera podía ayudar a mi abuela a enterrar a su único hijo, porque para entonces yo estaba inextricablemente envuelta en una aventura amorosa encenagada de sexo y alcohol.

Hundiéndome en la desmoralización deplorable e incomprensible que esa relación había llegado a ser, fui arrestada por primera vez por manejar borracha. Me

aterrorizó; podía haber matado a alguien. Iba manejando en una laguna mental total, y recobré el conocimiento al entregar mi permiso a un policía. Juré que nunca
me volvería a pasar. Tres meses más tarde volvió a suceder. Lo que yo no sabía entonces era que cuando pongo
alcohol en mi cuerpo, soy impotente en lo referente a
cuánto y con quién bebo—todas mis buenas intenciones
ahogadas en la negación.

Recuerdo que bromeaba acerca del hecho de que la
mayoría de la gente pasaba su vida entera sin ver una
cárcel por dentro, y aquí teníamos a una "mujer de mi
categoría" que había sido arrestada tres veces. Pero,
pensaba, nunca he tenido que cumplir una condena, de
hecho nunca había pasado una noche en la cárcel.
Entonces conocí a mi futuro marido, y todo cambió.
Pasé mi noche de bodas en la cárcel. Pero, al igual que
en otras ocasiones, no fue por mi culpa. Allí estábamos
todavía con nuestros trajes de boda. Si él se hubiera
callado la boca cuando la policía llegó, no habría pasado
nada. Yo los había convencido de que él había atacado
al empleado del hotel porque nuestro dinero de la boda
había desaparecido. De hecho, él creía que el empleado nos había robado la marihuana que íbamos a fumar.
La verdad es que yo estaba tan borracha que la había
perdido.

Durante el interrogatorio del empleado en el aparca-
miento del restaurante, mi esposo se puso tan violento
que el oficial de policía lo puso en el asiento de atrás del
coche patrulla. Cuando trató de romper a patadas la
ventanilla de atrás, el policía tomó represalias. Le supli-
qué al policía mientras un segundo oficial llegó, y el
novio y la novia acabaron en la cárcel. Entonces, para mi
horror, se descubrieron los cigarrillos de marihuana

"robados" y fueron catalogados entre mis pertenencias al hacer el arresto. Me arrestaron por tres delitos graves, incluyendo estar borracha y alteración del orden público, y dos delitos menores, pero toda la culpa era de mi esposo. Yo casi no tenía nada que ver con el asunto; él tenía un problema con la bebida.

Me quedé en ese abusivo matrimonio casi siete años y seguí enfocándome en su problema. Al final de ese matrimonio, en mis intentos descaminados de sentar un buen ejemplo para él (aparte de que se estaba bebiendo casi todo mi vodka), ordené que no hubiera alcohol en la casa. Pero, ¿por qué yo me iba a ver privada de un trago al regresar a casa después de un día de mucha presión en la oficina sólo porque él tenía un problema? Así que empecé a esconder mi vodka en el dormitorio, y seguía sin ver nada malo en este comportamiento. *Él* era mi problema.

Poco tiempo después de mi divorcio, acepté un ascenso (mi vida profesional seguía ascendiendo) que suponía un traslado a otra ciudad. Estaba segura de que ahora se acabarían mis problemas, excepto que me traje a mí misma conmigo. Una vez sola en un nuevo lugar, mi forma de beber se disparó. Ya no tenía que dar buen ejemplo. Por primera vez me di cuenta de que mi forma de beber empezaba a estar un poco fuera de control, pero sabía que cualquiera que sufriera el mismo estrés que yo sentía también bebería: divorcio reciente, nueva casa, nuevo trabajo, no conocía a nadie—y una enfermedad no reconocida y progresiva que me estaba destruyendo.

Finalmente hice algunos amigos que bebían tanto como yo. Organizábamos viajes para ir a pescar o comidas para encubrir nuestra forma de beber pero en realidad eran excusas para pasar el fin de semana bebiendo. Después de pasar un día entero bebiendo con la excusa de jugar un partido de *softball* le abollé el parachoques a una señora mayor cuando volvía a casa. Naturalmente no fue culpa mía; ella se puso delante de mí. Que el accidente ocurriera al atardecer y yo hubiera estado bebiendo desde las diez de la mañana no tenía nada que ver. Mi alcoholismo me había llevado a una negación tan profunda y a una arrogancia tan grande que me quedé allí esperando a la policía para que ellos supieran que la culpa era de ella. Bueno, no tardaron mucho en darse cuenta de lo que había pasado. De nuevo, me sacaron del auto y con las manos esposadas a la espalda, me llevaron a la cárcel. Pero no era culpa mía. No debían permitir que aquella vieja estuviera en la carretera, me dije a mí misma. *Ella* era mi problema.

El juez me sentenció a asistir a las reuniones de Alcohólicos Anónimos durante seis meses, y yo me sentí completamente agraviada. A estas alturas ya había sido arrestada cinco veces y lo único que yo podía ver era una persona que le gustaba la juerga, no una alcohólica. ¿No se daban cuenta ustedes de la diferencia? Así que empecé asistir a esas estúpidas reuniones y me identificaba a mí misma como alcohólica para que ustedes firmaran mi tarjeta de la corte, a pesar de que yo no podía ser alcohólica de ninguna manera. Tenía un salario anual de seis cifras y era dueña de mi propia casa. Tenía un teléfono en el auto. Utilizaba cubitos de hielo, por Dios santo. Todo el mundo sabe que un alcohólico, al menos uno que tenía que ir a A.A., era un vagabundo de los barrios bajos con un abrigo sucio que bebe de una botella escondida en una bolsa de papel. Así que cada vez que ustedes leían esa parte del Capítulo Quinto del

Libro Grande que dice, "Si tú has decido que quieres lo que nosotros tenemos y estás dispuesto a hacer todo lo que sea necesario para conseguirlo...," mis oídos se cerraban. Ustedes tenían la enfermedad del alcoholismo y lo último que yo quería era ser alcohólica.

Con el tiempo ustedes llegaron a hablar de mis sentimientos en las reuniones de Alcohólicos Anónimos hasta el punto en que ya no podía cerrar mis oídos. Oí a mujeres, mujeres en recuperación, bellas y con éxito en la vida, hablar acerca de las cosas que habían hecho mientras bebían, y pensaba: "Yo hice eso," o "¡Yo hice cosas peores!" Entonces empecé a ver los milagros que ocurren sólo en A.A. La gente que llegaba casi arrastrándose a las puertas, enferma y arruinada, y que después de unas pocas semanas sin beber, un día a la vez, y asistir a las reuniones recuperaban la salud, encontraban un trabajo y amigos que verdaderamente se preocupaban, y luego descubrían a Dios en sus vidas. Pero el aspecto más irresistible de A.A., lo que me hizo querer intentar esto de la sobriedad, era la risa, la pura alegría de la risa que he escuchado de los alcohólicos sobrios.

No obstante, la idea de lograr la sobriedad me aterraba. Aborrecía la mujer en que me había convertido, una bebedora diaria obsesionada, que no se vestía los fines de semana, siempre temerosa de quedarse sin alcohol. Empezaba a pensar en beber al mediodía y salía de la oficina cada vez más temprano. O me prometía a mí misma que no iba a beber esa noche e invariablemente acababa encontrándome enfrente del refrigerador con una bebida en la mano, prometiendo: Mañana, mañana no beberé. Despreciaba todo eso, pero al menos me era bien conocido. No tenía ni idea de cómo era sentirse sobria, y no me podía imaginar la vida sin alcohol. Había llegado a ese extremo aterrador en que no podía beber más pero no podía dejar de beber. Durante casi veintitrés años casi todos los días de mi vida había hecho algo para cambiar la realidad de alguna forma, pero tenía que intentar esto de la sobriedad.

Hasta el día de hoy me siento asombrada de la gente que logra la sobriedad antes de las fiestas. Yo ni siquiera pude intentarlo hasta después del *Super Bowl*. Una última fiesta por todo lo alto en la que había prometido no emborracharme. Cuando pongo alcohol en mi organismo pierdo la capacidad de decidir cuánto voy a beber, y así fue el domingo de *Super Bowl* de aquel año. Acabé dormida en el sofá de alguien en lugar de dormir en mi propia cama y al día siguiente en el trabajo estaba enferma de muerte. Esa semana tenía que ir a un partido de hockey sobre hielo. Era un asunto del trabajo, así que de verdad intenté andar con cuidado con lo que bebía, y sólo me tomé dos vasos grandes de cerveza, lo cual para mí no era ni siquiera suficiente para ponerme un poco alegre. Y aquello fue el comienzo de mi despertar espiritual. Sentada al borde de la pista de hielo, frustrada, meditando sobre el hecho de que dos cervezas grandes no me daban ningún alivio, algo dentro de mi cabeza—y sé que no era yo—me dijo, "entonces, ¿para qué molestarse en hacerlo?" En aquel momento yo supe el significado de lo que se hablaba en el Libro Grande acerca de la gran obsesión de todo bebedor anormal de poder algún día, de alguna forma, llegar a controlar y disfrutar su bebida. El domingo del *Super Bowl*, cuando disfruté de beber, no pude controlarlo, y en el partido de hockey cuando lo controlaba, no pude disfrutarlo. No se podía negar más que yo era alcohólica. ¡Qué despertar!

Al día siguiente por la noche fui a una reunión de Alcohólicos Anónimos, sabiendo que quería lo que ustedes tenían. Me senté en aquella fría silla de metal como había hecho durante los cinco meses pasados y leí por enésima vez el Primer Paso en un cartel colgado de la pared. Pero esta vez pedí a Dios de todo corazón que me ayudara, y ocurrió algo extraño. Me sobrevino una sensación física, como una ola de pura energía, y sentí la presencia de Dios en aquella sórdida y pequeña sala. Aquella noche me fui a casa y por primera vez en muchos años no tuve que abrir el armarito donde guardaba el medio galón de vodka, ni aquella noche ni ninguna otra desde entonces. Dios me había devuelto el sano juicio, y di el Segundo Paso en el mismo momento en que me rendí y admití mi impotencia ante el alcohol y el hecho de que mi vida era ingobernable.

Asistía por lo menos a una reunión al día, vaciaba los ceniceros, lavaba la cafetera, y el día que recibí mi medallón de treinta días, un amigo me llevó a un evento de A.A. Estaba absolutamente asombrada del poder de más de dos mil alcohólicos cogidos de la mano, recitando juntos la oración final, y quería estar sobria más que quería la vida misma. Al volver a casa, le pedí a Dios de rodillas que me ayudara a mantenerme sobria un día más. Le dije a Dios que se llevara mi casa, mi trabajo, todo lo que tenía si eso era lo que se necesitaba para yo mantenerme sobria. Aquel día aprendí dos cosas: el verdadero significado del Tercer Paso y tener siempre cuidado con lo que pides al rezar.

Después de cinco meses sobria, perdí el trabajo con salario de seis cifras en la firma de abogados. Había llegado el momento de pagar las consecuencias de mi vida pasada, y estuve un año sin trabajo. Sobria o borracha hubiera perdido aquel trabajo, pero gracias a Dios que estaba sobria o si no probablemente me hubiera suicidado. Mientras bebía, el prestigio del trabajo era mi propio valor, lo único que me hacía ser merecedora de amor. Ahora estaba empezando a amarme a mí misma porque A.A. me había amado incondicionalmente hasta que yo pude hacerlo. Después de cinco meses me di cuenta de que el mundo no iba a construir un monumento por el hecho de que yo estuviera sobria. Comprendí que no era una tarea del mundo el entender mi enfermedad; me correspondía a mí la tarea de practicar mi programa y no beber, pasara lo que pasara.

Después de nueve meses de sobriedad perdí la casa grande que había comprado sólo para demostrar que no podía ser una alcohólica. Entre los cinco y los nueve meses, robaron en mi casa, me tomaron una biopsia del cuello del útero, y sufrí una desilusión amorosa. Y el mayor milagro de todos los milagros fue que no tuve que beber por ninguna de esas cosas. Esto lo dice una mujer que había tenido que beber por todas esas cosas. Yo era tan excepcional y tan arrogante cuando llegué aquí que creo que Dios tenía que enseñarme desde el principio que no hay *nada* que un trago pueda mejorar. Me hizo ver que Su amor y el poder de los Pasos y de la Comunidad podían mantenerme alejada del primer trago un día a la vez, a veces una hora a la vez, fuera como fuera. Un trago no me iba a devolver el trabajo, la casa o el hombre, así que ¿para qué molestarse en tomarlo?

En Alcohólicos Anónimos encontré todo lo que siempre había buscado. Solía dar gracias a Dios por haber puesto A.A. en mi vida; ahora doy gracias a A.A. por haber puesto a Dios en mi vida. Encontré mi tribu, la estructura social que satisface todas mis necesidades de camaradería y buena compañía. Aprendí a vivir. Cuando pregunté cómo podía encontrar mi amor propio, ustedes me dijeron, "haciendo actos que valen la pena." Me explicaron que en el Libro Grande no hay capítulos titulados "En pensamiento" o "En sentimiento"— sólo "En acción." En A.A. encontré muchas oportunidades para ponerme en acción. Podía estar tan ocupada y ser tan útil a otras personas como lo quisiera ser una mujer sobria en Alcohólicos Anónimos. Nunca fui una persona muy gregaria, pero participé con gran entusiasmo en el servicio de A.A. porque ustedes me dijeron que si lo hacía, nunca tendría que volver a beber. Me dijeron que mientras pusiera a A.A. en primer lugar en mi vida, todo lo que pusiera en segundo lugar sería de primera clase. Esto ha demostrado ser verdad una y otra vez. Así que seguí poniendo a A.A. y a Dios en primer lugar y todo lo que perdí se me devolvió con creces. He recobrado la carrera que había perdido, con mucho más éxito. La casa que había perdido ha sido reemplazada por una casa que es del tamaño apropiado para mí. Así que aquí estoy, sobria. Con éxito. Serena. Estas son algunas de las dádivas del programa por haberme rendido, preparado y presentado a la vida todos los días. Días buenos y días malos, la realidad es una aventura fantástica y no me la perdería por nada en el mundo. No me pregunto cómo funciona el programa. Confío en mi Dios, participo activamente en el servicio de A.A., voy a muchas reuniones, trabajo con otros, y todos los días practico con toda buena voluntad los principios encarnados en los Pasos. No sé cuál de ellos me mantiene sobria y no voy a tratar de averiguarlo. Ha funcionado bien muchos días, así que lo volveré a probar mañana.

(8)

PORQUE SOY ALCOHÓLICA

Esta bebedora encontró finalmente la respuesta a la insistente pregunta: "¿Por qué?"

UPONGO que siempre me he preguntado quién soy. De niña, aislada en el campo, inventaba historias en las que me imaginaba a mí misma jugando con compañeros imaginarios. Más tarde, cuando nos trasladamos a una ciudad grande y yo estaba rodeada de niños, me sentía separada, como si me rechazaran. Y aunque me acostumbré a ir de acuerdo a la norma cultural, por dentro me seguía sintiendo diferente.

El alcohol me ayudó. O al menos yo creía que me ayudaba, hasta que vi la sombra opresiva que proyectó durante treinta años en mi vida. Lo descubrí en la universidad, y aunque al principio no bebía muy a menudo (no tenía la oportunidad), siempre que empezaba, seguía bebiendo mientras hubiera alcohol. Era un reflejo. No recuerdo que me gustara el sabor, pero me gustaba porque parecía darme vida y me ayudaba a superar los nervios de una cita y a hablar en las fiestas. Me sacaba del hoyo en el que me sentía metida y bajaba el muro que yo había creado entre mí misma y la persona o situación que me hacía sentir incómoda.

Durante diez años, en la universidad y la escuela de estudios postgraduados entremezclados con algunos trabajos, bebía periódicamente, por lo que era fácil pensar que era una bebedora social. Al recordar veo que el alcohol me ayudó a construirme una imagen de una mujer sofisticada de la ciudad, disminuyendo así mis sentimientos de ser una chica de pueblo retraída. Estudiaba los vinos de calidad y los seleccionaba cuidadosamente para acompañar los platos de gourmet que aprendí a hacer. Leía acerca de las bebidas apropiadas para las diversas ocasiones. Aprendí a poner un toquecito de vermouth seco en mis martinis. Mientras tanto iba aumentando mi tolerancia del alcohol de tal forma que, aunque al principio me enfermaba o me mareaba, según pasaba el tiempo podía aguantar cantidades mayores sin que se me notaran los efectos. Hasta la resaca de la mañana siguiente.

Detrás de la fachada, mi vida real parecía estar fuera de mi alcance. Me quería considerar a mí misma como una persona madura pero por dentro me sentía pequeña e impotente, apenas una presencia. Me fijaba en mis amigos, gente buena, encantadora e interesante, y trataba de definirme a mí misma por medio de ellos. Si ellos veían algo en mí que les hiciera desear estar conmigo, yo debía de tener algo que ofrecer. Pero su amor no era un sustituto de mi amor por mí misma; no llenaba el vacío.

Así que seguía tejiendo fantasías y ahora el alcohol alimentaba mis sueños. Haría grandes descubrimientos, ganaría el Premio Nobel de medicina y también de literatura. El sueño siempre tenía lugar en otro sitio, lejano, e hice varias curas geográficas en busca de mí misma. Se me ofreció un trabajo en París y no dejé pasar la oportunidad. Preparé mi equipaje, dejé mi apartamento a mi novio, y me embarqué pensando que por fin encontraría mi hogar y a mí misma.

Empecé a beber diariamente y lo racionalizaba diciendo que en Francia, naturalmente, tienes que tomar vino en las comidas. Y después de la cena, después del vino, venían los licores. Mis diarios y cartas son testigos del deterioro de mi letra según iba avanzando la tarde, escribiendo mientras bebía. Allí fue donde empecé a depender del alcohol. Después del trabajo, de camino a mis clases en la Alianza Francesa, me paraba en un bistro para tomarme una copa de coñac para darme ánimos para llegar allí—mi necesidad era más grande que la vergüenza de ser una mujer bebiendo sola en los años cincuenta. En unas vacaciones fui a visitar a unos amigos en Escocia, viajando tranquilamente por la campiña inglesa y galesa. Las botellas de coñac y *Benedictine* que llevaba de regalo a mis amigos me las bebí en los cuartos de los pequeños hoteles muchas millas antes de llegar allí. Mientras me duraban no tenía que ir a los pubs.

Europa no resultó ser el cambio que remediaría mi vida, y me puse de nuevo a viajar. En Cambridge pronuncié mi primera resolución de beber menos; las resoluciones de Año Nuevo las reciclé una docena de años mientras mi forma de beber y mi vida seguían empeorando. El alcohol me tenía esclavizada. Estaba dominada por el alcohol aunque seguía diciéndome a mí misma que beber era un placer y una elección.

Empezaron las lagunas mentales, episodios vacíos de mi vida en que las horas desaparecían, perdidas en la memoria. La primera vez ocurrió después de una cena que di para unos amigos. A la mañana siguiente me desperté sin ningún recuerdo de haberme despedido de mis invitados y haberme metido en la cama. Miré por el apartamento en busca de indicios. La mesa estaba llena de platos de postre y tazas de café. Las botellas estaban vacías y los vasos también. (Tenía la costumbre de terminar todas las bebidas que quedaban.) Mi último recuerdo era de algún momento durante la cena. ¿Llegamos a terminarla? Allí estaban los platos. Me sentí aterrorizada de haber hecho algo horrendo hasta que mis amigos me llamaron para decirme que habían disfrutado la noche.

En una ocasión fuimos en barco desde Guadalupe hasta una isla pequeña para un picnic, y nadamos hasta la orilla desde el barco. Después del almuerzo, y mucho vino, estaba con un instructor de esquí francés hablando con un grupo de niños que volvían a casa después de la escuela intentando explicar a aquellos isleños tropicales cómo era la nieve. Me acuerdo de que ellos se reían. Lo siguiente que recuerdo es estar de vuelta en el campamento caminando hacia el comedor, por lo visto después de nadar de vuelta al barco, navegar hasta el puerto y luego cruzar la isla en un autobús desvencijado. No tengo ningún recuerdo de lo que hice durante esas horas.

Las lagunas mentales aumentaron, y con ellas, mi terror. Las facturas de teléfono me informaban de que había hecho llamadas nocturnas a lugares lejanos. Sabía esto por los números de teléfono a los que había llamado, pero ¿qué había dicho? Algunas mañanas me despertaba y encontraba a un extraño en la cama que me había traído de una fiesta la noche anterior. Estas cosas me pesaban mucho, pero no podía dejar la bebida que era la causa de ellas. Eso también hizo desaparecer la poca dignidad que me pudiera quedar. No podía controlar mi forma de beber ni mi vida.

Necesitaba tomar un trago para ir a cualquier sitio: al teatro, a una fiesta, a una cita, y más tarde, al trabajo. Salía de mi apartamento, cerraba la puerta con llave, empezaba a bajar la escalera, y entonces me daba la vuelta y volvía al apartamento para tomarme otro trago para ayudarme a llegar a donde planeaba ir. Necesitaba tomarme un trago para hacer cualquier cosa: escribir, cocinar, limpiar la casa, pintar las paredes, darme un baño.

Cuando perdía el conocimiento y me tumbaba en la cama temprano, me despertaba a las cuatro o las cinco de la mañana y me tomaba un café irlandés para empezar el día. Descubrí que la cerveza era mejor que el jugo de naranja para aliviar mis resacas. Por temor a que mis colegas o alumnos pudieran oler mi aliento cuando estaba en el trabajo, tenía cuidado de guardar las distancias. Cuando me levantaba tarde e iba deprisa al laboratorio, habiéndome tomado tan sólo un café, me temblaban tanto las manos que me era imposible pesar los miligramos de los compuestos que necesitaba para hacer un experimento. Si salía a almorzar con otro alcohólico, posiblemente ese día no volvíamos al trabajo.

De alguna manera me las arreglaba para mantener mi trabajo y la mayoría de mis amigos, bebedores sociales que me instaban a disminuir mi consumo de alcohol. Ese consejo me enojaba, pero yo estaba preocupada. Le pregunté al terapeuta que estaba viendo, a veces con una cerveza en la mano, si tendría que dejar de beber. Me respondió que teníamos que averiguar por qué bebía. Yo ya había tratado de hacerlo pero nunca pude averiguar por qué hasta que me enteré de la respuesta en A.A.: porque soy alcohólica.

Con mis intentos de beber menos, dejé de tener alcohol en casa, me bebí todo lo que había, tomando una y otra vez la decisión de no conseguir más. Entonces de vuelta a casa después del trabajo o de haber pasado la tarde fuera, tenía que ver si podía juntar dinero suficiente para comprar una botella. Había tiendas de licores en casi todas las partes y yo cambiaba de tienda todos los días para evitar que el vendedor supiera cuánto bebía. Los domingos, cuando las tiendas de licor estaban cerradas, tenía que arreglármelas con cerveza o sidra de la tienda de comestibles.

Los horrores aumentaban. Horrores internos. Por fuera parecía que más o menos tenía mis asuntos bajo control, pero por dentro me iba muriendo día a día, llena de temores innombrables que me estremecían hasta lo más profundo de mi ser. Mi mayor temor era el ser alcohólica. No estaba segura de lo que eso significaba, excepto que podría acabar en el Bowery de Nueva York donde había visto a los borrachos acurrucados en las aceras. Hice otra promesa de Año Nuevo: dejar completamente de beber hasta poder controlarlo y luego, me dije a mí misma, podría volver a beber vino y cerveza.

Temblando de cuerpo y manos, y con un terrible dolor de cabeza, sobreviví aquel primer día hasta encontrarme a salvo en la cama en el apartamento sin alcohol. Me las arreglé para superar un par de días más, sufriendo angustiosamente. A pesar de componérmelas para no beber aquellos días, no me cabe la menor duda de que mi promesa se hubiera venido abajo como las otras y hubiera vuelto a beber si no hubiera encontrado A.A.

Había dejado de ver al terapeuta que no había podido explicarme por qué bebía y en la víspera de Año Nuevo fui a una fiesta a casa de mi nuevo terapeuta. Unos días más tarde en el grupo, el terapeuta dijo: "Tú bebes más de lo que yo creía. Eres alcohólica. Creo que deberías dejar de beber, ver a un médico, e ir a A.A."

Mi promesa había durado tres días y yo protesté: "¡No soy alcohólica!" Esa fue mi última negación.

"Dilo de la forma opuesta," me sugirió. "Soy alcohólica." Me salió como un susurro, pero sonaba bien. Desde entonces lo he dicho miles de veces, con gratitud. Lo que más temía reconocer aquella tarde resultó ser lo que acabaría liberándome.

El terapeuta me dijo entonces que llamara a alguien que había estado en nuestro grupo de terapia, una médico del equipo del departamento de alcoholismo de un hospital. "La llamaré mañana," le dije.

"Llámala ahora." Y me dio el teléfono.

Cuando le pregunté a ella si yo era alcohólica, me dijo que por lo que había observado de mi forma de beber tal vez lo fuera y me sugirió que hablara con su jefe. Aterrorizada, hice una cita y fui a verla. Me enumeró los síntomas del alcoholismo, y yo los tenía todos. Me dio una lista de las reuniones de A.A. y me recomendó una de ellas.

Fui a esa reunión, un grupo de mujeres pequeño. Estaba asustada y con síntomas de abstinencia. Alguien me saludó y yo dije entre dientes mi nombre. Otra persona me trajo una taza de café. Me dieron sus números de teléfono y me instaron a que las llamara, que en vez de tomarme un trago agarrara el teléfono y las llamara. Eran afables y amistosas. Me dijeron que volviera.

Y así lo hice. Por varias semanas me senté al fondo de la sala, en silencio, mientras otras compartían su experiencia, fortaleza y esperanza. Escuchaba sus historias y me di cuenta de que en muchos aspectos coincidían con la mía, no todos los hechos sino los sentimientos de remordimiento y desesperación. Me enteré de que el alcoholismo no es un pecado, es una enfermedad. Eso me libró del sentimiento de culpabilidad que tenía. Me enteré de que no tenía que dejar de beber para siempre sino simplemente no tomarme ese primer trago un día, una hora a la vez. Eso lo podía hacer. Había risas en esas salas y a veces lágrimas, pero siempre había amor, y cuando pude abrirme, ese amor me ayudó a curarme.

Leí todo lo que podía encontrar acerca de esta enfermedad que tengo. Mis lecturas relataban el curso que yo había seguido y predecían la forma en que moriría si seguía bebiendo. Tenía acceso a una buena biblioteca médica, pero después de un tiempo, me di cuenta de que los orígenes y los procesos químicos de la enfermedad no tenían ninguna utilidad para mí como alcohólica. Todo lo que necesitaba saber, lo que me ayudaría a lograr la sobriedad, a recuperarme, lo podía aprender en A.A.

Tenía la suerte de vivir en una ciudad en la que había reuniones a todas las horas del día y de la noche. Allí estaba a salvo. Y allí, a pocas manzanas de mi apartamento, por fin encontraría el "yo" que había estado buscando tanto tiempo. Los lemas que había en las paredes, que al principio me hacían estremecer, empezaron a impresionarme como verdades por medio de las que podía orientar mi vida: "Un día a la vez." "Tómalo con calma." "Mantenlo sencillo." "Vive y deja vivir." "Déjalo en manos de Dios." "La Oración de la Serenidad."

El compromiso y el servicio formaban parte de la recuperación. Se me dijo que para guardarlo tenía que darlo. Al principio hacía el café y después me ofrecí como voluntaria para contestar el teléfono en el intergrupo en el turno de tarde. Hacía visitas de Paso Doce, hablaba en las reuniones, servía como oficial de grupo. Poco a poco empecé a abrirme. Al principio tan sólo una rendija, con la mano en la puerta lista para cerrarla de un portazo en un momento de temor. Pero mis temores también se apaciguaron. Descubrí que podía estar allí, abierta a todo tipo de gente desde esta base sólida que todos compartíamos. Entonces empecé a volver a la vida real, llevando conmigo esa fortaleza.

Me di cuenta de que ahora podía hacer muchas cosas sin tomarme un trago: escribir, contestar el teléfono, ir a comer fuera, ir a fiestas, hacer el amor, pasar el día y las tardes. Dormir por la noche y levantarme a la mañana siguiente lista para empezar un nuevo día. Estaba asombrada y orgullosa de haber pasado una semana sin beber, y después, un mes. Luego viví un año entero sobria, pasando por mi cumpleaños, Navidades, problemas, éxitos, la mezcla de cosas de las que se compone la vida.

Me curé físicamente, me sentía bien, recuperé mis sentidos. Empecé a oír el delicado susurro de las hojas de otoño sacudidas por el viento, a sentir los copos de nieve en mi cara, a ver las primeras hojas de la primavera.

Después empecé a curarme emocionalmente, a experimentar sentimientos que por haber estado tanto tiempo tan profundamente enterrados, se habían atrofiado. Durante un tiempo estuve flotando en esa nube rosa. Luego pasé un año llorando, otro año enfurecida. Con el tiempo mis emociones iban manifestándose con una intensidad cada vez más manejable.

Sobre todo sané espiritualmente. Los pasos me llevaron por ese camino. Había admitido que era impotente ante el alcohol, que mi vida se había vuelto ingobernable. Eso es lo que me hizo entrar por la puerta. Luego llegué a creer que un Poder superior a mí misma podría devolverme el sano juicio. Y finalmente, decidí entregar mi voluntad y mi vida a Dios como yo Lo concebía. Años antes, en mi búsqueda, había explorado numerosas religiones y las había abandonado porque todas predicaban un Dios patriarcal, que nunca me hacía sentir incluida. Se me dijo que Alcohólicos Anónimos es un programa espiritual, no religioso. Durante mis años de oscuridad, me quedaba una chispa de espíritu que me ayudó a sobrevivir hasta que encontré mi camino a A.A. Luego, alimentado por el programa, ese espíritu interno se desarrolló, se profundizó, hasta que llenó el vacío que había sentido dentro de mí por tanto tiempo. Paso a paso fui trasladándome hacia un despertar espiritual. Paso a paso fui limpiando los escombros del pasado y empecé a estar en el presente.

A.A. es ahora mi hogar, y está por todas partes. Voy a reuniones cuando viajo por este país o por otros países, y la gente es como familia, personas que puedo conocer por lo que tenemos en común. Al escribir estas líneas, con veintiocho años de sobriedad, me siento asombrada al recordar la mujer, o la niña, que era entonces, al ver lo apartada que estoy de aquel abismo. Alcohólicos Anónimos me ha hecho posible pasar de las fantasías de lo que podría hacer con mi vida a la realidad de vivirla, un día a la vez. En mi primer traslado que no era una cura geográfica, dejé la ciudad y me instalé en el campo. Dejé la investigación y me hice jardinera. Descubrí que soy lesbiana y que amo a las mujeres. Estoy realizando mi sueño de escribir ficción que se publique. Pero estas son cosas que hago, aspectos de mi vida en sobriedad. El descubrimiento más preciado es saber quién soy yo realmente—como todos nosotros, soy un ser más allá de todas las creaciones del ego, de todas la fantasías que yo inventaba.

La sensación de ser diferente que durante tanto tiempo me había asediado desapareció al ver los hilos que van entrelazándose por todos nosotros. Al contar nuestras historias y compartir nuestros sentimientos, lo que más me impresiona son los aspectos que tenemos en común. Las diferencias no son sino embellecimientos encantadores en la superficie, como vestidos de diferentes colores, y me gustan mucho. Pero las formas básicas en que somos seres humanos, las formas en que simplemente somos, son para mí los aspectos que más se destacan ahora. Llegué a ver que en realidad todos somos uno, y ya no me siento sola.

(9)

PODRÍA HABER SIDO PEOR

El alcohol era una nube amenazadora en los lumino-
sos cielos de este banquero. Con rara previsión se dio
cuenta de que podría convertirse en un tornado.

¿CÓMO PUEDE una persona con una buena familia, una casa atractiva, un puesto excelente y gran categoría en una ciudad importante convertirse en alcohólica?

Como llegué a descubrir más tarde en Alcohólicos Anónimos, el alcohol no respeta la situación económica, la categoría social o comercial, ni la inteligencia.

Me crié como la mayoría de los muchachos americanos, en una familia de módicos medios, asistí a la escuela pública, disfruté de la vida social de un pueblo del medio oeste, trabajando a tiempo parcial y participando en algunos deportes. Mis padres, de origen escandinavo, que vinieron a este país de grandes oportunidades, me inculcaron la ambición por lograr el éxito en la vida. "Mantente ocupado; ten siempre algo constructivo que hacer." Hice todo tipo de trabajos después de la escuela y durante las vacaciones, tratando de encontrar el que fuera más interesante para tenerlo como objetivo al que dedicar mi vida de trabajo. Luego vino el servicio militar durante la guerra y se interrumpieron mis planes, y después de la guerra hice mis estudios. Luego me casé, empecé una familia y mi carrera de negocios. La historia no es muy diferente de la de otros miles de jóvenes de mi generación. No se encuentra nada ni nadie a quién culpar por el alcoholismo.

El impulso por salir adelante, por tener éxito, me mantuvo durante muchos años demasiado ocupado como para poder disfrutar de la experiencia de una vida social. Hubiera malgastado mi tiempo y mi dinero en alcohol. De hecho tenía miedo de probarlo por temor de acabar como los numerosos ejemplos de beber en exceso que había visto en el ejército. No toleraba a la gente que bebía, especialmente a aquellos que lo hacían hasta el punto que interfería con su rendimiento en el trabajo.

Con el tiempo llegué a ser oficial y director de unos de los bancos comerciales más importantes del país. Logré una posición destacada a nivel nacional en mi profesión, y también servía como director de muchas instituciones importantes relacionadas con la vida de una ciudad grande. Tenía una familia de la que me sentía orgulloso, que participaba activamente en las responsabilidades cívicas.

No empecé a beber hasta los 35 años y tener ya establecida una carrera con bastante éxito. Pero el éxito vino acompañado de un aumento de actividades sociales, y me di cuenta de que muchos de mis amigos bebían socialmente sin daño aparente para ellos mismos ni para otros. No me gustaba ser diferente así que finalmente empecé a acompañarlos de vez en cuando.

Al principio era sólo eso, una copa de vez en cuando. Luego esperaba la llegada de los partidos de golf de fin de semana y el "hoyo diecinueve." La hora del cóctel se convirtió en una rutina diaria. Gradualmente la cantidad aumentaba y las ocasiones para tomar un trago eran más frecuentes: un día de mucho trabajo, preocupaciones y tensiones, malas noticias, buenas noticias—cada vez había más motivos para tomarse un trago. ¿Por qué quería cada vez más cantidad de alcohol? Era aterrador ver que la bebida iba sustituyendo cada vez más las cosas que me gustaban hacer. El golf, la caza y la pesca eran ahora meras excusas para beber en exceso.

Me hacía promesas a mí mismo, a mi familia, a mis amigos, y las rompía todas. Breves períodos sin beber terminaban en grandes episodios de borracheras. Trataba de ocultar mi forma de beber yendo a lugares en los que era poco probable que encontrara gente conocida. Las resacas y los remordimientos siempre me acompañaban.

Lo siguiente fue esconder las botellas e inventar excusas para hacer viajes y poder beber sin freno. Astuto, desconcertante, poderoso — el gradual y sigiloso aumento de la frecuencia y la cantidad de alcohol y lo que le hace a una persona es evidente a todo el mundo excepto a la persona afectada.

Cuando llegó a ser obvio hasta el punto que la gente hacía comentarios, ideaba formas de tomarme tragos a escondidas. Los "ensayos" empezaron a formar parte de la rutina, hacer una parada en los bares de camino o de vuelta del lugar donde se iban a servir bebidas. Nunca era suficiente, siempre ansiaba más; la obsesión por el alcohol empezó gradualmente a dominar todas mis actividades, especialmente cuando estaba de viaje. Hacer planes para beber llegó a ser más importante que cualquier otro plan.

Intenté dejar de beber numerosas veces pero siempre me sentía infeliz y forzado. Intenté el tratamiento psiquiátrico pero naturalmente no colaboraba con el psiquiatra.

Vivía en constante temor de que me pillaran manejando borracho, así que parte del tiempo usaba taxis. Entonces empecé a experimentar lagunas mentales y eso era una preocupación constante. Despertarme en casa sin saber cómo había llegado allí, y darme cuenta de que había conducido mi auto, se convirtió en una tortura. El no saber dónde había estado o cómo había llegado a mi casa me estaba haciendo sentir desesperado.

Ahora se hizo necesario tomar tragos al mediodía, al principio tan sólo dos, luego gradualmente más. Tenía un horario de trabajo flexible así que no siempre era importante volver a la oficina. Entonces empecé a descuidarme y a veces regresaba a la oficina cuando no debía. Esto me preocupaba. Los dos últimos años de mi carrera de bebedor mi personalidad cambió totalmente; me convertí en una persona cínica, intolerante y arrogante, completamente diferente de mi forma de ser normal. En esta época de mi vida empezaron a surgir los resentimientos. Me sentía resentido con todos y con cualquiera que interfiriera con mis planes y formas personales de hacer las cosas, especialmente cualquier interferencia con mi forma de beber; estaba lleno de autocompasión.

Nunca llegaré a saber a cuánta gente lastimé, de cuántos amigos abusé, la humillación que sufrió mi familia, la preocupación de mis socios, o hasta dónde llegó todo. Me sigue sorprendiendo la gente que me encuentro y me dice: "Hace mucho tiempo que no te tomas un trago, ¿verdad?" Lo que me sorprende es el hecho de que yo no sabía que ellos supieran que mi forma de beber estaba totalmente fuera de control. En eso estamos totalmente engañados. Creemos que podemos beber excesivamente sin que nadie se dé cuenta. Todo el mundo lo sabe. Sólo nos engañamos a nosotros mismos. Racionalizamos nuestra conducta y buscamos excusas totalmente irrazonables.

Mi esposa y yo siempre habíamos animado a nuestros hijos a traer a sus amigos a casa cuando quisieran, pero después de varias experiencias con un padre borracho, dejaron de invitarlos a venir a casa. En aquella época eso no me importaba mucho. Estaba demasiado ocupado inventando excusas para salir con mis compañeros de tragos.

Me parecía que mi esposa se estaba haciendo cada vez más intolerante y estrecha de miras. Siempre que salíamos, parecía que hacía todo lo que podía para que yo no me tomara más de un trago. ¿Qué alcohólico puede sentirse satisfecho con un solo trago? Después de cada fiesta o cena a las que asistíamos decía que no se explicaba cómo yo podía agarrar tamañas borracheras con un solo trago. Naturalmente ella no se daba cuenta de lo astuto que puede ser un alcohólico y de que es capaz de hacer cualquier cosa para encontrar formas de satisfacer la compulsión por tomar más y más tragos después del primero. Ni yo tampoco.

Finalmente, cada vez recibíamos menos invitaciones según los amigos tenían más experiencias con mi forma de beber.

Dos años antes de unirme a A.A., mi esposa se fue a un largo viaje durante el cual me escribió para decirme que no podía volver a no ser que yo hiciera algo acerca de mi forma de beber. Naturalmente eso fue un choque para mí, pero prometí dejar de beber y ella regresó. Un año más tarde, mientras estábamos de vacaciones, ella hizo las maletas para volver a casa debido a mis excesos con la bebida, pero logré convencerla con la promesa de que iba a dejar de beber por lo menos un año. Hice la promesa, pero antes de dos meses volví a beber.

A la primavera siguiente, un día se marchó sin darme una idea de adónde se había ido, con la esperanza de hacerme entrar en razón. A los pocos días me llamó un abogado y me explicó que algo había que hacer porque ella no se sentía capaz de volver conmigo en mi situación. Volví a prometer hacer algo al respecto. Promesas rotas, humillación, desesperación, preocupación, angustia—pero aún no era suficiente.

Llega un momento en que no quieres vivir y tienes miedo a morir. Algunas crisis te llevan al punto de decidir hacer algo acerca de tu problema con la bebida, intentar cualquier cosa. La ayuda que anteriormente rechazabas constantemente, las sugerencias que desechabas, finalmente las aceptas desesperado.

La decisión final llegó cuando mi hija, después de una borrachera mía que estropeó el día de cumpleaños de mi esposa, me dijo: "Vas a Alcohólicos Anónimos, o si no…" Se me había hecho esta sugerencia en varias ocasiones pero como todos los alcohólicos quería hacer las cosas a mi manera, lo cual realmente significaba que no quería hacer nada que interfiriera con mi forma de beber. Yo estaba intentando encontrar una manera más fácil y suave. A estas alturas resultaba difícil concebir una vida sin alcohol.

Pero ya había llegado a mi punto más bajo. Me di cuenta de que había descendido cada vez más bajo. No me sentía feliz, y había causado infelicidad a todos los que se preocupaban por mí. Físicamente ya no podía aguantar más. Los sudores fríos, los nervios y la falta de sueño se estaban haciendo intolerables. Mentalmente, los temores y las tensiones, el cambio total de actitud y perspectiva me tenían desconcertado. No podía vivir así. Había llegado el momento de tomar una decisión, y fue un alivio aceptar que mi familia llamara por mí a Alcohólicos Anónimos; aunque me aterraba la idea, tenía el sentimiento de alivio de que esto sería el final de todo.

Al día siguiente por la mañana temprano un hombre a quien conocía bien, un abogado, vino a visitarme. Antes de treinta minutos, yo sabía que A.A. era la solución para mí. Estuvimos hablando la mayor parte del día y por la noche asistimos a una reunión. No sabía lo que esperaba encontrar allí, pero con toda seguridad no me imaginaba un grupo de gente hablando acerca de sus problemas con la bebida, quitándole importancia a sus tragedias personales, y disfrutando al mismo tiempo.

Pero después de escuchar algunas historias de cárceles, hogares deshechos y barrios bajos, me preguntaba si yo realmente era alcohólico. Después de todo yo no había empezado a beber de joven, por lo tanto tenía cierta estabilidad y madurez para guiarme durante un tiempo. Mis responsabilidades me habían refrenado. No había tenido roces con la justicia aunque debiera haber tenido muchos. Aún no había perdido mi trabajo o mi familia, aunque estaba a punto de perder ambos. Mi situación económica no se había visto afectada.

¿Podría yo ser alcohólico sin haber pasado por ninguna de las aterradoras experiencias que había oído contar en las reuniones? La respuesta la encontré en el primero de los Doce Pasos de A.A.: "Admitimos que éramos impotentes ante el alcohol, que nuestras vidas se habían vuelto ingobernables." Aquí no se decía que teníamos que haber estado en la cárcel diez veces, o cincuenta, o cien. No se decía que tenía que haber perdido uno, cinco o diez trabajos. No se decía que tenía que haber perdido a mi familia. No se decía que tenía que haber terminado viviendo en los barrios bajos bebiendo ron de malagueta, alcohol de quemar o extracto de limones. Decía que yo admitía que era impotente ante el alcohol, que mi vida se había vuelto ingobernable.

Sin duda alguna yo era impotente ante el alcohol, y para mí, mi vida se había vuelto ingobernable. No era cuestión de adónde había llegado sino de adónde me dirigía. Para mí era importante ver lo que el alcohol me había hecho y lo que me seguiría haciendo si no conseguía ayuda.

Al principio fue un choque darme cuenta de ser alcohólico, pero el saber que había esperanza suavizó el impacto. Se simplificó el problema desconcertante de emborracharme cuando tenía toda intención de mantenerme sobrio. Fue un gran alivio saber que no tenía que beber más.

Se me dijo que yo debía querer lograr la sobriedad por mi propio beneficio, y estoy convencido que eso es cierto. Puede que haya muchas razones para acudir a A.A. por primera vez pero la más duradera debe ser querer para uno mismo la sobriedad y la forma de vivir de A.A.

Desde el principio me gustó todo lo referente al programa de A.A. Me gustó la descripción del alcohólico como una persona que ha descubierto que el alcohol está interfiriendo con su vida social o de negocios. Podía entender la idea de la alergia porque soy alérgico a ciertos tipos de pólenes. Algunos familiares míos son alérgicos a ciertos tipos de comidas. ¿Qué podría ser más razonable la posibilidad de que algunas personas, incluyéndome a mí mismo, fueran alérgicas al alcohol?

La explicación de que el alcoholismo es una enfermedad de dos facetas, una alergia física y una obsesión mental, aclaró algunas cuestiones enigmáticas para mí. Respecto a la alergia no podíamos hacer nada. De alguna manera, habíamos llegado al punto en el que nuestro organismo no podía absorber alcohol. El *porqué* no es importante; el *hecho* es que un trago provocaba una reacción en nuestro sistema que le hacía requerir más; un trago es demasiado y cien no son suficientes.

La obsesión mental era un poco más difícil de entender, pero todo el mundo tiene obsesiones de varios tipos. El alcohólico las tiene en un grado extremo. Durante un tiempo ha acumulado autocompasión y resentimientos contra cualquier persona o cosa que interfiera con su forma de beber. Falta de sinceridad, prejuicios, ego, antagonismo con cualquiera que se atreva a contrariarle, vanidad, una actitud crítica y defectos de carácter que se infiltran gradualmente y llegan a ser parte de su vida. Vivir con temor y tensión conduce inevitablemente a querer aliviar esa tensión, lo cual el alcohol parece lograr temporalmente. Me costó algún tiempo darme cuenta de que los Doce Pasos de A.A. estaban concebidos para ayudar a corregir estos defectos de carácter y así ayudar a eliminar la obsesión por beber. Los Doce Pasos, que para mí son una forma espiritual de vivir, pronto llegaron a significar integridad de pensamiento, no ilusiones, mentalidad abierta, disposición a intentar, y fe para aceptar. Significaban paciencia, tolerancia y humildad, y sobre todo, la creencia en que un Poder superior a mí mismo podría ayudar. Decidí llamar Dios a ese Poder.

La disposición a hacer lo que se me pidiera hacer simplificó el programa para mí. Estudiar el libro de A.A., no sólo leerlo. Me dijeron que fuera a las reuniones, y aún lo sigo haciendo siempre que tengo la posibilidad, ya sea que esté en mi ciudad o en otra. Asistir a las reuniones nunca ha sido una tarea ardua para mí. Ni tampoco asistía a ellas con el sentimiento de estar simplemente cumpliendo con mi deber. Las reuniones eran para mí algo relajante y refrescante después de un día difícil. Me dijeron, "participa activamente," así que ayudaba siempre que podía y lo sigo haciendo.

Para mí una experiencia espiritual significaba asistir a las reuniones y ver a un grupo de gente que estaba allí con el propósito de ayudarse unos a otros; oír leer los Doce Pasos y las Doce Tradiciones en una reunión; y escuchar el Padrenuestro, que en las reuniones de A.A. tiene tanta significación— "Hágase Tu voluntad, no la mía." El despertar espiritual pronto llegó a significar el tratar de ser cada día un poco más atento, más considerado, más cortés con quienes entraba en contacto.

A la mayoría de nosotros, hacer reparaciones nos costará el resto de nuestras vidas, pero podemos empezar inmediatamente. Simplemente el estar sobrio significará hacer reparaciones a muchas personas que habíamos lastimado cuando estábamos borrachos. Hacer reparaciones es a veces hacer lo que somos capaces de hacer pero no hicimos por el alcohol: llevar a cabo nuestras responsabilidades comunitarias tales como fondos de la comunidad, Cruz Roja y actividades educativas y religiosas en proporción a nuestra capacidad y energía.

Trataba desesperadamente de entender y cumplir con lo que se esperaba de mí como miembro de A.A. y dar cada uno de los doce pasos tan rápidamente como fuera posible. Para mí esto significaba decir a mis colegas que me había unido a Alcohólicos Anónimos; que no sabía lo que se esperaba de mí en A.A., pero fuera lo que fuera, era para mí lo más importante de mi vida; que la sobriedad era la cosa más importante del mundo. Era tan importante que debía anteponerlo a todo.

Hay muchas frases cortas y expresiones en A.A. que tienen mucho sentido. "Lo primero, primero." Esto soluciona nuestros problemas urgentes antes de ponernos a resolver todos los demás y enmarañar nuestros pensamientos y acciones. "Tómalo con calma." Relájate un poco. Trata de lograr la paz interior. Ningún individuo puede asumir todas las responsabilidades del mundo. Todo el mundo tiene problemas. Emborracharse no los va resolver. "Veinticuatro horas al día." Hoy es el día. Hacer lo mejor que podamos, el arte de vivir es vivir cada día al máximo. Ayer ya se fue, y no sabemos si vamos a estar aquí mañana. Si hacemos un buen trabajo viviendo hoy, si mañana llega, lo más probable es que también lo hagamos bien mañana, así que ¿para qué preocuparse?

La forma de vida de A.A. es la forma que debíamos haber tratado de vivir. "Dios, concédeme serenidad para aceptar las cosas que no puedo cambiar, valor para cambiar aquellas que puedo, y sabiduría para reconocer la diferencia."

Estos pensamientos llegan a ser parte de nuestra vida diaria. No son ideas de resignación sino de admisión de ciertos hechos básicos de la vida.

El hecho de que A.A. es un programa espiritual no me asustó ni suscitó en mí ningún prejuicio. No me podía permitir el lujo de tener prejuicios. Ya había intentado hacer las cosas a mi manera y había fracasado.

Cuando me uní a A.A. lo hice con el único propósito de lograr la sobriedad y mantenerla. No sabía que iba a encontrar mucho más, y casi inmediatamente se empezó a abrir para mí una nueva y diferente perspectiva de la vida. Disfruto enormemente la vida, encuentro un placer interno en las cosas sencillas. Vivir sólo por hoy es una aventura placentera.

Sobre todo estoy agradecido a A.A. por mi sobriedad, que significa tanto para mi familia, mis amigos y mis colegas, porque Dios y A.A. pudieron hacer por mí algo que yo no podía hacer por mí mismo.

(10)

LA CUERDA FLOJA

El intentar vivir en mundos separados era una farsa solitaria que terminó cuando este alcohólico gay acabó en A.A.

*L*A BEBIDA siempre formó parte de la experiencia de mi familia. Todos los hombres de mi familia bebían; mi padre y más tarde mis hermanos eran grandes bebedores. Mientras uno conservara su trabajo, no avergonzara con demasiada frecuencia a su familia o a sus amigos, y no se metiera en muchos problemas, tenía derecho a emborracharse regularmente. Beber era algo que hacían las personas adultas, una parte del desarrollo natural de una persona. No creo que nunca se me ocurriera que no debería beber.

Fui criado en una familia de una religión conservadora e iba a colegios privados religiosos a bastante distancia de mi casa. Por ser listo y tener facilidad para los estudios, llegué a ser el niño mimado de los maestros. Como consecuencia de esto, de niño y adolescente, era serio, tímido y vivía siempre metido en mis libros, y me resultaba difícil relacionarme con mis compañeros. Así que cuando fui a la universidad, ya estaban creadas las condiciones para convertirme en alcohólico. Desde el comienzo la relación que tenía con el alcohol era apasionada. Aunque no me gustaba mucho el sabor, me encantaban los efectos. El alcohol me ayudaba a ocultar mis temores. La facilidad de conversar era un don casi milagroso para un individuo tímido y solitario como yo.

Por esta época también empecé a luchar con el asunto de mi sexualidad. Para mí la idea de ser homosexual—la palabra *gay* no era todavía de uso común—era impensable. La bebida me ayudaba a olvidar y evadirme. Además, me servía de tapadera; cuando estás borracho la gente no se sorprende de tu incapacidad o falta de inclinación para ganarte los favores de una mujer. La lucha continuó durante años infructuosos de salir con mujeres y fingir.

Cuando por fin decidí obrar guiado por mis deseos, la culpabilidad y la vergüenza aumentaron, al igual que la cantidad que bebía. Ahora tenía que ocultar no solamente mis pensamientos sino también mi comportamiento. Siempre intentaba causar la impresión del hombre conservador de voz varonil, serio y solitario, que tenía en su pasado un lío amoroso, misterioso y posiblemente trágico, pero sin duda heterosexual. Acabé viviendo dos vidas distintas y separadas: la del hombre gay con sus correspondientes amigos e intereses y la del hombre heterosexual con un universo totalmente diferente de amigos e intereses.

Tenía que andar por esa cuerda floja mientras intentaba al mismo tiempo crear una vida profesional segura. Después de graduarme de la universidad, me matriculé en la facultad de Derecho y allí el beber diariamente se convirtió en rutina. Lo justificaba diciéndome que un par de tragos me ayudaba a relajarme y enfocarme en mis estudios. De alguna que otra manera, logré hacer buenos progresos y después de graduarme, varias firmas prestigiosas me ofrecieron un puesto. Pronto me di cuenta de que no podía beber durante el día. Si me tomaba tan siquiera un trago con el almuerzo, tenía que dar por perdido el resto de la tarde. En vez de hacerlo así, aplazaba los tragos hasta terminar el trabajo y luego me ponía inmediatamente a recuperar el tiempo perdido.

El trabajo en ese bufete de abogados agregó otra nueva faceta a mi vida ya dividida. Ahora tenía que mantener relaciones sociales con los clientes, la gente de la oficina y los socios del bufete además de las que tenía con mis amigos homosexuales y heterosexuales en mi vida privada. Huelga decir que, según iba bebiendo cada vez más, más confusa me parecía la vida. Las tensiones acabaron siendo demasiado fuertes. Yo había establecido una relación bastante seria y decidí que ya no podía seguir con los engaños. Decidí cambiar de profesión y me hice maestro.

Durante un tiempo parecía que todo iba bien. Pero mi caída hacia el alcoholismo activo se iba acelerando lentamente. Había experimentado mi primera laguna mental hacía ya algunos años. En esa ocasión me había dicho que si esto me volviera a pasar, dejaría de beber. Me pasó otra vez, y otra vez más, y repetidas veces, y no dejé de beber. Siempre podía inventar una explicación, excusa o racionalización con que justificar el seguir bebiendo. Con el paso del tiempo, empecé regularmente a sufrir cambios de personalidad cuando bebía. Siempre había tenido una lengua viperina. Con frecuencia llegaba a ser vitriólico. En otros momentos, podía ser encantador y muy afectuoso, a veces excesivamente. La gente nunca sabía lo que yo iba a hacer o decir.

Después de unos pocos años, experimentaba lagunas mentales todas las noches. Mi amante también bebía mucho, y empecé a comparar mi forma de beber con la suya. Me dije a mí mismo que yo no podía tener un problema porque a veces su forma de beber era peor que la mía. De hecho le sugerí que tal vez debía probar A.A.

Cuando lo hizo, yo traté de todas las maneras posibles de minar sus esfuerzos para lograr la sobriedad. Su recuperación presentaría una clara aunque no admitida amenaza a mi forma de beber. El estrés acabó siendo demasiado fuerte, y nos separamos, no sin que yo antes lograra minar su recuperación.

La caída continuó. La mayoría de mis amigos no estaban dispuestos a aguantar mi conducta: el abuso verbal y a veces físico, las llamadas a mitad de la noche, las invitaciones a las que no me presentaba, y mi indiferencia egoísta a todo lo que no fuera mi propia necesidad de beber. Los pocos amigos que no me abandonaron se vieron obligados a alejarse por mis resentimientos y mi creciente paranoia. Apartaba a la gente de mi vida, no devolviendo sus llamadas, no haciéndoles caso cuando nos encontrábamos por casualidad. En los últimos días de mi carrera de bebedor, sólo dos personas estaban dispuestas a relacionarse conmigo socialmente, y ambos eran grandes bebedores que no se sorprendían de mis acciones.

Aumentaron las ocasiones desastrosas cuando bebía fuera de mi casa. Me insinuaba de forma poco apropiada a la gente en las fiestas y a mis compañeros de trabajo, tanto hombres como mujeres. Otras veces me despertaba malherido sin el reloj y la billetera, o en compañía de extraños cuyos nombres no recordaba ni quería saber. Sufría las inevitables heridas y accidentes. Me echaban de los bares por robar las propinas o el cambio de los bartenders o de los clientes para poder pagar los tragos cuando ya no tenía dinero. En otras ocasiones me metía en discusiones y me obligaban a irme.

Como consecuencia, tomé la decisión aparentemente lógica de no beber fuera de mi casa. Ahora la mayoría de las veces bebía en solitario. Cuando salía del trabajo, me tomaba varios tragos fuertes con la cena y me iba a casa. Pasaba por la cocina para tomar un vaso, hielo y soda. Iba al dormitorio, donde guardaba botellas de medio galón de ginebra y vodka, y "leía" mientras se derretía el hielo, se acababa la soda y a veces se rompía el vaso. Cada noche experimentaba lagunas mentales. Lo peor era cuando tenía que esforzarme por salir a la tienda de licores o al bar por la noche haciendo eses y tratando de no caerme, porque no había calculado bien y me había quedado sin alcohol.

Me resultaba cada vez más difícil hacer otra cosa que no fuera trabajar y beber. Tenía miedo de utilizar el transporte público o incluso de caminar por las calles. Andaba siempre mal del estómago y mi médico me había diagnosticado una serie de dolencias intestinales. A pesar de que rara vez bebía fuera de casa, tenía el cuerpo lleno de magulladuras por caerme tantas veces cuando tenía lagunas mentales. Nunca me ponía camisas de manga corta, incluso en el verano, para evitar que la gente me preguntara acerca de los moretones. Un día me desperté con la pierna dormida y descubrí que me había desgarrado dos discos de la espina dorsal mientras estaba en una laguna mental en casa.

Hacía cuatro años que vivía solo en una casa pequeña. El techo de un cuarto se había derrumbado y había una capa de polvo de yeso que cubría la basura y los viejos periódicos desparramados por el suelo. Había envases, botellas y latas de cerveza vacías y ropa sucia tirada por todos lados. Conseguí un gato para ayudar a controlar los ratones. Pero no era muy diligente en limpiar los excrementos del gato. No es de extrañar que tuviera pocos visitantes y los vecinos me evitaran.

Los últimos meses los pasé lleno de miedo y lástima de mí mismo. Empecé a contemplar con cada vez más frecuencia la posibilidad de suicidarme a pesar de tener miedo a la muerte. Recuerdo haber pensado que la vida seguiría así sin mejorar nunca y se desvanecería lentamente hasta llegar a la nada.

Entonces empecé a oír los susurros. Llegué a convencerme de que había gente viviendo en mi casa. No los podía ver, excepto en las pocas ocasiones que los podía vislumbrar por el rabillo del ojo, así que llegué a la conclusión de que eran pequeños y vivían dentro de las paredes o debajo de la escalera. Podía oírlos conspirando para matarme. Algunas noches me acostaba con un cuchillo en la mano para defenderme. Otras noches me encerraba en el baño para que no me mataran. Una noche dejé un vaso de vodka en la repisa de la chimenea para que se lo bebieran y me dejaran en paz.

Luego ocurrió un milagro. Llegó una noche en que decidí tomarme un trago en un bar e irme derecho a casa. Me tomé ese trago y me fui para casa. Lo siguiente que recuerdo es despertarme por la mañana con un extraño que había conocido en un bar. Parecía que me había puesto en piloto automático y, en una laguna mental, me había ido de juerga. La expresión de repugnancia y lástima en la cara de este extraño fue el golpe que necesitaba. De repente me di cuenta de que mi vida era una locura total, que mi forma de beber estaba fuera de control, y que o bien era alcohólico o estaba destinado al manicomio local. Por no querer que me encerraran, decidí probar Alcohólicos Anónimos.

Llamé a mi antiguo amante y él me puso en contacto con un individuo que me llevó a mi primera reunión. Aunque apenas puedo acordarme de lo que pasó en aquella reunión, oí dos cosas que no he olvidado nunca. La primera fue: "No tienes que volver a beber." Esto fue para mí una total revelación. Hacía mucho tiempo que creía que el alcohol era una de las pocas cosas positivas que me quedaban en la vida. Cada noche, esperaba con ilusión el primer trago y creía que el alcohol era lo que mantenía íntegra mi vida. Tenía que beber para sobrevivir, sin mencionar tener la más mínima sensación de comodidad. Sin embargo allí, gente que había pasado por lo mismo que yo me decía que no tenía que beber. No creo que les creyera aquella noche, pero me dio suficiente esperanza como para evitar beber el resto del día.

La segunda cosa que oí fue "Ya no tienes que estar solo." Esto también fue una revelación. Durante muchos años yo había rechazado a mis amigos, a mi familia, a mis amantes y a Dios, o había sido rechazado por ellos. Estaba solo y tenía miedo. Mi vida se había reducido al trabajo y a la botella, y el trabajo seguía formando parte del cuadro tan sólo porque hacía posible comprar la botella. El aislamiento y la soledad que el alcoholismo traían consigo me abrumaban y aquellas palabras me quitaron una pesada carga de temor. Digo otra vez que no estoy seguro de que creyera completamente, pero por primera vez en muchos años me sentí esperanzado.

No me enamoré de A.A. a primera vista. El hombre que me llevó a mi primera reunión se convirtió más tarde en mi primer padrino y tuvo que soportar mis objeciones, argumentos, preguntas y dudas: todo lo que le podía presentar la mente disciplinada aunque bastante confusa de un abogado diplomado. Me trataba muy gentilmente. No intentaba obligarme a aceptar sus opiniones. Tenía la sensatez de reconocer que yo tenía tanto miedo y estaba tan acostumbrado a estar solo, que las tácticas agresivas no tendrían en mí el efecto deseado. Escuchaba atentamente mis preguntas, contestaba algunas y, respecto a otras, sugería que a mí me correspondía contestarlas. Se rehusaba a discutir pero estaba dispuesto a explicar y compartir sus propias experiencias. Le pedí que fuera mi padrino antes de saber lo que hacía para ganarse la vida, y no me pareció apropiado retirarme de la relación cuando me enteré de que era ministro religioso.

Mi alcoholismo y mi estilo de vida me habían llevado a rechazar la religión y el Dios de mi niñez. Nunca los reemplacé. Era agnóstico; dudaba de la existencia de Dios pero no me atrevía a decirlo por temor a estar equivocado. La lástima de mí mismo y el creer que era víctima de trato discriminatorio me habían llevado a dudar de la existencia de un Dios amoroso; si existiera, ¿por qué me habría creado tantos problemas? No me fiaba de los miembros que hablaban de sus vidas espirituales.

Mi padrino era un perpetuo amortiguador de mi intolerancia. Además, me dijo que si quería, podía dudar de la existencia de Dios, que A.A. no era un programa religioso, que para ser miembro no tenía que adherirme a ningún conjunto de creencias. Me sugirió que para mí un buen punto de partida sería simplemente admitir el hecho de que yo había fracasado en mi intento de dirigir el mundo; es decir, aceptar el hecho de que yo no era Dios. También sugirió que algunas veces podría actuar como si creyera. En algún lugar oí que es más fácil llegar a una nueva forma de pensar actuando que llegar a una nueva forma de actuar pensando; y en este contexto el "actuar como si" tenía sentido para mí.

También me parecía que a veces en las reuniones los demás miembros eran un poco estirados o estaban mucho más interesados en sus amigos y conocidos que en mí, el recién llegado. Con las semillas de un resentimiento ya plantadas, expresé estos sentimientos a mi padrino. Me dijo que tal vez la gente me parecería más comunicativa y acogedora si me encargara de la tarea de hacer el café para el grupo al que me había unido. A pesar de creerme demasiado especial para hacer el café, me dije que por ser la persona encargada de hacerlo, tendría la oportunidad de escoger buenas galletas, y por eso lo hice. Otra vez mi padrino tenía razón. Los demás miembros empezaron a hablar conmigo, aunque fuera solamente para quejarse del café y de la selección de galletas. No obstante, una vez empezada una conversación, la comunicación suele seguir.

Empecé a trabajar en los Pasos y, a pesar de lo difícil que eran para mí el Tercer Paso y "el concepto de Dios", empecé a confiar en el grupo de A.A. y en los ideales de la Comunidad y a verlos como la manifestación de un Poder superior a mí mismo. Aunque tardé muchos años en aceptar a un Dios que interviniera personal y directamente en la vida de los seres humanos, podía aceptar la idea de una fuerza que estaba presente en las salas de reunión y que infundía en los miembros de A.A. un sentimiento de amor incondicional. Durante mucho tiempo pude satisfacer así mis necesidades espirituales.

Otro padrino me condujo por los Pasos Ocho y Nueve y me ayudó a superar algunas épocas duras. En mi tercer año de sobriedad, me encontraba confinado en cama como consecuencia de la condición de mi espina dorsal anteriormente mencionada; mi padre murió; una relación amorosa llegó a su fin; y la epidemia del SIDA empezó a tener un impacto en mis amigos y conocidos. Durante ese año y los siguientes murió casi la mitad de mis amigos gay. Ese año llegué a darme cuenta de que si pedía ayuda, mi Poder Superior nunca me daría nada que yo no pudiera manejar.

En esa época empecé a hacer el trabajo de servicio más allá del nivel de grupo. Había contribuido a la formación del primer grupo gay de A.A. en el barrio donde vivía y fui elegido representante de servicios generales después de haber servido en otros puestos del grupo. En aquel tiempo no sabía nada de los servicios generales y me dediqué a enterarme de lo que se trataba para poder hacer un trabajo decente y pasarlo a mi sucesor con la mayor prontitud posible. Después de servir dos años pasé a hacer otros trabajos de servicio para A.A.

En todos esos puestos, nunca me sentí obligado a ocultar o negar mi orientación sexual. Siempre me ha parecido que los representantes de los grupos de mi área se preocupan solamente de cómo llevamos el mensaje y no de lo que yo pueda hacer en mi vida personal.

Cuando llegué a esta Comunidad había perdido la salud y la cordura, mis amigos, gran parte de mi familia, la dignidad y mi Dios. En los años siguientes, se me ha devuelto todo esto. Ya no tengo el sentimiento de catástrofe inminente. Ya no quiero morir ni me miro en el espejo con asco. He aceptado a mi Poder Superior; después de más de una docena de años en la Comunidad de A.A., me uní a un grupo religioso y ahora participo activamente en esa organización. Llevo una vida feliz y llena de satisfacciones, con amigos y una familia cariñosa. Recientemente me jubilé y he empezado a viajar por todo el mundo. He asistido a reuniones de A.A. en todos los lugares que he visitado dentro y fuera de los Estados Unidos y siempre me he sentido bienvenido. Aun más importante, he vuelto a mi grupo base y me siguen pidiendo que haga el café. Ahora tengo una familia extensa de ámbito internacional; y todos sus miembros están unidos por vínculos de dolor y alegría compartidos.

(11)

INUNDADO DE EMOCIÓN

Cuando se derrumbó una barrera para llegar a Dios, este autodenominado agnóstico ya estaba en el Tercer Paso.

UANDO LLEGUÉ a A.A. creía que todo el mundo había bebido más que yo, que se habían metido en más problemas. Pero seguí asistiendo a las reuniones y, pasado un tiempo, empecé a oír los comienzos de sus historias. Llegué a darme cuenta de que yo estaba en el mismo camino. Simplemente no había llegado tan lejos—todavía.

Bebí mi primer trago en mi último año de la escuela secundaria. Esa primera noche salí por la ventana de mi casa para evitar que mis padres me oyeran. Éramos cuatro y sólo teníamos cuatro botellas de cerveza casera. Nunca volví a cometer el mismo error.

La siguiente semana fuimos de campamento y llevamos varias cajas de cerveza. Las bebimos todas. Mis compañeros también bebían mucho, pero yo era quien se despertaba en mitad de la noche y empezaba a vagar por el campo bajo la luz de luna. Yo era quien caminaba millas en busca de algo. Ahora sé lo que estaba buscando. A diferencia de los demás, yo quería otro trago.

Lo pasé muy bien aquel verano entre la escuela secundaria y la universidad. Todo se centraba en beber: beber y fútbol, beber y cazar, beber y jugar al billar, beber y conducir. No pasó nada malo, pero podría haber pasado. Casi fui arrestado. Un amigo mío se salvó por poco de recibir un balazo. El auto en que yo viajaba se paró justo antes de estrellarse.

No creo que la mayoría de los bebedores moderados o sociales tengan recuerdos tan claros de la noche en que se tomaron su primer trago. Estoy seguro de que muy pocos hacen de esa fecha una celebración anual en la que se emborrachan lo máximo posible. En el segundo año de mi carrera de bebedor, empecé a decir que si aún te puedes sentir la cara no estás lo suficientemente borracho. En el tercer año, bebí vino casero de durazno y cuando se acabó me tomé un poco de whisky. Aquella noche, vomité mientras estaba en una laguna mental.

Pronto descubrí que con el vodka no me ponía tan enfermo. Beber vodka era como una experiencia de ciencia ficción. Podía ser transportado instantáneamente de un lugar a otro. No podía encontrar nunca un grato equilibrio. Me acuerdo de ir a una fiesta. Empecé a beber y pronto podía hablar con cualquiera. Me estaba divirtiendo mucho, pero seguía bebiendo. Muy pronto apenas si podía caminar. Aquella noche un amigo me llevó a casa en su auto. Pero a veces yo manejaba cuando estaba demasiado borracho para caminar.

Me hice maestro y durante un tiempo no bebía muy a menudo. Cuando bebía, casi siempre me emborrachaba. Los maestros solían reunirse un par de veces al año para jugar al póker. Normalmente yo no bebía nada. Una vez bebí e hice un ridículo espantoso. Decidí que beber ya no era divertido. Dejé de beber.

Mi cura para la bebida fue el aislamiento. Me levantaba, iba a trabajar, volvía a casa, veía la televisión y me acostaba. Las cosas llegaron hasta tal punto que no podía recordar que hubiera ocurrido nada bueno. Ni me podía imaginar que nada bueno ocurriría en el futuro. La vida se había reducido a un horrible e interminable presente. Esa depresión llegó a ser tan terrible que sólo gracias al tratamiento médico no me suicidé. Después de siete meses, el médico interrumpió la medicación. Ya no tenía tendencias suicidas, pero tampoco me sentía muy feliz.

Llegó una nueva maestra a la escuela y me invité a mí mismo a su casa para tomar un trago. Recuerdo decirle según levantaba el vaso que tal vez no sería una buena idea hacerlo pero "creo que merece la pena arriesgarse". Así, sin más, empecé de nuevo a beber. En las vacaciones de invierno ella se fue a visitar a su novio. Nuevamente me encontré solo.

Dos días antes de la Navidad, fui a una fiesta. No pensaba beber porque había ido allí en auto y sabía que para mí era una mala idea beber y conducir. No me estaba sintiendo especialmente bien o mal—solamente un poco incómodo porque no conocía a la mayoría de la gente que había allí. Un momento estaba sentado en el sofá y de pronto sin darme cuenta estaba de pie bebiendo un vaso de vino. No hubo en absoluto premeditación consciente.

Llegado a este punto, mucha gente dice "y seguí bebiendo otros diez años más". Pero a mí me pasó una cosa extraña. Unos días después, una maestra vino a verme a la escuela y me dijo que era alcohólica y que asistía a reuniones de A.A. Ella nunca me había visto beber, así que no sé por qué lo hizo.

Al día siguiente le pregunté con qué frecuencia iba a las reuniones. "¿Una vez a la semana?," le pregunté. No. Me dijo que desde hacía casi seis meses iba todos los días a las reuniones. Eso me pareció un poco extremo, pero pensé que tal vez si iba a una reunión con ella, le serviría de ayuda. Además me sentía solo.

A mitad de la reunión se me ocurrió la idea más extraña. Los asistentes se presentaban a sí mismos como alcohólicos y sentí la necesidad de hacer lo mismo. Esto era peculiar porque claramente no lo era. Más tarde mi amiga me preguntó qué me había parecido la reunión. Le dije que realmente no lo sabía. Mucho más tarde me di cuenta de que por primera vez en muchos años sentí que estaba donde debía estar.

El día siguiente fuimos a otra reunión y esta vez dije que era alcohólico. Fui solo a la tercera reunión. Me sentía muy nervioso, casi muerto de ansiedad. Hice algo que me asombró. Antes de empezar la reunión estreché la mano a alguien y me presenté como un recién llegado. Así tuve a alguien con quien hablar. Me tranquilicé.

De vez en cuando decía la verdad. En una reunión dije que tenía miedo de conseguir un padrino por temor a que me pidiera hacer algo. Salí de esa reunión con un número de teléfono. Llamé y, como era de esperar, mi nuevo padrino empezó a guiarme por los Pasos, utilizando el Libro Grande.

Lo llamaba todos los días. Le dije que simplemente no quería ser alcohólico. Él me dijo que no importaba lo que yo quisiera. La pregunta que tenía que contestar por mí mismo era si lo era o no lo era. Incluso me sugirió que si no estaba seguro podía intentar beber de forma controlada. Yo ya sabía que nunca había podido hacerlo así. No tuve que hacer más "investigaciones". Lo único que tuve que hacer fue repasar mentalmente la forma en que había bebido en el pasado.

Recuerdo decirle a un amigo años atrás que yo no tenía un problema con la bebida. Tenía un problema con dejar de beber. Nos reímos. Era cierto, pero había algo más, algo que nunca se me había ocurrido hasta que llegué a Alcohólicos Anónimos. No tenía solamente un problema con dejar de beber. También tenía un problema con empezar a beber. No importa con cuánta frecuencia dejara de beber o por cuánto tiempo, siempre volvía a empezar.

Un día, después de tres meses sin beber, estaba hablando por teléfono con la amiga que me había llevado a aquella primera reunión. Me estaba quejando de los problemas que tenía en el trabajo y de que mi padrino no me entendía. Más tarde, mientras estábamos conversando, le dije que aun cuando me consideraba agnóstico creía que había algo que cuidaba de mí. Me preguntó "¿No es hora ya de que tomes una decisión?"

Sabía dónde buscarlo en el Libro Grande y lo había evitado cuidadosamente hasta entonces. Abrí el libro en la página de la oración del Tercer Paso y se la leí tranquilamente por el teléfono. No pasó nada. No esperaba que pasara nada. Y luego, por alguna razón, volví a leer las palabras "Ninguno de nosotros ha podido mantenerse apegado a estos principios en forma ni siquiera aproximada a la perfección." Estas palabras hicieron eco en mi mente.

Algo pasó. Se derrumbó una barrera. Sin moverme ni decir una palabra, me sentí llevado por una ola de emociones, y al mismo tiempo, era completamente consciente de mí mismo y del mundo que me rodeaba. Podía oír la voz de mi amiga preguntándome qué me había pasado. No podía responder. Todavía no lo puedo explicar.

Sé que aquella noche di el Tercer Paso (entregar mi voluntad y mi vida a un Poder Superior) porque al día siguiente me puse a escribir el inventario del Cuarto Paso y seguí escribiéndolo hasta que di el Quinto Paso con mi padrino. Muy pronto tuve una lista de personas a quienes había hecho daño. Hablé con mi padrino sobre cada una de mis reparaciones. Cuando comencé a reparar los daños con mi familia, ya empecé a sentirme mucho mejor.

Ahora, más de once años después de esa experiencia, es difícil volver a captar las emociones de aquella noche. ¿Qué es lo que creo en consecuencia? Puedo decir que dudar de la existencia de Dios no era una barrera para una experiencia espiritual. Además, puedo decir que el tener una experiencia así no me llevó a tener ninguna certeza de la existencia de Dios. Alcohólicos Anónimos me ofrece la libertad para creer y para dudar tanto como quiera.

Sé que mi vida es diferente ahora. No he tomado un trago desde que llegué a A.A. Tengo menos resentimientos y no paso mucho tiempo pensando en el pasado. He descubierto que mi experiencia puede ser útil a otra gente. He llegado a creer que los tiempos duros no son simplemente un sufrimiento sin sentido y que puede que algo bueno surja en cualquier momento. Esto representa un gran cambio para alguien que solía levantarse cada mañana sintiéndose condenado a otro día de vida. Ahora cuando me despierto por la mañana me esperan muchas posibilidades. Casi no puedo esperar a ver lo que va a acontecer.

Sigo volviendo porque funciona.

LA GANADORA SE LLEVA TODO

Aunque ciega de nacimiento, ya no estaba sola; encontró una forma de mantenerse sobria, sacar adelante a su familia y entregar su vida al cuidado de Dios.

MIS PADRES estaban muy enamorados y ya llevaban varios años de casados cuando decidieron empezar una familia. Estaban muy ilusionados al nacer su primer hijo. Tenían su propio negocio, y con la llegada de su hijo la vida parecía perfecta, hasta que ocurrió la tragedia. Cuando su hijo tenía dos años, mis padres estaban en un restaurante local y el niño estaba bailando al son de la máquina de discos y divirtiéndose mucho. Salió a la calle siguiendo a otros niños mayores y lo atropelló un auto. Mis padres lo llevaron en una ambulancia a un hospital a treinta millas de distancia pero cuando llegaron ya estaba muerto. Mis padres quedaron totalmente desconsolados. En medio de todo ese dolor, un milagro que les dio un poco de alegría fue que mi madre descubrió que estaba embarazada. Cuando esta niña nació, los llenó de alegría. Ella no ocupó el lugar de su hermano, pero por sí sola les produjo gran alegría. Trataron de tener otro niño, pero me tuvieron a mí en su lugar. No sólo era una niña, sino que además nací casi ciega. Un año más tarde tuvieron el niño que querían, y hubo una gran fiesta para celebrar su nacimiento. Desde el principio me sentía diferente y no deseada. A muy temprana edad, como hacen los niños, tuve que encontrar sentido a mi vida, y llegué a la conclusión de que era mala y que Dios sabía que era mala, así que para castigarme me dio esta desventaja. Creía que el trasfondo de tristeza que reinaba en mi familia era debido a mí. Más tarde me di cuenta de que tal vez era debido en parte a mi impedimento, pero todavía había mucha tristeza por la pérdida del primer hijo. Mi padre recurrió al alcohol y se convirtió en un hombre muy iracundo. Cuando estábamos creciendo, era muy crítico. Todos los días me criticaba, me decía cosas tales como "tonta" y "perezosa". Cuando empecé en la escuela, me di cuenta realmente de lo diferente que era de los demás niños. Los niños eran muy crueles y se burlaban de mí. Podría contarles muchas historias de ocasiones en que me trataron mal, y aunque las historias eran diferentes el sentimiento era siempre el mismo. Yo no valía, y eso me dolía mucho. La educación especial era mayormente para los retrasados mentales, así que no tenía mucho apoyo de mis maestros, aunque hubo dos maestros que tuvieron un impacto en mi vida. Una era una maestra de tercer grado que me consiguió libros con caracteres grandes. Me hizo sentir tan bien el que alguien se diera cuenta de que yo tenía un problema, pero ese sentimiento fue anulado por la vergüenza que sentía al tener que llevar esos libros tan grandes. La otra era una maestra de primer año de escuela secundaria que me reprobó. Parecía que podía escucharla decir: "Puedes hacer más." Los demás maestros me aprobaban tanto si sabía los temas como si no los sabía. Cuando terminé la escuela secundaria, me sentía como si hubiera salido de una especie de prisión. Me gradué con el número 150 de una clase de 152, y me sentía así de estúpida. Durante mis años de escuela secundaria descubrí el alcohol, y se acabaron mis problemas. Ahora era bella y lista. Por primera vez me sentía como si encajara. Seguía sin poder ver —"qué le vamos a hacer, no es un gran problema," pensaba—, pero me sentía bien. Me casé y tuve dos hijos. Me casé con un hombre que no era o no podía ser honrado. Durante varios años después de casarnos, no bebí. Mi hermana se divorció y se trasladó al pueblo donde yo vivía. Para comportarme como una buena hermana, salía con ella porque no conocía a nadie en el pueblo. Íbamos a un lugar de música country en el que pagabas cierta cantidad por entrar y podías beber toda la cerveza que quisieras. Creía que había llegado al cielo. Hacíamos esto varias veces a la semana y entonces ella empezó a conocer gente y a salir con algunos muchachos. Bueno, yo no podía manejar un auto así que empecé a beber en casa cada vez más. Varios años más tarde el alcohol tenía control de mi vida. Tenía una camiseta que me encantaba; decía, "Solía odiarme a mí misma por la mañana. Ahora duermo hasta el mediodía." Eso describía completamente mis sentimientos. Cuando mi hija tuvo que ser ingresada en el hospital, me mantuve sobria los cinco días que ella estuvo allí y me dije a mí misma que había superado el problema del alcohol. En el camino del hospital a casa me volví a emborrachar. No puedo decir la cantidad de veces que intenté dejar de beber por mí misma. Mi hijo me miraba y me decía: "Mamá, ¿por qué tienes que beber tanto?" Por aquel entonces él tenía once años. Así que una noche me puse de rodillas y dije, "Dios mío, cámbiame o déjame morir." Fue en este punto de mi vida que llamé a Alcohólicos Anónimos para pedir ayuda. Enviaron a dos mujeres a mi casa. Se sentaron conmigo y les dije que yo bebía porque mi matrimonio andaba mal. Una de las mujeres me tomó de la mano y me dijo, "Esa no es la razón por la que tú bebes." Les dije que bebía porque era de ascendencia alemana. Ella me dijo dándome palmaditas en la mano, "No, esa no es la razón por la que tú bebes." Luego les dije que bebía porque era ciega. Me dijeron: "No, esa no es la razón por la que tú bebes," y empezaron a explicarme que el alcoholismo es una enfermedad. Compartieron conmigo sus historias y me contaron la forma en que el alcohol se había adueñado de sus vidas. Empecé a asistir a las reuniones, y mi historia parecía tan sosa comparada con algunas de las historias que escuchaba. Lo más interesante que se me ocurrió contarles fue que en una ocasión mis amigos, que también estaban borrachos me dejaron conducir el auto. Casi nos matamos todos, pero ¡qué divertido! Ciega, borracha y al volante de un automóvil. Aquella noche, Dios estaba realmente velando por mí y por la demás gente en la carretera; simplemente en aquel momento yo no me daba cuenta de eso. La verdad es que la mayor parte del tiempo bebía sola en mi casa. Llamaba por teléfono a la gente y hablaba, y las mañanas del día siguiente eran horribles, tratando de recordar lo que había dicho. A mi marido le decía cosas como, "Vaya llamada interesante la de anoche," con la esperanza de que me ofreciera información sobre lo que hubiera pasado. Empezaban a temblarme las manos si no tomaba alcohol, no obstante cuando llegué a A.A., no estaba segura de encontrarme en mi sitio porque mi historia de borracha no era muy emocionante. Entonces una noche en una reunión de A.A. un amigo me dijo que aunque había estado en la cárcel y había hecho muchas cosas, él no era diferente de mí. Tenía los mismos sentimientos que yo. En ese momento supe que yo no era única, que la gente comprendía el dolor que yo sentía dentro de mí. Conocí a una mujer que tenía un hijo discapacitado, y aprendimos mucho la una de la otra. Una cosa importante que aprendí fue que discapacitado no es una mala palabra. Me enteré de que yo no era mala, de que era una de las hijas especiales de Dios, que Dios tenía un plan para mi vida. La gente de A.A. me enseñó cómo convertir mi pasado en algo de provecho. Conseguí una madrina y empecé a trabajar los Pasos. Las promesas del Libro Grande empezaron a convertirse en realidad para mí. El sentimiento de inutilidad y autocompasión desapareció, y pude ver cómo mis experiencias podían ayudar a otros. Cuando llevaba tres años sobria tomé una de las decisiones más difíciles que jamás había tomado. Me separé de mi marido. No lo hice porque no lo amara. Aún lo amo, pero el matrimonio no era algo muy sano para mí. Me encontré con dos hijos que mantener. Era ciega y no tenía experiencia de trabajo. Cuando dejé mi hogar, al principio me trasladé a una vivienda subvencionada para ciegos. Esto para mí fue una experiencia muy penosa, pero me ayudó a desarrollarme. Por primera vez en mi vida, estaba aprendiendo a aceptar mi discapacidad. Antes de esto solía hacer planes para el día como si pudiera ver y luego volvía a hacer nuevos planes teniendo en cuenta el hecho de que tenía una visión limitada. Por medio de la comisión para los ciegos, empecé a participar en un programa que ayuda a los ciegos a trabajar por su propia cuenta. Después de tres meses de formación, me trasladé a una ciudad a doscientas millas de distancia donde no conocía a nadie. Vivía en un apartamento que estaba a una milla de la cafetería que yo administraba. Iba caminando al trabajo todas las mañanas con $200 en el bolso para abrir la caja, por una carretera oscura y me daba miedo. Tenía dos personas trabajando para mí, y el segundo día una de ellas no se presentó. Yo nunca había llevado un negocio por mi cuenta y mis tres meses de formación no parecían ser suficientes. Fue una época difícil para mí. Una mujer de una compañía proveedora de productos alimenticios vino a recoger mi pedido, y yo no tenía ni idea de la cantidad de café, tocino o carne molida que necesitaba. Ella me dijo lo que había pedido el dueño anterior y me ayudó a hacer mi pedido. Sólo Dios sabe cómo entramos en el tema, pero resultó que ella era miembro de A.A., y más tarde fue mi madrina. Venía a recogerme y me llevaba a las reuniones. En una reunión conocí a un hombre que durante todo el año siguiente venía a recogerme y me llevaba al trabajo. Yo le pagaba un dólar cada mañana. Estoy segura de que eso no cubría sus gastos de gasolina, pero a mí me ayudaba a sentir que estaba pagando la parte que me correspondía. Por primera vez en mi vida, yo me estaba manteniendo a mí misma. Esto es tan sólo un ejemplo de la forma en que Dios obra en mi vida. Ya no tenía que beber, pero era mucho más que eso. Se me suministraba todo lo que necesitaba. Había un Dios, como yo lo concebía, que me ayudaba en todos los aspectos de mi vida. Al practicar los pasos, mi vida cambió. Hoy pienso de forma diferente; hoy siento de forma diferente. Soy una persona nueva. Tenemos un cartel en la sala de reuniones a la que asisto que dice: "Espera un milagro." Mi sobriedad está llena de milagros. Cuando mi hijo completó una solicitud para una universidad, yo también lo hice, y me aceptaron. Muy pronto estaré en mi último año y mi calificación media es de 3,71 puntos sobre cuatro. Gracias a A.A. he llegado aquí después de estar casi al final de mi clase en la escuela secundaria. Tardo bastante tiempo en leer todos los materiales, pero tengo un "CCTV" (pongo mi libro bajo una cámara y aparece en la pantalla en caracteres grandes). Tengo una calculadora que habla que sirve de ayuda con los números y un telescopio que me ayuda a ver la pizarra. Acepto la ayuda de los servicios para estudiantes discapacitados y de los voluntarios que se ofrecen para tomar apuntes para mí. He aprendido a aceptar las cosas que no puedo cambiar (en este caso mi vista) y cambiar las cosas que puedo (estoy agradecida por las ayudas visuales y las acepto en lugar de sentirme avergonzada y rechazarlas como hacía cuando era joven). Ya les he contado acerca de algunos milagros que me han sucedido. Pero hay más. Quiero contarles cómo me siento por dentro. Ya no me encuentro en bancarrota espiritual. Es como si tuviera una fuente mágica en mi vida que me ha suministrado todo lo que necesito. Apenas hace un par de meses celebré mi decimosegundo aniversario de sobriedad. Cuando llegué a A.A. no sabía quién era. Mi madrina me dijo: "Fantástico, si no sabes quién eres te puedes convertir en la persona que Dios quiere que seas." Hoy día hago cosas que nunca me imaginé que fuera posible hacer. Lo más importante es la paz y serenidad que siento; es lo que me hace seguir viniendo. He pasado épocas muy difíciles tanto sobria como cuando no lo estaba, pero antes de A.A. no importaba lo bien que pudieran ir las cosas; siempre tenía el sentimiento de que algo andaba mal. Desde que estoy en A.A. no importa lo mal que me puedan ir las cosas; siempre tengo el sentimiento de que todo va a resultar bien. Por medio de la práctica de los Doce Pasos ha cambiado mi vida y mi antigua forma de pensar. No puedo controlar algunas de las cosas que ocurren en mi vida, pero con la ayuda de Dios ahora puedo escoger mi forma de responder. Hoy escojo ser feliz, y cuando no lo soy, tengo las herramientas de este programa para volver a encarrilarme.

(13)

¿*YO* ALCOHÓLICO?

La opresión del alcohol exprimió a este alcohólico, pero se escapó ileso.

UANDO INTENTO reconstruir cómo era mi vida "antes", veo una moneda con dos caras.

Una, la que presentaba ante mí mismo y ante el mundo, era respetable, incluso, de alguna manera, distinguida. Padre, esposo, contribuidor de impuestos, dueño de una casa. Pertenecía a un club, era un atleta, artista, músico, autor, redactor, piloto de avión, y viajaba por todo el mundo. Aparecía en la lista de *Quién es quién en América* como un norteamericano que, por sus notables logros, había triunfado.

La otra cara de la moneda era siniestra y desconcertante. La mayor parte del tiempo no me sentía feliz interiormente. Había veces en que la vida de respetabilidad y logros parecía de lo más aburrido, tenía que escaparme. Para hacer esto, me volvía totalmente "bohemio" por una noche, me emborrachaba, y volvía a casa al amanecer. Al día siguiente, los remordimientos me acosaban como un tigre. Me reintegraba trabajosamente en la respetabilidad y allí me quedaba— hasta la inevitable próxima vez.

La insidia del alcoholismo es algo espantoso. En los veinticinco años que estuve bebiendo, sólo hubo unas pocas ocasiones en que me tomé un trago por la mañana. Mis juergas eran solamente de una noche. Una o dos veces, al principio de mis días de bebedor, las continué al día siguiente, y sólo una vez, que yo recuerde, las continué el tercer día. Nunca estaba borracho en el trabajo, nunca perdí un día de trabajo, y rara vez padecí una resaca que me dejara completamente incapaz, y mantenía mis gastos de licor dentro de mi desahogado presupuesto. Seguía avanzando en la carrera que había elegido. ¿Cómo se podría llamar alcohólico a un hombre así? Cualquiera que resultara ser la raíz de mi infelicidad, creía yo, de ninguna manera podría ser el alcohol.

Por supuesto que bebía. Todo el mundo lo hacía en el grupo que yo consideraba como la cumbre de la civilización. A mi esposa le encantaba beber y pasamos unas buenas juergas en nombre de la dicha matrimonial. Mis colegas y todas las personas ingeniosas y escritores renombrados que tanto admiraba también bebían. Los tragos de la tarde eran tan normales como el café de la mañana, y supongo que el promedio de mi consumo diario era más o menos medio litro. Incluso en mis poco frecuentes (al principio) noches de juerga, nunca me tomaba más de un litro.

Qué fácil era al principio olvidarse de aquellas juergas, como si jamás hubieran pasado. Después de uno o dos días de vergonzoso remordimiento, se me ocurría una explicación. "Se había acumulado mucha tensión nerviosa y de alguna forma tenía que verterse." O, "mi organismo estaba un poco debilitado y el alcohol me subió directamente a la cabeza." O, "me puse a hablar y se me olvidó cuánto estaba bebiendo y de pronto sin darme cuenta estaba borracho." Siempre salíamos de la experiencia con una nueva fórmula para evitar futuros problemas. "Hay que distanciar los tragos y beber mucha agua entremedias," o "Proteger el estómago con un poquito de aceite de oliva," o "beber cualquier cosa excepto esos malditos martinis." Pasaban varias semanas sin más problemas, y me sentía seguro de que al fin había encontrado la fórmula apropiada. La borrachera había sido "una de esas cosas que pasan." Después de un mes parecía imposible que hubiera pasado. Los intervalos de tiempo entre borracheras eran de ocho meses.

Sin embargo, mi creciente infelicidad interna era algo muy real y sabía que había que hacer algo al respecto. Un amigo había encontrado ayuda en el psicoanálisis. Después de una noche de juerga especialmente desagradable, mi esposa me sugirió que yo lo probara, y acordé hacerlo. Por ser una persona educada en la era científica, tenía una fe total en la ciencia de la mente. Sería una curación segura y también una aventura. Qué emocionante sería enterarse de los misterios internos que gobiernan el comportamiento de las personas, qué maravilloso sería conocer por fin todo acerca de mí mismo. En pocas palabras, dediqué siete años y me gasté $10,000 en mi aventura psicológica, y salí en peores condiciones que nunca.

Con toda seguridad, aprendí muchas cosas fascinantes y muchas cosas que más tarde serían útiles. Me enteré del devastador efecto que puede tener en un niño el mimarlo y animarlo y luego golpearlo salvajemente, como me sucedió a mí.

Mientras tanto yo iba empeorando, tanto en lo referente a mi desdicha interna como a mi forma de beber. Durante todo esto mi consumo diario de alcohol seguía siendo casi igual, tal vez aumentó un poco, y mis juergas seguían siendo de una sola noche. Pero sucedían con una frecuencia alarmante. En siete años, los intervalos entre las juergas disminuyeron de ocho meses a diez días. Y cada vez eran más desagradables. Una noche apenas si pude llegar a mi club en el centro de la ciudad; si hubiera tenido que andar cincuenta pasos más, me habría derrumbado en mitad de la calle. En otra ocasión llegué a casa cubierto de sangre. Había roto deliberadamente el cristal de una ventana. Con todas estas cosas se iba haciendo cada vez más difícil mantener las apariencias de distinción y respetabilidad ante el resto de la gente. Mi personalidad estaba casi a punto de dividirse con el esfuerzo; me estaba volviendo esquizofrénico y una noche me encontré en una desesperación suicida.

Mi vida profesional estaba bien en apariencia. Yo era el jefe de una nueva empresa editora en la que se había invertido casi un millón de dólares. Mis opiniones aparecían citadas en las revistas *Time* y *Newsweek* junto con fotografías. Hablaba ante el público por la radio y la TV. Era una estructura fantástica, construida sobre una base que se estaba desmoronando. Se estaba tambaleando y tenía que caerse. Y así ocurrió.

Después de mi última juerga llegué a casa y destrocé los muebles de mi comedor hasta hacerlos astillas, rompí a patadas seis ventanas y dos barandillas. Cuando me desperté sobrio, me vi confrontado con mi obra maestra. Me resulta imposible expresar la desesperación que sentí.

Había tenido una fe absoluta en la ciencia, y sólo en la ciencia. Siempre se me había enseñado que "saber es poder." Ahora tenía que enfrentarme al hecho de que esta clase de saber, aplicado a mi caso particular, no era poder. La ciencia podía desarmar expertamente mi mente, pero no parecía que pudiera volver a montarla. Volví arrastrándome a mi analista, no porque tuviera fe en él, sino porque no tenía a nadie más a quien recurrir.

Después de hablar un rato con él, me oí a mí mismo decir: "Doctor, creo que soy alcohólico."

"Sí," dijo, sorprendentemente, "lo eres."

"Entonces, ¿por qué no me lo has dicho durante todos estos años?"

"Por dos motivos," me dijo. "Primero, no estaba seguro. La línea que separa al bebedor fuerte del alcohólico no siempre está muy clara. En tu caso, hasta hace muy poco tiempo yo no podía verla. Segundo, si te lo hubiera dicho no me habrías creído."

Tuve que reconocer que él tenía razón. Sólo por haber sido derrotado por mi propio sufrimiento llegué a aceptar el término "alcohólico" aplicado a mí mismo. Pero ahora lo aceptaba totalmente. Sabía por mis lecturas que el alcoholismo era irreversible y mortal. Y sabía que en algún punto había perdido el poder de dejar de beber. "Bueno, doctor," le dije, "¿qué vamos a hacer ahora?"

"No hay nada que yo pueda hacer," dijo, "ni nada que la medicina pueda hacer. Pero he oído de una organización llamada Alcohólicos Anónimos que ha tenido algún éxito con gente como tú. No dan garantías y no siempre tienen éxito. Pero si quieres puedes probarlo. Puede darte resultado."

Muchas veces en los años transcurridos he dado gracias a Dios por aquel hombre, un hombre que tuvo el valor de admitir el fracaso, un hombre que tuvo la humildad de confesar que todo lo aprendido tan trabajosamente en su profesión no podía ofrecer la solución. Busqué una reunión de A.A. y fui allí, yo solo.

Allí encontré un ingrediente que había faltado en los otros intentos que había hecho para salvarme. Aquí había *poder*. Poder para vivir hasta el fin de cualquier día, poder para tener el valor de enfrentarse al nuevo día, poder para tener amigos, poder para ayudar a la gente, poder para estar cuerdo, poder para mantenerse sobrio. Eso ocurrió hace siete años, y muchas reuniones de A.A., y no me he tomado un trago en esos siete años. Además, estoy profundamente convencido de que mientras siga esforzándome, en mi torpe manera, por aspirar a los principios que encontré en los primeros capítulos del Libro Grande, este extraordinario poder seguirá fluyendo a través mío. ¿Qué es este poder? Con mis amigos de A.A., lo único que puedo decir es que es un Poder superior a mí mismo. Si se me insiste, lo único que puedo hacer es seguir al salmista que dijo mucho antes que yo: "*Estén quietos* y reconozcan que yo soy Dios."

Mi historia tiene un final feliz, pero no el clásico final. Tuve que pasar por muchas dificultades. Pero qué diferencia hay entre pasarlas moradas sin un Poder superior a uno mismo y con él. Como se podía haber previsto, mi tambaleante torre de éxito mundano se derrumbó. Mis socios alcohólicos me echaron, asumieron el control, y llevaron la empresa a la bancarrota. Mi esposa alcohólica se fue con otro, se divorció de mí, y se llevó el resto de mis propiedades. La más terrible desgracia de mi vida me aconteció después de haber encontrado la sobriedad por medio de A.A. Tal vez el único resquicio de decencia que brillaba a través de la niebla de mis días de bebedor era el cariño que tenía a mi hijo y a mi hija. Una noche mi hijo, cuando tenía sólo dieciséis años, murió trágica y repentinamente. El Poder Superior estaba allí para ayudarme a pasar por esto sobrio. Creo que también está a mano para ayudar a mi hijo.

También ha habido algunas cosas maravillosas. Mi nueva esposa y yo tenemos muy pocas cosas materiales, y los éxitos ostentosos de otros días ya no son míos. Pero tenemos un bebé que, si me perdonan mi sentimentalismo post-alcohólico, nos ha venido del cielo. Mi trabajo tiene más profundidad e importancia que antes, y hoy día soy un ser humano relativamente creativo y bastante cuerdo. Y si tuviera que pasar por malas épocas, sé que no tengo que volver a pasarlas solo.

(14)

LA BÚSQUEDA PERPETUA

Esta abogada probó el psicoanálisis, la biorretroalimen-
tación, los ejercicios de relajación, y multitud de otras
técnicas para controlar su forma de beber. Finalmente
encontró una solución, hecha a la medida, en los Doce
Pasos.

ECIÉN GRADUADA de la facultad de Derecho empecé mi carrera de abogada criminalista. Éramos cinco en el bufete. Mi colega favorito era un excéntrico y desmelenado irlandés, profesor de Derecho, brillante o loco, según se mirara, que siempre estaba limpiando la cazoleta de su pipa con una uña negra y tomándose martinis de vodka en toda oportunidad. Luego estaba el nuevo procurador, hastiado de la vida, que contaba historias sin fin de su antigua vida plena de vino blanco y mariscos bajo el sol mediterráneo mientras se dedicaba a sus negocios de exportación en la Riviera. ¿Por qué abandonaría ese trabajo ideal en un clima de vino y sol para emprender la dura labor del estudiante de Leyes? No me lo podía explicar. También había un hombre fornido y gigantesco, de muy buen corazón, que hoy día es juez, que pasaba más tiempo escuchando y ayudando a los demás que ejerciendo el derecho criminal. En este bufete apareció una pareja de jóvenes abogados sabelotodos, agresivos, y poco experimentados: mi esposo y yo.

En un plazo de doce años, tres de estos abogados prometedores habían muerto de alcoholismo, abatidos en la cima de sus carreras. El juez es y siempre ha sido un juez sobrio. Y yo, casi sin darme cuenta, y a pesar de estar todavía bebiendo, llegué a ser abogada empresarial y más tarde, gracias a Dios, me hice miembro de Alcohólicos Anónimos. El profesor murió de insuficiencia renal por haberse tomado un martini de más; el abogado exportador siguió bebiendo hasta morirse a pesar de haber tenido un transplante de hígado; y mi ex-marido murió en un incendio en lo que iba a ser, según él, su última borrachera antes de volver otra vez a A.A., cuando yo llevaba diez años sobria. He asistido a demasiados funerales prematuros a causa de nuestro querido amigo, el alcohol.

Mi marido y yo nos conocimos y nos casamos mientras éramos estudiantes en la facultad de Derecho, en una romántica neblina alcohólica, de luces parpadeantes y muchas esperanzas. Éramos la única pareja de casados de nuestra clase. Trabajábamos duro y nos divertíamos mucho. Íbamos de camping, de excursión, a esquiar; dábamos fiestas fabulosas para nuestros sofisticados amigos, y nos enorgullecíamos de no caer en la tentación de tomar drogas. De hecho, lo que me mantenía alejada de las drogas era el temor, temor de no conseguir mi título de abogado, si fuera condenada por posesión de drogas ilegales. Lo más importante: mi mejor amigo era el maravilloso y poderoso   alcohol, y me encantaba.

Hasta cumplir los cuatro años, vivía en un apartamento encima de una taberna donde veía numerosas peleas de borrachos. Mi madre trabajaba para unos familiares que también vivían encima de la taberna, y cuidaba de mí quien tenía tiempo para hacerlo. A pesar de mis súplicas, mi madre se casó con un hombre violento, y nos mudamos y llevamos una vida tal, que en comparación, la taberna me parecía una bendición. Me escapaba de casa una y otra vez para volver al lugar de la taberna hasta que la derrumbaron. Aún miro con cariño las fotos de aquel lugar.

A la edad de 14 años tuve mi primera borrachera, que acabó con una visita de la policía a mi casa. A los 18 años, bebía diariamente, y a los 21, tuve mi primera juerga de un año en Francia a la que eufemísticamente me refería como "mi año de estudios en el extranjero". Volví a casa muy enferma y borracha. Unos pocos meses más tarde me acosté una noche con una botella de whisky y decidí matricularme en la Facultad de Derecho. Si estás pasando por dificultades, prueba hacer algo que es aun más difícil para "enseñarles". Esa era mi filosofía. Era motivo suficiente para hacerme beber, y así lo hizo.

En la Facultad de Derecho solíamos beber mucha cerveza en los bares de los estudiantes, mientras debatíamos sobre si las rocas tenían alma, y cuál era la naturaleza del proceso jurídico, como si fuera la primera vez que se hubiera tratado el tema. Al comienzo de nuestras carreras, mi esposo y yo llegábamos a la oficina temprano y con gran entusiasmo para trabajar antes de ir a la corte para defender valerosamente a los oprimidos. Los almuerzos nos servían de entrenamiento en nuestra búsqueda perpetua del mejor martini, normalmente dos o tres para quitarme el nudo que para esta época ya tenía permanentemente alojado en el estómago (no sabía que representaba el temor y que a fin de cuentas yo no era la valerosa abogada defensora que creía ser.) Pasábamos las tardes en la corte presentando ingeniosos argumentos legales. Si se levantaba temprano la sesión de la corte, a veces volvíamos a la oficina, y a veces no.

Después del trabajo, íbamos a beber con los más distinguidos: abogados, escritores, periodistas, todo el mundo rivalizando para contar las mejores historias, que naturalmente se iban haciendo cada vez más divertidas según tomábamos más tragos e iba avanzando la tarde. Cuando yo bebía, el temor se desvanecía y me volvía muy elocuente y, aparentemente muy graciosa— o así me decían en aquel entonces. Años más tarde, bebía tanto que ya no era graciosa. Pero en esa época, la bebida y las historias y la camaradería eran tan maravillosas como yo era ocurrente. Volvíamos a casa para acostarnos a la una o la dos de la mañana, y al día siguiente todos nos levantábamos temprano para empezarlo todo de nuevo. La fortaleza y la resistencia de la juventud nos hacían invencibles.

Desgraciadamente, cuando llegó, a nuestro parecer, el momento de empezar la "vida real" y tal vez tener hijos, el matrimonio se desintegró. Yo entonces tenía 28 años, me estaba divorciando, bebía a todas horas, e iba a ver al psiquiatra tres veces a la semana, para intentar resolver mi problema, cualquiera que fuese.

Creía haber encontrado parte de la solución al ingresar por casualidad en un programa privado para controlar el consumo de alcohol, el cual me ayudó, durante el período preliminar de treinta días de abstinencia obligatoria, a tejer una alfombra muy grande, hilera por hilera, hasta muy entrada la noche. "Una hilera más," me decía a mí misma, apretando los dientes para resistir la tentación de tomarme un trago. Este período de abstinencia también me ayudó a conseguir un trabajo mejor en el mundo corporativo, lejos de todos aquellos abogados criminalistas muy bebedores, y una nueva casa de tres pisos con cuatro dormitorios. Exactamente lo que necesita una mujer soltera. Me ayudó a suspender las visitas al psiquiatra. Durante esa abstinencia, también conseguí terminar una relación malsana en la que se reproducía la violencia de mi niñez.

Por difícil que sea de creer, no veía la conexión entre el hecho de que mi vida fuera más fácil de gobernar durante este corto período de abstinencia y la ausencia del alcohol. A la larga no importó mucho, porque desgraciadamente volví a emborracharme. Me acuerdo de haber estado obsesionada con el primer vaso de vino que se me permitió beber el día que mi "entrenador" me informó que estaba lista para empezar a beber de forma controlada. Casi estaba con la lengua fuera.

Muchas borracheras más tarde, fui probando todo lo que podía encontrar: más terapia, otros psiquiatras (siempre era el próximo el que resolvería mis problemas), la biorretroalimentación, ejercicios de relajación, "Antabuse", muchos libros de autoayuda, desde Freud hasta Jung, hasta todos los métodos de moda que se publicaban o enseñaban. Todo en vano, por supuesto, porque siempre acababa borracha.

Llegó el día en que me di cuenta de que no podía seguir arrastrándome al trabajo por la mañana y gastar la mitad de mi energía cada día ocultando el hecho de que era una borracha que apenas podía funcionar. Volvía a casa para beber hasta perder el conocimiento, me despertaba a mitad de la noche aterrada, escuchaba la radio, llamaba por teléfono a todas partes del mundo, y acababa durmiéndome al amanecer justo a tiempo para oír el despertador y volver a empezar todo otra vez. Abandoné todas las relaciones que pudieran tener alguna importancia, veía a mis amigos cada vez menos, dejé de participar en la mayoría de los compromisos sociales porque nunca podía estar segura de estar sobria. Cada vez más mi vida consistía en ir a trabajar y volver a casa para beber, y estaba empezando a pasar más tiempo bebiendo que trabajando.

Un día tenía una resaca tan terrible a la hora del almuerzo que llamé a una amiga y le dije llorando: "Lo he probado todo y nada me da resultado." Le recité una letanía de médicos y diversas terapias. No recordaba que, hacía trece años, cuando yo tenía 21 años, había asistido a algunas reuniones de Alcohólicos Anónimos después de despertarme una mañana sin saber dónde estaba. Acababa de empezar mis estudios en la Facultad de Derecho y estaba aterrada la mayor parte del tiempo, así que me fui de juerga para apagar el temor, y acabé sintiéndome aun más atemorizada. No tengo ni idea de por qué acudí a A.A. en aquel entonces. Pero no había gente joven en las reuniones y la gente se maravillaba de lo joven que era y de mi aspecto fresco y lozano. (Nadie en A.A. dijo nada parecido cuando volví trece años más tarde.)

Mi amiga me sugirió que nos pusiéramos en contacto con un hombre que ella sabía que era miembro de Alcohólicos Anónimos, y yo le dije que lo llamaría. "Tal vez él te podría llamar," me dijo para facilitar el asunto, lo cual fue la clave, porque cuando llegó la noche me encontraba bien y no necesitaba ninguna ayuda ajena aparte de un par de tragos. Pero él seguía llamándome e insistiendo que fuéramos a una reunión. Cuando me dijo que asistía a las reuniones de A.A. tres o cuatro veces a la semana, pensé, pobre hombre, no tiene nada mejor que hacer. Qué vida más aburrida debe de ser, ir de una reunión de A.A. a otra sin nada que beber. Sí, muy aburrida: sin tropezarse con las paredes, ni caerse por las escaleras, sin visitas regulares a la sala de emergencia del hospital, sin perder el auto, etcétera, etcétera.

Asistí a mi primera reunión de A.A. después del largo intervalo de trece años, una noche de junio muy calurosa, y en el sótano de aquella iglesia no había nada fresco para beber. El humo podría haber asfixiado a un caballo (hoy la situación ha mejorado mucho), y una mujer fanática con ojos brillantes y sonrientes me explicó entusiasmada que tenían un libro muy importante que yo debía comprar. Pensando que estaba haciendo promoción para el libro porque necesitaban dinero, le dije firmemente "Te daré el dinero pero no quiero el libro." Lo cual sirve para dar una idea de mi actitud y para explicar por qué, durante los próximos meses, seguía emborrachándome a pesar de seguir arrastrándome a las reuniones cada dos o tres días. Miraba fijamente a la enorme botella de vodka que tenía en el armarito de la cocina y le decía "¡No vas a vencerme!" Pero sí lo hizo; yo siempre perdía la batalla y acababa borracha.

Tuve mi última resaca un viernes de un fin de semana largo de verano. Ese día lo pasé muy mal; me sentía muy débil y desanimada, ocultando el temblor de mis manos cuando tenía que firmar un documento, y en las reuniones intentando desesperadamente evitar que se me trabara la lengua al hablar. Ese mismo viernes por la noche después de un día de trabajo exasperadamente largo, me encontré arrastrándome por una calle desierta, diciéndome que todo el mundo, con excepción de mí, tenía a dónde ir aquel fin de semana y además cada uno tenía con quién irse.

La primera diferencia entre aquella noche y todas las

demás fue que no me dirigí enseguida al bar para tomarme unos tragos, ni a casa cargada de mi típica provisión gigantesca de alcohol para el fin de semana. En vez de esto, fui al gimnasio para nadar; y en este entorno, por extraño que parezca, no bebí. Sufría tanto por la resaca que tuve que abandonar mi esfuerzo para nadar y allí me quedé sentada dos horas, envuelta en un albornoz, en un rincón oscuro del vestuario, descorazonada, lamentándome de mi suerte.

No sé qué pasó durante esas dos horas, pero alrededor de las ocho, me levanté de un salto, me vestí y me fui corriendo a una reunión a la que no había tenido la mínima intención de asistir. Era como si alguien me hubiera dado un golpecito en la cabeza con un martillo invisible que hizo voltear mi cerebro, porque la reunión me pareció enormemente diferente de cómo fue la última vez. La gente me pareció muy animada; los tipos raros que antes yo había visto allí estaban ausentes, y los libros expuestos en la mesa me parecían verdaderamente interesantes. Compré el libro *Alcohólicos Anónimos*, escuché atentamente lo que decían los oradores y entonces, por primera vez, al cerrar la reunión me fui con estas personas para tomar un café y seguir escuchando.

Aquella misma noche, muy tarde, de regreso a mi casa, sentí conmigo en el cuarto una presencia, aunque vivía sola. A la mañana siguiente, me di cuenta de que no tenía que beber. Asistí aquella noche a una reunión de Pasos en la que se hablaba del Paso Dos: "Llegamos a creer que un Poder superior a nosotros mismos podría devolvernos el sano juicio," y me encontré hablando de Dios, el Dios que me había abandonado cuando yo era muy niña, y estaba muy asustada y muy herida. Durante las semanas y meses siguientes, hice todo lo que me sugirieron que hiciera. Asistí a reuniones todos los días, leí los libros y otros textos, y conseguí una madrina que me dijo que reservara un tiempo tranquilo cada mañana y que en ese tiempo tratara de rezar o meditar o por lo menos quedarme sentada, quieta por unos cuantos minutos, antes de lanzarme a toda velocidad a emprender los quehaceres del día. Ya que me enorgullecía de adherirme al principio intelectual de no despreciar nada antes de investigar, me esforzaba por mantener una mente abierta sin importar lo que nadie me dijera o lo estúpida que me creyera. Esto probablemente me salvó la vida.

Me uní a un grupo del centro de la ciudad que tenía un local cercano a mi oficina y que se reunía a las 5:15 de la tarde, justo después de terminar mis horas de trabajo (no hubiera podido aguantar hasta las ocho). Empecé pronto a participar en el servicio. Me dieron el talonario de cheques, los estados de cuenta, un libro de apuntes de las reuniones de negocios y otras diversas instrucciones, y me dijeron que hiciera lo necesario para procurar que se siguieran realizando las reuniones. Hice este trabajo durante bastante tiempo. E inicié la costumbre de efectuar reuniones de negocios regularmente, y un día encontré a un principiante entusiasta a quien entregar la chequera y los demás papeles.

Tenía muchos problemas en aquellos días pero, fuera cual fuera el problema, mis compañeros me aconsejaban que me esforzara por cultivar más mi desarrollo espiritual, lo cual no me interesaba. También me dijeron que yo estaba aquí en la tierra para ser de máximo servicio a Dios y a la gente a mi alrededor, y esto tampoco me interesaba mucho. No obstante, no les dije nada; seguía escuchando y asistiendo a las reuniones, principalmente a las de discusión de los Pasos, en las que oía a la gente hablar de cómo practicaban los Pasos, y acerca del Libro Grande, y nuestro egoísmo y la importancia de ayudar a otros. A veces yo creía que esas reuniones eran una locura; a menudo me parecían aburridas; pero seguía escuchando e intentando identificarme con lo que decían.

Poco tiempo después de que un amigo mío se matara en un accidente en la autopista, por culpa de un borracho que estaba conduciendo en dirección contraria, oí a un camionero en la reunión hablar de hacer largos recorridos borracho. La historia me causó repugnancia y me sentí horrorizada, hasta acordarme de que yo solía manejar cuando ni siquiera podía caminar en línea recta. Cuando se mató mi amigo, mis compañeros de A.A. me dijeron: "No bebas. No pienses. Ve a las reuniones." Fui a una reunión en la que lloré a lágrima viva y rechiné los dientes; pero no me tomé un trago.

Me volví tan compulsiva en lo que concernía a A.A. como lo había sido con la bebida, lo cual era necesario porque me habían aconsejado pasar tanto tiempo en las reuniones como había pasado bebiendo. Asistí a todos los eventos de A.A. que podía y estaba saturada de A.A. Escuché discursos de A.A. grabados. Leí y volví a leer los libros y otra literatura de A.A., y me encontré a horas avanzadas de la noche leyendo *El Dr. Bob y los Buenos Veteranos* y riéndome. Me inscribí en la Reunión de Solitarios-Internacionalistas, una reunión impresa, y compartía lo acontecido en las reuniones a las que había asistido con gente que no podía asistir a reuniones. Esto me ayudó a recordar lo que había oído decir a mis compañeros, y lo que yo compartía servía para ayudar a otra persona. En una ocasión escribí una carta a un hombre que la recibió el día en que mató a alguien en un accidente de coche, lo cual debía de haberle hecho sentir una sed enorme.

Hoy, muchos años más tarde, aunque el alcohol ya no forma parte de mi vida y ya no siento la compulsión por beber, todavía me puedo acordar del sabor de una buena bebida y del efecto que puede tener en mí, lo puedo sentir desde mis papilas gustativas, tan acostumbradas al alcohol, hasta los dedos de los pies. Como me solía decir mi madrina, tales pensamientos son como banderas rojas que me indican que hay algo que anda mal, que he sobrepasado el límite seguro de mi sobriedad. Es hora ya de volver a lo básico de A.A. y ver lo que hay que cambiar. Siempre tendré esa especial relación con el alcohol, que me espera emboscado para seducirme nuevamente. Puedo mantenerme protegida participando activamente en A.A.

Para mí, la cosa más difícil con la que tuve que enfrentarme en sobriedad fue mi propia ira y la violencia que sufrí en mi niñez. Ya había perdonado a los responsables lo mejor que podía, pero parece que los recuerdos persisten para siempre. Hacía años que, muy agradecida, iba recibiendo ayuda externa porque me habían dicho que el beber no era sino un síntoma de problemas subyacentes más profundos. No obstante, a pesar de la ayuda de muchos profesionales, sé que nunca me habría recuperado de la violencia y del alcoholismo si no hubiera podido contar con los Doce Pasos de A.A., que están hechos a la medida para gente como yo.

Algo tan importante como lo anterior, creo que me recuperé por la gracia de un Poder Superior, a pesar de que, al llegar a las puertas de A.A., estaba enojada y no quería tener nada que ver con Dios. De hecho, no tenía que encontrar a Dios, sólo necesitaba tener una mente abierta, con lo cual el espíritu me encontró a mí.

Cuando llevaba cinco años sobria, conocí a hombre en A.A. que también llevaba cinco años sobrio. Dijo que teníamos defectos que se complementaban y se compensaban. Hoy día tenemos una hija que nunca ha visto beber a sus padres, que los ve esforzándose por ayudar a sus compañeros de Alcohólicos Anónimos. Tenemos un hogar agradable y una vida familiar sobria en una comunidad llena de amigos y reuniones de A.A. Ha pasado mucho tiempo desde aquella primera reunión de A.A. y las cosas no podrían ir mejor.

(15)

UN BORRACHO COMO TÚ

Cuanto más escuchaba en las reuniones, tanto más llegó a conocer su propia historia de bebedor.

NORMALMENTE nuestras historias empiezan contando cómo éramos, lo que sucedió, y cómo somos ahora. Para mí, el "cómo era" no era nada en particular: no tuve ningún problema, no pasó nada especial. Bueno, nada que yo me diera cuenta. Mucho más tarde, cuando empecé a escuchar a otros y lo que les había sucedido y cuándo y cómo, llegué a darme cuenta de que en mi pasado también había todas esas cosas.

Mi historia empieza a la mitad. ¿Qué sucedió? Mi familia y yo estábamos en el *bris* de un familiar, una ceremonia judía en la que se hace el ritual de la circuncisión y se pone nombre al bebé. Después de la ceremonia y del desayuno-almuerzo me quedé dormido. Cuando llegó la hora de marcharnos, me despertaron. El viaje de regreso a casa fue muy silencioso. Mi esposa y mis hijos no dijeron nada. Algo más tarde me enteré de cuál era el problema.

Cuando vinieron a despertarme, yo me puse beligerante y amenazador. Los asusté. Tenían miedo de que los fuera a golpear. Eso era. Me di cuenta de que había que hacer algo al respecto. La cuñada de mi esposa, que es asistente social, nos sugirió que fuéramos a ver a un consejero. Me pareció que sería una buena idea. Estaba sufriendo ataques de ansiedad. Normalmente podía hacer sin ningún problema demostraciones de productos ante los altos ejecutivos de la compañía para la que trabajaba; ahora incluso me resultaba difícil hacer las pequeñas presentaciones de productos.

Además estaba teniendo dificultades para conseguir que los técnicos trabajaran para mí. Antes podía escoger con quién trabajar porque era agradable hacerlo conmigo y los proyectos eran divertidos, con ideas nuevas e interesantes. Siempre he tenido un genio muy vivo pero ahora las cosas estaban fuera de control. Hacía cosas tales como golpear la mesa de mi despacho con la silla.

Y lo más grave para mí era que estaba pensando en suicidarme. De hecho tenía un plan: planeaba un accidente que no despertaría ninguna duda en la mente de los investigadores de la compañía de seguros. En un momento de lucidez decidí que sería una buena idea buscar ayuda. Si no había perdido los tornillos, por lo menos los tenía bastante sueltos.

Así que mi esposa y yo encontramos una asistente social psiquiátrica en la agencia local de Servicios a la Familias Judías. Ella nos veía en pareja, luego individualmente, después juntos y así sucesivamente. Cuando estábamos juntos, trabajábamos en nuestros problemas interpersonales. Cuando yo iba solo a verla, ella hablaba acerca de la bebida. No sé por qué seguía sacándolo a colación. Yo bebía pero no tanto. Yo ni siquiera mencionaba mi forma de beber excepto para tal vez decir, "Sí, bebo," cuando ella me preguntaba. Un día me leyó algunas preguntas de un folleto a las que yo respondí con sinceridad. Llegó a la conclusión de que yo bebía demasiado y hablamos acerca de esto durante varias sesiones.

Un día me preguntó si podía limitarme a beber cinco copas al día. Yo le dije, "claro que sí." Vaya sorpresa me llevé al descubrir que no podía hacerlo. Esa debería haber sido la primera señal de que ella tal vez tuviera razón, pero no se me ocurrió.

Entonces encontré una ingeniosa solución. Tengo varios títulos académicos y alguien tan listo como yo podría resolver este problema. La idea era posponer el primer trago tanto como fuera posible e irme a la cama después del último trago. Eso resultó bien y le dije a la consejera que podía limitarme a cinco tragos al día casi sin problemas. Pero ella me dijo que si tienes que controlar algo es porque está fuera de control.

En una sesión me sugirió que tratara de no beber durante todo un fin de semana. "Bien," le dije. También me sugirió que enviara a los hijos a otro sitio durante el fin de semana porque yo podría estar irascible.

Yo solía ver muchas películas en la televisión por la noche; era para mí una ocasión para relajarme tomándome unos tragos, una costumbre que había empezado durante la escuela nocturna cuando tenía un trabajo de tiempo completo y estudiaba química por la noche. Había visto versiones cinematográficas de lo que le pasa a la gente que tiene problemas con la bebida: *El fin de semana perdido, Días de vino y rosas*, y otras. Yo me sentía nervioso por la posibilidad de enfurecerme, perder el control y tal vez ponerme violento como decía mi esposa que yo solía hacer. Así que empaquetamos a los niños y el alcohol (todo) y los llevamos a casa de mis suegros.

Para mi gran sorpresa el fin de semana resultó bien, sin problemas, y así se lo dije a mi consejera en la siguiente sesión. Ella me preguntó: "¿Y la reunión?" Le respondí: "¿Qué reunión?" Me dijo: "La reunión de A.A." Le dije: "¿Qué reunión de A.A.? Nunca hablamos de eso." Ella me dijo que yo había acordado ir a una reunión de A.A. Sacó una lista de reuniones. Me explicó lo que eran las reuniones abiertas y cerradas. Decidí asistir a una que me parecía ser apropiada para mí: una discusión de grupo para hombres. Sería gente como yo y la hora encajaba en mi horario. La lista de reuniones empezaba en domingo. Yo nunca empiezo un proyecto ni ninguna otra cosa los domingos. El lunes era mi noche de ver el programa *M.A.S.H.* Los martes daban *Películas del martes por la noche,* y yo soy un gran aficionado a las películas antiguas. Así que el miércoles fue el día en que decidí intentar esto de la reunión de A.A.

La reunión resultó bien. Hablamos acerca del problema de la ruptura del anonimato de un miembro en la consulta de su médico. La gente en la reunión le decía cosas que no tenían ningún sentido para mí, tales como "Vive y deja vivir," "Tómalo con calma," "Un día a la vez," "usa la Oración de la Serenidad," "habla con tu padrino," y según íbamos hablando por turno alrededor de la mesa, me tocó a mí hablar. Ya que todos decían que eran alcohólicos, no me resultó muy difícil decir mi nombre y "hola, soy alcohólico," y sugerir que el hombre debería ir a otro médico. Él me dio las gracias y después de la reunión me dijo que me asegurara de volver la próxima semana.

Durante la reunión alguien mencionó que estábamos dedicando mucho tiempo a las sesiones de discusión cuando deberíamos haber dedicado más tiempo a las sesiones de Primer Paso para los principiantes. Así que la semana siguiente fui a la reunión de Primer Paso. La discusión fue muy interesante. Yo no creía ser "impotente ante el alcohol," pero sabía que "mi vida era ingobernable."

Una noche estábamos hablando acerca de cuándo empezamos a beber, y yo dije que había bebido toda mi vida. De hecho me dieron mi primer trago en mi *bris*. Esta ceremonia se celebra cuando el niño tiene ocho días. Así que dije que todos los niños judíos empiezan a beber a muy temprana edad. Tuve que admitir que después de eso sólo bebía leche y jugo hasta que pude sentarme a la mesa con la familia, y entonces todos los viernes me daban vino del *kiddush*. No era demasiado bueno, lo que nos daban era vino dulce con seltzer, así que yo no bebía mucho de eso. No me gustaba. Más tarde me enteré de la definición de un bebedor social: alguien que puede tomarlo o dejarlo.

Un día, cuando tenía diez años, volvimos todos de la fiesta de *bar mitzvah* de mi primo a celebrar en casa de mi abuela. Allí me tomé mi primer trago. Todas las personas adultas fueron a la mesa para tomar un vasito de aguardiente. Había muchos vasitos delante de varias botellas de licor y todo el mundo estaba tomando uno, por lo que yo también me tomé uno. Estaba bueno. Era suave, templado y maravilloso. Me gustó y volví por otro. Este no era suave, me quemaba al tragarlo y no era tan maravilloso.

Después de esto bebía lo que podía, cuando podía, donde podía. No mucho y no muy a menudo, no cuando tenía diez años. En aquella reunión de Primer Paso llegamos a la conclusión, o ellos llegaron, de que aquella era una forma alcohólica de beber—tomarse un trago y volver enseguida por otro. Ahora sé que nunca me tomé tan solo un trago y nada más.

Una noche ellos estaban hablando de la cantidad que bebían y un hombre dijo que se tomaba no sé cuántas cervezas, el siguiente dijo que tomaba tragos, otro habló de bebidas mezcladas que yo no conocía, otro se tomaba no sé cuántas "pintas", y así siguió la cosa alrededor de la mesa. Cuando me tocó el turno dije que no sabía cuánto. "Caramba, ¿todo eso?," me dijeron. "No," les dije. Yo quería decir que no sabía la cantidad. Normalmente bebía en casa y me ponía la bebida en un vaso alto y lo llenaba varias veces. "Bueno, ¿cuántas veces lo volvías a llenar?" "No lo sé."

Alguien hizo la pregunta de otra forma. Quería saber cuántas botellas compraba. "Pues," dije, "pasaba todos los días por la licorería y compraba una." "Oh," dijo. "¿Cuántas te quedaban al final de la semana?" Bueno, ahí me pilló. "Ninguna," respondí. Él dijo, "un hombre de una botella diaria." No volví a decir otra palabra, el asunto estaba resuelto a pesar de mis objeciones.

Veía a la consejera una vez a la semana y asistía a esta reunión de hombres una vez a la semana, y todo iba mejor. Una vez vi que le dieron a alguien un medallón de noventa días. Yo decidí que no quería uno. Aunque no podía verlo desde donde estaba sentado, yo no iba llevar puesto ningún distintivo de A.A. Un día le dieron a un compañero una ficha de noventa días para llevar en el bolsillo, que podía tocar para tener suerte, y decidí conseguir una de éstas. Al cumplir los tres meses, fui al encargado de literatura y me compré una. Él dijo que estaría bien si me la entregaran enfrente de todo el mundo. No me gustaba mucho la idea de ponerme de pie enfrente de todos. Me dijo que sería algo bueno para los principiantes; les daría una prueba de que el programa funcionaba. Así que le dije que sí y pidió al coordinador de la sesión de Primer Paso que me la entregara. Le pagaban por coordinar la reunión, o así lo creía yo entonces. (Más tarde me enteré de que le estaban reembolsando por los refrigerios.) Y la semana siguiente conseguí mi ficha de bolsillo y les agradecí a todos por haberme dado poder sobre el alcohol. Ahora yo era más poderoso que el alcohol visto que por primera vez desde hacía mucho tiempo podía optar por no beber.

Pasadas varias semanas, la compañía para la que trabajaba, que había cargado con todos los gastos de reubicarme con mi familia, hizo una reducción grande de personal y de repente me encontré sin trabajo, despedido. Creía que era inmune a los despidos. Tenía un puesto muy importante y hacía un trabajo importante. Era el investigador jefe encargado de desarrollar un nuevo producto. Participaba en las reuniones de planificación estratégica. Estaba muy disgustado. Ahora estaba recuperado y había vuelto a ser un buen empleado, miembro del equipo; pero en vano.

Nos permitieron quedarnos en el sitio en algunas oficinas reservadas para nosotros mientras buscábamos trabajo. Como parte de esta búsqueda, me permitieron asistir a una convención de profesionales que tuvo lugar en el Sudoeste.

Por alguna razón, en el intervalo entre perder mi trabajo e ir en avión a la convención, se me ocurrió que tal vez no era alcohólico y tenía que poner a prueba esta teoría. Después de todo, era un investigador, y había que poner las cosas a prueba. Decidí hacer la prueba mientras estaba en el avión (me parecía un lugar seguro) Si pudiera tomarme un solo trago y no más, no sería alcohólico, los alcohólicos no pueden hacer esto. Así que cuando la auxiliar de vuelo me preguntó si quería un trago, le dije, "Sí". Me sirvió dos botellitas en un vaso. ("Sin hielo, muchas gracias") y siguió andando por el pasillo. Al volver, me preguntó si quería otro, y le dije "Sí". Seguí bebiendo durante todo el vuelo: antes de la cena, durante la cena y después de la cena. Al acercarnos a nuestro destino, metí la mano en el bolsillo para buscar un bolígrafo para llenar la tarjeta de respuesta de la revista de a bordo. Encontré una moneda grande. La saqué para ver lo que era. Era mi ficha de bolsillo de noventa días y me di repentina cuenta de lo que estaba haciendo. Y se me ocurrió: Caramba, esa gente de la reunión tenía razón: soy impotente ante el alcohol. Volví a meter la moneda en el bolsillo y desde ese día hasta hoy, quince años y medio más tarde, no he tenido ningún deseo de beber.

Al volver a mi reunión, les conté a mis compañeros lo que me había pasado. No sé por qué: nunca había sido propenso a confesar nada ante otras personas. Sólo les interesaba saber si todavía estaba bebiendo. Y les dije que no. Estaba preocupado de que me fueran a quitar la moneda. Sólo querían saber lo que yo iba a hacer ahora. No tenía la más mínima idea. Me dijeron que debería conseguir un padrino y por ello conseguí uno. Me dijeron que debería asistir a más reuniones. Les pregunté: ¿Cuántas? Me respondieron que sólo tenia que asistir a una reunión los días en los que me hubiera tomado un trago. Me dijeron que debería identificarme con otros y no compararme. No sabía lo que querían decir. ¿Cuál era la diferencia? Identificarse es intentar ver lo parecido que era a mis compañeros. Compararse es buscar lo diferente que era, que en general significa ver lo superior que era.

Un día estábamos hablando acerca de las experiencias de despertar espiritual. Todos estaban hablando sobre lo que les pasó, cuándo y cómo y todo eso. Cuando me llegó el turno les dije que yo aún no la había tenido, pero estaba abierto a tenerla.

Había dos personas tratando de hablar al mismo tiempo. "¿Qué fue todo eso que nos contaste de lo que te pasó en el avión?" Les dije "estaba bebiendo y la moneda me hizo darme cuenta de lo que estaba haciendo. Y me di cuenta de que era impotente ante el alcohol y de que no podía beber más y dejé de beber." Y un compañero me dijo: "Ya la has tenido. ¿Qué más quieres?" Y le pregunté: "¿y qué de esa luz deslumbrante?" Y me replicó "¿Qué hay de ella? Ponte a leer el Libro Grande. En el Apéndice se explica el concepto de la transformación súbita y la transformación gradual y que no todos experimentamos un relámpago cegador." "Oh, entonces," dije, "¿esa experiencia fue mi despertar?" Me contestaron que sí, así fue. "¿Qué más quieres?" Para decir verdad quería pasar por una experiencia más dramática, y mi padrino me dijo lo que solía decir "¿Qué más da?" Y le respondí: "Bien, si eso fue todo, tendré que contentarme con ello." "¿Tendrás que contentarte? Tu experiencia era más grande y mejor que la mayoría y, lo que es más importante, surtió efecto. Dejaste de beber y no has vuelto a hacerlo."

Esto fue suficiente para mí. Me he quedado con la Comunidad de Alcohólicos Anónimos suficiente tiempo para encontrar el programa expuesto en el Libro Grande y para practicar los principios en todos mis asuntos cada día.

Para mí el último obstáculo importante era el de cerrar las reuniones con el padrenuestro. Por ser judío, no me sentía cómodo haciéndolo y decidí hablar con mi padrino al respecto. Le dije: "Me molesta el padrenuestro. No me gusta cerrar las reuniones rezándolo." Y me dijo "Oh, ¿qué problema hay?" "Pues, soy judío y no es una oración judía." "Bueno, rézala en judío." Y le dije "seguirá siendo el padrenuestro." Y me dijo, "Bueno, busca otra cosa que rezar. Tu Poder Superior te está ayudando y tienes que decirle gracias."

Para mí esto supuso un gran progreso. Por fin empezaba a distinguir entre los aspectos religiosos de mi vida y el programa espiritual de A.A. Ahora, según lo veo, la diferencia más importante está en que la religión es el rito; y en esto todos somos diferentes; y la espiritualidad es cómo nos sentimos al hacer lo que hacemos. Tiene que ver con mi contacto personal con mi Poder Superior personal, según yo Lo concibo.

Todo ha cambiado. Encontré un nuevo trabajo, el cual decidí abandonar. Monté un negocio. Gané lo suficiente para mandar a mis dos hijos a la universidad. La gran pasión de mi hijo mayor era hacer largos viajes para alejarse del hogar durante las vacaciones; ahora vuelve regularmente a casa acompañado de amigos. El hijo menor también vuelve frecuentemente a casa y llama regularmente por teléfono.

Mi matrimonio ya no está al borde de la ruina; y va mejor que nunca. Y lo mejor está todavía por venir. Todo esto y más se lo debo a la Comunidad y al programa que se encuentra en el libro.

(16)

LA ACEPTACIÓN ERA LA SOLUCIÓN

Este médico no estaba "enganchado," o así lo creía, simplemente se recetaba las drogas indicadas por la medicina para sus múltiples malestares. La aceptación fue la clave de su liberación.

SI HA HABIDO alguna vez una persona que haya llegado a A.A. por equivocación, esa fui yo. Simplemente no era el lugar idóneo para mí. Nunca se me hubiera ocurrido la posibilidad de que me gustara ser alcohólico. Ni una vez durante mi niñez mi madre me sugirió la posibilidad de que, cuando yo fuera mayor, me gustaría ser presidente de A.A. No solamente no me parecía una buena idea ser alcohólico, sino que tampoco me parecía tener un gran problema con la bebida. Por supuesto que tenía problemas, todo tipo de problemas. Mi opinión del asunto era: "Si tuvieras los problemas que tengo, tú también beberías."

Mis problemas principales eran matrimoniales. "Si tuvieras una mujer como la mía, tú también beberías." Max y yo llevábamos veintiocho años casados cuando yo acabé en A.A. Al comienzo éramos una buena pareja, pero el matrimonio se fue deteriorando a lo largo de los años según ella pasaba por las varias etapas que le facultaban para hacerse miembro de Al-Anon. Al principio, ella me decía, "No me quieres. ¿Por qué no lo confiesas?" Más tarde, me decía, "No te gusta estar conmigo. ¿Por qué no lo confiesas?" Y cuando la enfermedad suya ya se estaba acercando a la fase terminal, me solía gritar, "¡Me odias! ¡Me odias! ¿Por qué no lo confiesas?" Así que se lo confesé.

Me acuerdo muy bien de haberle dicho, "Hay una sola persona en el mundo a quien odio más que a ti, y esa persona soy yo." Lloró un poco y se acostó; ésta era la única solución que le quedaba. Yo también lloré un poco y me hice otro trago. (Ya no tenemos que vivir así.)

Max no había llegado a ese punto porque yo no me preocupara por ella. Para decir verdad, a menudo parecía que me preocupaba demasiado. La había enviado a ver cuatro psiquiatras, uno tras otro, y ninguno de ellos se las había arreglado para que yo lograra mi sobriedad. También envié a mis hijos a consultar con psiquiatras. Según recuerdo, una vez, incluso el perro tuvo un diagnóstico psiquiátrico. Le pregunté a gritos a Max, "¿Qué quieres decir con esto de, 'el perro solamente necesita más amor'? Dile a este estúpido doctor de perros y gatos que no es el Dr. Freud. Lo único que quiero saber es por qué cuando lo tengo sentado en mis rodillas el perro siempre me moja los pantalones?" (Desde que me uní a A.A. este perro no me ha mojado los pantalones nunca, ni yo tampoco me los he mojado.)

Cuanto más diligentemente trabajaba con Max, más enferma se ponía. Así que cuando el asunto acabó en el pabellón psiquiátrico, no me sentí muy sorprendido. Lo que auténticamente me asombró fue que, cuando la puerta de acero se cerró de un portazo, ella fue quien volvió a casa.

Empecé a beber en mis primeros años de estudiante en la escuela de farmacia para poder dormir. Después de ir a clase durante todo el día y trabajar en la farmacia de la familia por la tarde y luego estudiar hasta las dos de la mañana, no podía dormir bien, con todo lo había estudiado dándome vueltas en la cabeza. Allí estaba, medio dormido, medio despierto, y al levantarme por la mañana me sentía cansado y atontado. Y luego encontré la solución. Al terminar los estudios, me tomaba un par de cervezas, me tumbaba sin más en la cama, me dormía sin problema, y me despertaba muy listo.

Seguí bebiendo durante toda mi vida académica y siempre tenía las más altas calificaciones. Mientras pasaba por la facultad de farmacia, los cursos posgraduados, la facultad de medicina, el internado, la residencia, la especialidad y, finalmente, a ejercer la medicina, iba bebiendo cada vez más. Pero creía que se debía a que tenía cada vez más responsabilidades. "Si tuvieras las responsabilidades que tengo yo, si necesitaras dormir como yo, tú también beberías."

Bebía después de trabajar. Recuerdo encontrarme en mitad de la noche en el estacionamiento de los médicos del hospital, con un pie en el auto y otro pie en el suelo, sin saber si estaba entrando o saliendo; recuerdo encontrarme colgando el teléfono y luego darme cuenta de que me había levantado de la cama, había contestado el teléfono, encendido la luz y hablado con un paciente. No sabía si le había dicho que fuera inmediatamente al hospital y me esperara allí o que se tomara un par de aspirinas y me llamara por la mañana. Con un problema así no me podía volver a dormir. Así que me quedaba sentado en frente de la televisión viendo antiguas películas de Wallace Beery y bebiendo.

Con el paso del tiempo, el alcohol me ayudaba cada vez menos a dormir. Tenía que tomarme algunos tragos más para volverme a dormir, una y otra vez durante toda la noche. Pero nunca bebía por la mañana. Me ponía el límite de las cinco de la mañana. Si eran las cinco menos un minuto, bebía hasta dormirme. Si eran las cinco y un minuto, me quedaba levantado y actuaba como un mártir todo el día. Se iba haciendo cada vez más difícil levantarme por la mañana hasta que un día me pregunté a mí mismo qué haría por un paciente que se sintiera así de mal. La respuesta me vino en seguida: le daría algo para darle energía.

Así que empecé enseguida a tomar e inyectarme estimulantes. Acabé tomando 45 miligramos de Benzedrina de efecto inmediato y 45 miligramos de efecto prolongado para poder levantarme por la mañana. Tomaba más durante el día para intensificar el efecto y más para mantenerlo; cuando me pasaba de la raya, me tomaba tranquilizantes para nivelarme. De vez en cuando los estimulantes afectaban mi sentido del oído. No podía escuchar con suficiente rapidez para entender lo que estaba diciendo. Me decía a mí mismo, por qué estoy repitiendo eso, ya lo he dicho tres veces. Pero no podía callarme.

Para nivelarme, me encantaban las inyecciones de Demerol, pero me resultaba demasiado difícil ser un buen médico mientras me estaba inyectando morfina. Después de inyectarme, tenía que rascarme la nariz constantemente con una mano y sentía repentinos e incontrolables deseos de vomitar. Nunca me producía mucho efecto la codeína, el Percodan y los tranquilizantes. Pero durante un tiempo me inyectaba Pentotal por vía intravenosa para poder dormir. Esta es la droga que te inyecta el dentista diciéndote "cuenta hasta diez" y antes de llegar a dos estás dormido. Era una pérdida instantánea del conocimiento, y me parecía una maravilla. No me parecía conveniente estar tumbado en la cama inyectándome mientras mi esposa y mis hijos me estaban mirando, así que guardaba la droga en mi maletín, y el maletín en el auto y el auto en el garaje. Afortunadamente, el garaje estaba adosado a la casa. En el garaje me ponía la aguja en la vena y luego trataba de calcular exactamente cuánta medicina me tenía que inyectar para neutralizar los estimulantes teniendo en cuenta los soporíferos y descontando los tranquilizantes para ponerme la cantidad suficiente para poder sacar la aguja, quitarme el torniquete, tirarlo en el auto, cerrar la puerta, correr por el pasillo y echarme en la cama antes de dormirme.

Era difícil calcular la cantidad exacta. Una noche tuve que repetir el proceso tres veces para volver a dormir. Y luego decidí dejarlo. Pero para lograr hacerlo, tuve que sacar todo el material fuera de la casa y ponerlo fuera de mi alcance. Al final, tuve que hacer lo mismo con el alcohol y *todas* las píldoras. No podía dejar de tomar drogas mientras las tuviera en casa. Si las tenía, siempre encontraba un motivo para tomarlas—especialmente las píldoras. Nunca en mi vida me tomé un tranquilizante, un sedante o un estimulante por ser adicto; siempre los tomaba porque tenía los síntomas que sólo se podían aliviar con estas pastillas. Por lo tanto, cada píldora que tomaba era lo indicado médicamente en el momento de tomarla Las píldoras no me producen el deseo de tragar una píldora; me producen los síntomas que requieren que me tome la píldora para obtener alivio. Por ser médico y farmacólogo y haberme criado en una casa-farmacia, tenía una píldora para cada dolencia, y me encontraba frecuentemente enfermo.

Hoy día, me doy cuenta de no poder practicar mi programa de A.A. si tomo píldoras, ni siquiera puedo tenerlas en casa en caso de emergencias. No puedo decir "Hágase tu voluntad" y luego tomar una píldora. No puedo decir "soy impotente ante el alcohol" pero está bien tomar el alcohol sólido. No puedo decir "Dios podría devolverme el sano juicio pero hasta que lo haga voy a controlarme a mí mismo—con píldoras." Dejar de beber alcohol no era suficiente para mí; tenía que dejar todas las sustancias químicas que alteren el ánimo y el estado mental para poder mantenerme sobrio y cómodo.

En dos ocasiones, durante fines de semana, decidí no tomar absolutamente nada. En cada ocasión tuve convulsiones el domingo por la mañana. Ambas veces mi reacción fue: ya que no me había tomado nada la noche anterior, entonces, el alcohol no tenía nada que ver con ellas. Al neurólogo que me trataba, no se le ocurrió preguntarme si bebía, y a mí no se me ocurrió decírselo. Como consecuencia, él no podía explicarse por qué tenía las convulsiones, y decidió enviarme a la Clínica Mayo. Me parecía a mí que primero debería consultar con un especialista. Daba la casualidad de que, entre los médicos que conocía, yo era el que hacía los mejores diagnósticos, y yo, sin duda, conocía mi caso mejor que nadie. Así que fui a consultar conmigo y repasamos las circunstancias que precedían a las convulsiones: cambios de personalidad, dolores de cabeza diarios, presentimiento de catástrofe inminente, presentimiento de locura inminente. De repente, lo vi muy claramente. Tenía un tumor cerebral e iba a morir, y todo el mundo se compadecería de mí. La Clínica Mayo parecía un buen sitio par confirmar mi diagnóstico.

Después de nueve días de exámenes y análisis, me pusieron en el pabellón de los locos. Entonces fue cuando se cerró de un portazo la puerta de acero y Max fue quien volvió a casa. No me gustaba estar en el pabellón de los locos, y especialmente no me gustaba que se me forzara a glasear las galletas en la Nochebuena. Así que armé tal escándalo que acabaron dejándome salir de la clínica, contra la recomendación médica. Max se hizo responsable de mí después de que yo hubiera prometido no volver a beber, no volver a tomar píldoras, no volver a decir obscenidades, y no volver a hablar con otras mujeres. Nos subimos al avión e inmediatamente tuvimos una gran pelea sobre si yo iba a beber el alcohol gratis que ofrecían. Max ganó; yo no bebí. Pero tampoco quise hablar ni comer. Y así pasamos Max y yo y nuestras dos hijas el día de Navidad hace ocho años.

Cuando llegamos a casa, agarré una botella de whisky y me fui a la cama. Al día siguiente, Max llamó al neurólogo y le comunicó la opinión del psiquiatra de la Clínica Mayo. El tomó disposiciones para que yo viera a un psiquiatra local que inmediatamente llegó a la conclusión que yo debería estar en el pabellón de salud mental de nuestro hospital local. La gente allí insistía en ponerme en un dormitorio común, pero Max y yo sabíamos que yo debería estar en una habitación particular. Finalmente, les dijo: "¿Se dan cuenta de que es miembro del cuerpo médico de este hospital?" Y me pusieron en una habitación particular.

El tiempo pasaba muy despacio esta segunda vez que estaba en el pabellón de los locos. No podía acostumbrarme a estar allí y seguía preguntándome a mí mismo: "¿Por qué han puesto aquí a un tipo tan amable como yo?" Querían que yo hiciera cinturones de cuero— ¡si se lo pueden creer! ¿Había ido a la escuela tantos años para estar aquí sentado haciendo cinturones de cuero? Además no podía entender las instrucciones. La mucha-

cha me las había explicado cuatro veces y me daba vergüenza volver a preguntárselo. (Estoy encantado de
poder decir que después de asistir a muy pocas reuniones de A.A. pude hacer un par de mocasines muy boni-
tos y la mitad de una billetera. Me puse esos mocasines
todas las noches durante los siete años siguientes hasta
que se gastaron. Para mi séptimo aniversario de A.A.,
mi esposa, miembro de Al-Anon y para quien el programa es muy importante, encargó hacer un molde de
bronce de mis mocasines. Ahora tal vez tenga el par de
mocasines más caros que jamás se haya visto y me ayudan a recordar de dónde vengo.)

En el hospital me aferré a la idea que había tenido
casi toda mi vida: que si podía controlar el ambiente
exterior, el ambiente interior sería más cómodo. Pasaba
gran parte del tiempo escribiendo cartas, notas, órdenes, y listas de cosas que hacer, dirigidas a Max, que
también era la enfermera de mi consultorio, para que
las cosas siguieran funcionando mientras yo estaba
encerrado. Hay que estar un poco chiflado para hacer
algo así; y tal vez aun más que chiflado para seguir volviendo cada día para recoger una nueva lista, como ella
hacía. (Hoy no tenemos que vivir así. Max todavía trabaja conmigo en la oficina, pero hemos entregado nuestras vidas y nuestras voluntades al cuidado de Dios.
Cada uno de nosotros, con el otro como testigo, dimos
el Tercer Paso en voz alta, tal como sugiere el Libro
Grande. Y la vida se hace cada vez más simple y fácil
según nos esforzamos por cambiar mi vieja idea, cuidando el ambiente interior mediante los Doce Pasos y
dejando que el ambiente exterior se cuide de sí mismo.)

Un día, mi psiquiatra me sorprendió en el hospital
preguntándome: "¿Te gustaría conocer a un hombre de

A.A.?" Le repliqué que yo ya había ayudado a todos los pacientes del pabellón, y todavía tenía suficientes problemas personales sin ponerme a ayudar a un borracho de A.A. Pero, al mirar la cara del psiquiatra, yo podía ver que le complacería mucho si yo acordara hacerlo. Así que, sólo por complacerle, le dije que lo haría. Al poco rato, me di cuenta de haberme equivocado cuando un payaso de tamaño natural entró dando saltos en mi habitación, casi gritando, "¡Me llamo Frank y soy alcohólico, ja, ja, ja!" Me dio mucha lástima: la única cosa de la que podía jactarse era el ser alcohólico. Más tarde me dijo que era abogado.

Sabiendo que era un error, esa noche asistí a una reunión de A.A. con él, y empezaron a acontecer cosas curiosas. El psiquiatra que solía hacerme poco caso, comenzó a interesarse en mí. Cada día me hacía multitud de preguntas referentes a las reuniones de A.A. Al principio se me ocurrió la posibilidad de que él mismo fuera alcohólico y que se estuviera aprovechando de mí para obtener información sobre A.A. Pero pronto se puso bien claro que de hecho él tenía la siguiente idea infantil: Si él pudiera conseguir que yo asistiera a un número suficiente de reuniones mientras estaba confinado en el hospital, seguiría asistiendo a reuniones cuando me diera el alta. Así que, con el único motivo de engañarle, pedí a Frank que me llevara cada noche a una reunión. Y Frank hizo los arreglos para que yo asistiera todas las noches, con excepción del viernes, cuando era posible que él saliera con su novia. "¡Qué organización más extraña!" me dije a mí mismo, y denuncié a Frank al psiquiatra, quien no se mostró muy preocupado; simplemente encontró a otra persona para que me llevara los viernes a las reuniones.

Con el tiempo, el psiquiatra me dio de alta del hospital y Max y yo empezamos a asistir a las reuniones por iniciativa propia. Desde el mismo comienzo, me parecía que no me servían para nada, pero eran de gran ayuda para Max. Nos sentábamos al fondo de la sala y sólo hablábamos entre nosotros. Pasó exactamente un año antes de que yo hablara en una reunión. Aunque en los primeros días disfrutábamos de las risas, oí a la gente allí decir cantidad de tonterías. Creía que la palabra "sobrio" quería decir "beber pero no emborracharse." Cuando un joven de aspecto sólido y saludable se puso de pie y dijo, "Si hoy no bebo, he tenido un día de éxito," me dije a mí mismo, "Por amor de Dios, yo tengo mil cosas que hacer hoy antes de poder jactarme de no tomar un trago." Claro que en esa época no había dejado de beber. (Hoy no hay para mí nada más importante que mantenerme sobrio; el no tomar un trago es la cosa más importante que hago cada día.)

Me parecía que en las reuniones no hablaban de nada sino de beber, beber y más beber. Me daba sed. Yo quería hablar de mis múltiples y *enormes* problemas; el beber lo consideraba un problema muy pequeño. Y sabía que no tomarme "un trago por un día" no tendría ningún efecto importante. Finalmente, después de siete meses, decidí probarlo. Todavía me asombra cuántos de mis problemas—la mayoría de los cuales yo creía que no tenían nada que ver con beber—han llegado a ser manejables o simplemente han desaparecido desde que dejé de beber.

Cuando llegué a A.A., ya había dejado de tomar narcóticos, la mayoría de las píldoras, y hasta cierto grado, alcohol. Empecé a reducir la dosis diaria de alcohol y para comienzos de julio, había logrado dejar de beber completamente, y en el curso de los siguientes meses logré dejar todas las píldoras. Cuando desapareció la compulsión por beber, me fue relativamente fácil mantenerme alejado del alcohol. Pero durante un tiempo, me seguía resultando difícil no tomarme una píldora cuando tenía los síntomas apropiados de, por ejemplo, una tos, neuralgia, ansiedad, insomnio, espasmos musculares o mal de estómago. Ha ido haciéndose cada vez más fácil. Hoy creo no tener más derecho a conseguir la paz mental por vías químicas.

Lo que facilitó el asunto muchísimo fue llegar a estar convencido de que el alcoholismo es una enfermedad y no una cuestión moral; que había estado bebiendo por compulsión, a pesar de no ser consciente de esa compulsión; y que la sobriedad no era un asunto de fuerza de voluntad. La gente de A.A. tenía algo que parecía mucho mejor que lo que yo tenía, pero temía dejar lo que tenía para probar algo nuevo; había cierta seguridad en lo familiar.

Por fin, la aceptación resultó ser la clave de mi problema con la bebida. Después de pasar siete meses en A.A. reduciendo gradualmente mi consumo de alcohol y píldoras, sin que el programa me diera buenos resultados, finalmente pude decir, "Bueno, Dios. Es verdad que yo, por extraño que parezca, y a pesar de no haberlo autorizado yo, soy realmente una especie de alcohólico. Y lo acepto. Ahora, ¿qué voy a hacer al respecto?" Cuando dejé de vivir el problema y empecé a vivir la solución, el problema desapareció. Desde ese momento, no he vuelto a sentir compulsión por beber.

Y hoy día la aceptación es la solución a *todos* mis problemas. Cuando me siento inquieto es porque considero inaceptable una persona, un lugar, una cosa o una situación, alguna circunstancia de mi vida, y no puedo hallar la serenidad hasta que no acepte que esa persona, lugar, cosa o situación es exactamente lo que debe ser en ese momento. No hay nada, absolutamente nada, que ocurra en el mundo de Dios por error. Mientras no podía aceptar mi alcoholismo, no podía estar sobrio; si no acepto la vida tal como es, no puedo ser feliz. No tengo que concentrarme en lo que hay que cambiar en el mundo, sino en lo que hay que cambiar en mí mismo, y en mis actitudes.

Shakespeare dijo: "El mundo es un teatro y todos los hombres y las mujeres no son sino actores." Se le olvidó mencionar que yo era el crítico principal. Siempre podía ver el defecto en cada persona y en cada situación. Y siempre estaba encantado de indicarlo, porque yo sabía que tu querías la perfección, lo mismo que yo. A.A. y la aceptación me han enseñado que siempre hay algo bueno en los peores de nosotros y algo malo en los mejores; que todos somos hijos de Dios y todos tenemos derecho a estar aquí. Cuando me quejo de mí mismo o de ti, me quejo de las obras de Dios. Estoy diciendo que tengo mejor criterio que Dios.

Durante años estaba seguro de que lo peor que le podía pasar a un hombre tan simpático como yo sería acabar siendo alcohólico. Hoy día que creo que es lo mejor que me ha podido pasar. Esto demuestra que no sé lo que es bueno para mí. Y si no sé lo que es bueno para mí, entonces no sé lo que es bueno para ti ni para nadie. Así que para mí es mejor no dar consejos, no creer que sé lo que es mejor, y simplemente aceptar la vida como es, tal como es hoy, especialmente mi propia vida, tal como verdaderamente es. Antes de A.A., me juzgaba a mí mismo por mis intenciones mientras que el mundo me juzgaba por mis acciones.

La aceptación ha sido la solución de mis problemas matrimoniales. Es como si A.A. me hubiera dado nuevas gafas. Max y yo ahora llevamos treinta y cinco años de casados. Antes de casarnos, cuando Max era una adolescente tímida y delgadita, yo podía ver en ella lo que otros tal vez no veían: la belleza, el encanto, la gracia, un sentido del humor, el trato fácil y otras muchas buenas cualidades. Era como si, en vez de tener la habilidad del rey Midas de transformar todo lo que tocaba en oro, yo tuviera una mente que ampliaba cualquier cosa en la que se enfocaba. A lo largo de los años según iba pensando en Max, veía aumentar sus buenas cualidades, y nos casamos, y todas estas cualidades se volvían para mí cada vez más evidentes, y nosotros éramos cada vez más felices.

Pero luego, mientras iba bebiendo cada vez más, parecía que el alcohol tenía un efecto en mi vista. En vez de seguir viendo lo bueno que tenía mi esposa, empecé a ver sus defectos. Y cuanto más me enfocaba en sus defectos, más se multiplicaban y ampliaban. Cada defecto que le señalaba y criticaba iba haciéndose más grande. Cada vez que le decía que era una nulidad, ella iba retirándose cada vez más hacia la nada. Cuanto más bebía yo, más se marchitaba ella.

Luego, un día, en A.A. me dijeron que tenían las gafas puestas al revés; "el valor para cambiar" de la Oración de la Serenidad no significaba que yo debía cambiar el matrimonio, sino que debía cambiarme a mí mismo y aceptar a mi esposa por quien era. A.A. me ha dado gafas nuevas. Ahora puedo nuevamente enfocarme en las buenas cualidades de mi esposa y verlas ampliarse, aumentar y crecer.

Puedo hacer lo mismo con una reunión de A.A. Cuanto más me enfoco en los defectos—empieza tarde, borrachólogos prolongados, humo de cigarrillos—tanto más empeora la reunión. Pero cuando me esfuerzo por ver lo que puedo aportar a la reunión, en vez de lo que puedo sacar de ella, y cuando me enfoco en lo que tiene de bueno, y no en lo que tiene de malo, la reunión va siempre mejorando. Cuando me enfoco en lo que el día de hoy tiene de bueno, paso un buen día; cuando me enfoco en lo que tiene de malo, lo paso mal. Si me enfoco en el problema, el problema se agranda, si me enfoco en la solución, la solución se agranda.

Hoy, Max y yo nos esforzamos por comunicar lo que sentimos y no lo que pensamos. Solíamos pelearnos por nuestras diferencias de ideas pero no es posible pelearnos por nuestros sentimientos. Puedo decirle que no debe pensar de una cierta manera, pero no puedo privarle del derecho a tener los sentimientos que tiene. Cuando nos enfocamos en nuestros sentimientos, es muy probable que lleguemos a conocernos mucho mejor a nosotros mismos y a otras personas.

No siempre me ha resultado fácil resolver esta relación con Max. De hecho, el lugar en que me ha sido más difícil trabajar en el programa ha sido mi casa, con mis hijos y con Max. Parece lógico que yo hubiera aprendido a amar a mi esposa y a mi familia primero; y más tarde al recién llegado de mi grupo. Pero fue al revés. Acabé volviendo a dar cada uno de los Doce Pasos enfocándome específicamente en Max. Tuve que empezar con el Primer Paso "Soy impotente ante el alcohol y mi vida doméstica es para mí ingobernable," y terminar con el Duodécimo, poniéndome a pensar en ella como una Al-Anon enferma, y tratándola con el amor que yo daría al principiante enfermo recién llegado a A.A.. Cuando lo hago así, nos llevamos muy bien.

Tal vez lo mejor para mí es tener presente que mi serenidad está en relación inversa con mis expectativas. Cuanto más altas mis expectativas de Max, más baja mi serenidad. Puedo ver subir el nivel de serenidad cuando descarto mis expectativas. Pero entonces mis "derechos" tratan de imponerse, y esto también puede hacer bajar mi nivel de serenidad. Tengo que descartar mis "derechos" y mis expectativas preguntándome a mí mismo, ¿qué importante es este asunto? ¿Qué importante es comparado con mi serenidad, mi sobriedad emocional? Y cuando valoro más que nada mi sobriedad y mi serenidad, cuando las antepongo a todo, puedo mantenerlas en un nivel más elevado, al menos por el momento.

Hoy día, la aceptación es la clave de mi relación con Dios. No me quedo sentado esperando a que Él me indique lo que yo deba hacer. Hago lo que tengo que hacer y dejo los resultados en sus manos. Sea cual sea el resultado, será la voluntad de Dios para mí.

Tengo que enfocar mi mente mágicamente ampliadora en mi aceptación y no en mis expectativas, porque mi serenidad está en proporción con mi nivel de aceptación. Cuando tengo presente esta verdad, puedo ver que las cosas nunca me han ido mejor. Gracias a Dios por A.A.

(17)

LA VENTANA QUE DABA A LA VIDA

Este joven alcohólico saltó por una ventana del segundo piso para entrar en A.A.

LOGRÉ MI SOBRIEDAD mientras estaba en la universidad. En una ocasión, fuera de la sala de reunión, oí por casualidad una conversación entre otro estudiante sobrio y una mujer que vivía en el pueblo donde se ubicaba la universidad. Ella le estaba explicando por qué a los residentes locales no les gustaban los estudiantes. Decía que a la mayoría de la gente los estudiantes les parecían arrogantes y egocéntricos, y le contó la siguiente historia.

"Soy enfermera y trabajo en la sala de emergencias. Hace dos años, una ambulancia trajo a un estudiante en mitad de la noche. Se había emborrachado, había salido por la ventana de un segundo piso para caerse de cabeza desde una altura de veinte pies a un patio de cemento. Llegó cubierto de sangre. Tenía la cabeza hinchada como una sandía. No paraba de insultar a las enfermeras y a los médicos, diciéndoles que no le tocaran y amenazándolos con llevarlos a juicio. Sin duda alguna, era la persona más antipática que jamás he conocido."

En ese momento la interrumpí. "Ese era yo," le dije. "Aquella fue mi última borrachera." Me caí de esa ventana cuando tenía 19 años.

¿Cómo había llegado allí? Siempre había sido un "buen chico", el tipo de hijo que les encantaba a todas las demás madres. Era uno de los primeros de mi clase académicamente, y casi no me había metido en ningún problema durante los diecisiete primeros años de mi vida. Me gustaría poder decir que esto se debía a mi bien desarrollada fibra moral; de hecho, gran parte se debía al miedo. Entre mis primeros recuerdos se encuentran las amenazas de mis padres de echarme a la calle por la mínima desobediencia. La idea de tener que vivir en la calle es bastante espantosa para un muchacho de seis años de edad. Estas amenazas, junto con una buena dosis de castigos corporales, me mantenían atemorizado y obediente.

Sin embargo, mientras crecía en años, iba formulando un plan. Sería obediente hasta graduarme de la escuela secundaria. Luego me escaparía a la universidad, aseguraría mi futuro económico, y nunca volvería a mi casa. Justo después de cumplir los 18 años, me fui a la universidad. Creía que por fin era libre. Iba a tener un rudo despertar.

Al igual que otros muchos alcohólicos, pasé gran parte de mi vida sintiéndome diferente, como si no encajara. Podía ocultar estos sentimientos y mi falta de amor propio por ser uno de los más listos de cualquier grupo, si no el más listo de todos. Además, llegué a ser un cómico ante mis compañeros, siempre tenía un chiste que contar para sacar el humor de cualquier circunstancia. Me las arreglé para llenar de risas mi vida.

Asistí a una universidad llena de personas que también habían pasado toda la vida entre los más destacados en sus estudios académicos. De repente ya no era tan especial. Aun peor, muchos de mis compañeros tenían lo que yo sólo soñaba con tener: dinero. Mi familia era de clase obrera, siempre luchando por sobrevivir con lo que mi padre ganaba. Siempre había mucha preocupación por el dinero, y yo lo equiparaba con la seguridad, el prestigio y la valía. A mi padre le gustaba decir que el único propósito de la vida es hacer dinero. Tenía compañeros de clase de familias adineradas bien conocidas. Me sentía avergonzado: avergonzado de mi familia y avergonzado de mí mismo. La escasa confianza que tenía en mí mismo se desmoronó. Sabía que si los otros descubrían quién era yo realmente, no me aceptarían y me dejarían solo, solo y sin ningún valor.

Entonces descubrí el alcohol. Lo había probado varias veces en la escuela secundaría pero nunca me había llegado a emborrachar. Sabía que estar borracho significaba estar fuera de control. Mi plan de escape me exigía no perder nunca la cabeza. Tenía mucho miedo de estar fuera de control. Al llegar a la universidad, ese temor me desapareció. Al principio, para poder encajar, hacía como si tuviera una historia de bebedor tan larga como cualquiera de mis compañeros. Pasado poco tiempo, mi historia sobrepasó a las de todos los demás.

Mi carrera de bebedor fue corta y muy destructiva, y mi evolución alcohólica muy rápida. Me emborraché por primera vez en octubre. Ya en noviembre la gente estaba dispuesta a apostar que no podría pasar una semana sin beber. (Gané la apuesta y para celebrarlo bebí hasta enfermarme.) Para enero estaba borracho todos los días y para abril estaba drogándome diariamente también. No lo aguanté mucho.

Al recordar esa época, me doy cuenta de lo cierto que es que la diferencia principal entre los alcohólicos y los no alcohólicos es que los no alcohólicos cambian su comportamiento para alcanzar sus objetivos y los alcohólicos cambian sus objetivos para ajustarlos a su comportamiento. Todo lo que había sido importante para mí, todos mis sueños, mis objetivos, mis aspiraciones, fueron arrasados por una ola de alcohol. Me di cuenta rápidamente de que no podía beber y funcionar a ningún alto nivel. Eso no importaba. Estaba dispuesto a abandonarlo todo para poder seguir bebiendo. Pasé de ser un estudiante con todos sobresalientes a casi salir suspendido de la universidad, de ser considerado el líder de la clase a ser rechazado como un paria. Casi nunca asistía a las clases y apenas si tocaba los libros. Nunca asistía a ninguno de los múltiples actos culturales organizados por la universidad. Renuncié a todo lo que merece la pena de la vida universitaria por la bebida. De vez en cuando, un rastro de orgullo se infiltraba por el caos, el resentimiento y el temor y me hacía fijarme en mi vida. Pero la vergüenza era demasiado grande y la reprimía con botellas de vodka y cajas de cerveza.

Ya que la universidad era bastante pequeña, no tardé mucho en llamar la atención de los decanos. Bajo sus ojos vigilantes, acepté por primera vez someterme a terapia. La administración consideraba esto como una oportunidad para ayudar a un estudiante con problemas, y yo lo veía como un buen arreglo. Iría a las sesiones de terapia para complacerlos y ellos tendrían una deuda conmigo. No es de extrañar que la terapia no tuviera efecto. Seguí bebiendo diariamente.

Un año más tarde me di cuenta de que tenía problemas. Había suspendido una clase durante el semestre de invierno (rara vez había asistido y no había entregado el trabajo escrito que representaba el 50% de la calificación del curso). La perspectivas para el semestre de primavera también eran muy sombrías. Me había matriculado en una clase a la que había asistido una sola vez. No había escrito ninguno de los trabajos exigidos ni me había molestado en presentarme al examen de mitad de curso. Estaba destinado al fracaso y a la expulsión. Mi vida se había vuelto ingobernable, y yo lo sabía.

Volví a ver al decano que me había sugerido ir a la terapia y, por primera vez, admití a mí mismo y a otro ser humano que tenía un problema con el alcohol. No creía ser alcohólico. Ni siquiera estaba seguro de lo que era eso. Pero sabía que mi vida estaba fuera de control. El decano me permitió retirarme del curso sin perderlo el día antes del examen final a condición de que ingresara en un centro de tratamiento. Acepté.

Pasaron algunos días. Ahora, por sentirme aliviado de la presión, mi vida no me parecía tan ingobernable. De hecho, me parecía que yo había vuelto a tomar las riendas. Así que le agradecí al decano por su ayuda y le dije que no obstante de allí en adelante me las podría arreglar yo solo. No ingresé en el centro de rehabilitación. Dos semanas más tarde, salté del segundo piso por la mencionada ventana.

Después de insultar al personal de la sala de emergencias, perdí el conocimiento y así me quedé cinco días. Desperté con un collarín y sufriendo de doble visión. Mis padres estaban furiosos. Me hicieron volver a casa en avión. El futuro parecía poco prometedor. Pero Dios tiene un impecable sentido de la oportunidad.

La universidad a la que yo asistía tenía una larga historia de estudiantes bebedores, incluyendo al Dr. Bob. En la época en la que tuve mi accidente, los decanos estaban considerando formas de responder al abuso del alcohol por parte de los estudiantes y esperando poner a prueba su más reciente idea, Alcohólicos Anónimos. Yo iba a ser el primero en hacer la prueba. Me dijeron inequívocamente que no me dejarían volver a matricularme nunca en la universidad a no ser que fuera a Alcohólicos Anónimos. Bajo tal presión, asistí a mi primera reunión.

Mirándolo ahora, puede ser que esa fuera la primera decisión sana respecto al alcohol que había tomado en mi vida. Una definición del *fondo* es "el punto en que la última cosa que has perdido o la próxima que vas a perder te parece más importante que la bebida." Este punto es diferente para cada persona, y algunos morimos antes de llegar allí. Pero para mí no había duda. Estaba dispuesto a hacer lo que fuera necesario para poder volver a la universidad.

Asistí a mi primera reunión de A.A. sin tener la menor idea de qué se trataría. Soy miembro de una familia numerosa, católica e irlandesa, y tenía varios parientes con alguna experiencia directa del programa. Pero A.A., como la prisión, era una vergüenza, y nunca se hablaba del tema. Tampoco tenía la más vaga idea de lo que era el alcoholismo. Recuerdo que una amiga me dijo una vez que su madre tenía un problema con la bebida pero no era alcohólica. Por curiosidad le pregunté cuál era la diferencia. "Un alcohólico," me dijo, "es una persona que tiene que beber alcohol todos los días, aunque sea un solo trago. Una persona que tiene un problema con la bebida no tiene que beber todos los días, pero una vez que empieza no puede parar." Según tal criterio, yo era un alcohólico que tenía un problema con la bebida.

Mi primera reunión de A.A. me dejó sorprendido. Se efectuó en una iglesia y, fueran cuales fueran mis expectativas, la experiencia real fue algo muy diferente. La sala estaba llena de personas bien vestidas, sonrientes y felices. No había abrigos apestosos, ni gente con barbas de tres días. No había ojos inyectados en sangre, ni manos temblorosas; no había nadie tosiendo espasmódicamente, sino gente riéndose. Alguien estaba hablando de Dios. Sin duda me había equivocado de lugar.

Luego una mujer se me acercó y se presentó diciendo que era alcohólica. En ese momento supe que estaba en A.A. Ella me habló de sentimientos, de la inseguridad reemplazada por la confianza, el temor reemplazado por la fe, el resentimiento reemplazado por el amor, la desesperación reemplazada por la alegría. No me lo podía creer. Aquí había una persona feliz. Hacía mucho tiempo que no había visto a una persona así.

Después de la reunión, los miembros me acogieron con los brazos abiertos y me dieron sus números de teléfono. La reunión de discusión fue seguida por una reunión de orador donde tuve mi primer despertar en A.A. El orador dijo, "Si eres una manzana, es posible llegar a ser la mejor manzana que puedas, pero nunca llegarás a ser una naranja." Yo sin duda era una manzana y por primera vez me di cuenta de haber pasado toda la vida intentando ser una naranja. Miré a los reunidos en esa sala; todos eran manzanas y, si no estaba interpretando mal lo que decía el orador, la mayoría ya no estaban intentando ser naranjas.

No obstante, iba haciendo un progreso lento en A.A. No quería ir a reuniones fuera de mi barrio, lo cual significaba que asistía solamente a las reuniones los martes y los jueves por la tarde. Siempre me sentía mejor después de una reunión. Recuerdo ocasiones en las que algo que me molestaba ocurría el viernes, y me decía a mí mismo, "Me gustaría que fuera martes y pudiera ir a la reunión." No obstante, por muchas que fueran las sugerencias que me hacían y por numerosos que fueran los compañeros que se ofrecían para llevarme a la reunión en sus automóviles, simplemente me negaba a ir a otras reuniones.

Los miembros también me hacían otras buenas sugerencias. Me sugirieron que no me metiera en relaciones amorosas. Yo era joven y soltero y rechacé este consejo de plano. El primer año fui pasando de una relación malsana a otra. Me sugirieron que consiguiera un padrino. No tenía la más remota idea de lo que era un padrino y era demasiado orgulloso como para preguntar; pero me sentía completamente seguro de no tener necesidad de conseguirme uno. A fin de cuentas yo era más inteligente que la gente que había allí. Puede que ellos tuvieran necesidad de contar con alguien que les dijera cómo manejar sus vidas, pero yo, con mi collarín y mi doble visión, me las estaba arreglando muy bien. Mis compañeros me sugirieron que buscara un Poder Superior. No iba a dejar que me engañaran. Yo sabía que cuando decían Poder Superior querían decir Dios. Y también sabía que Dios me estaba vigilando, esperando a que me apartara una sola vez del camino recto para poder vengarse de mí. No quería tener nada que ver con Dios.

Con esa resistencia seguí avanzando pesadamente varios meses. Cuando la gente me preguntaba qué tal me iba, yo contestaba, "muy bien," aun si estuviera llorando por dentro. Entonces llegué a la encrucijada. Llevaba unos seis meses sobrio, y no estaba mejorando. Casi todos los días me encontraba contemplando la posibilidad de suicidarme. Mis emociones iban oscilando entre una desesperación paralizante y una rabia asesina, a menudo dentro del espacio de un solo minuto. No me sentía feliz, ni alegre, ni libre. Me sentía muy mal y estaba harto de sentirme así.

Ya no podía más. Fui a mi reunión del martes por la tarde, con la sincera intención de hablar con total franqueza. Cuando llegué no había nadie. La sala de reunión, a la que solían asistir unas veinte personas, estaba vacía. Esperé unos pocos minutos y me estaba preparando para salir cuando un hombre que apenas conocía entró por la puerta. Sugirió que él y yo celebráramos una reunión. A mí me parecía claramente una mala idea. Me preguntó cómo me encontraba. Eso fue todo lo que necesitaba. Me desahogué con él, contándole todo el dolor, el miedo, la pena, la rabia, el resentimiento, la desesperación, el vacío que sentía. Durante los cuarenta y cinco minutos siguientes seguí hablando con este hombre, y él seguía haciendo gestos de comprensión con la cabeza, sonriendo y diciéndome "sí, recuerdo haberme sentido así." Por primera vez en mi vida, establecí un contacto completamente sincero con otro ser humano. Me abrí ante alguien mostrándole exactamente quién era yo, sin temer a que me rechazara. Hice algo encaminado a hacerme sentir mejor en vez de causar una mejor impresión. Mi compañero me respondió con aceptación y amor.

Cuando terminé de hablar, me dijo algo muy sencillo. "No tienes que beber por eso." ¡Qué concepto tan genial! Había creído que lo que me obligaba a beber eran las situaciones. Si me sentía enojado, bebía. Si me sentía alegre, bebía. Aburrido, emocionado, deprimido o eufórico, bebía. Y aquí tenía frente a mí un hombre que me estaba diciendo que, independiente de las situaciones de mi vida, no tenía que beber. Si me quedaba en A.A., podría mantenerme sobrio en todas las circunstancias. Este hombre me ofreció esperanza y, en muchos sentidos, simbolizaba la puerta por la que por fin yo entré a Alcohólicos Anónimos.

Empecé a cambiar. Empecé a rezar. Empecé a participar activamente en la aplicación de los Pasos. Antes los había descartado por ser instrumentos de personas inferiores a mí intelectualmente; ahora me aferraba a ellos como si fueran peldaños para ascender hacia la salvación. Empecé a trabajar con un padrino y me metí activamente en los asuntos de mi grupo. No sabía cómo este asunto de lavar la cafetera o hacer la limpieza después de la reunión podría tener algo que ver con mantenerme sobrio, pero los veteranos me decían que el servicio me mantendría sobrio, y por ello lo probé. Y dio resultados.

Mi vida empezó a cambiar. Justo antes de cumplir mi primer aniversario, me permitieron volver a matricularme en la universidad. Llegué al campus muerto de miedo. Todas mis experiencias allí habían tenido que ver con la bebida. ¿Cómo me iba a poder mantener sobrio bajo tales circunstancias? La solución era sencilla: me lancé entusiasmadamente al programa de A.A. Algunas personas muy cariñosas se hicieron cargo de mí. Tuve la oportunidad de hacer bastantes trabajos de Paso Doce con otros estudiantes y, al llegar el día de mi graduación, había en esa universidad una comunidad de A.A. que estaba prosperando.

Después de graduarme fui a estudiar abogacía. Cuando llegué a la Facultad de Derecho, el A.A. que encontré allí era muy diferente del A.A. al que yo estaba acostumbrado. Sabía que iba a emborracharme porque "aquella gente no estaba haciéndolo como se debía hacer." Mi padrino de la universidad, bien familiarizado con mi propensión a encontrar defectos, me dijo que si mis nuevos amigos no lo estaban haciendo como se debía hacer, mi obligación era enseñarles cómo hacerlo. Así lo hice. Impulsado por el miedo y el engreimiento, me dispuse a rehacer A.A. según mi propio concepto. Si el ser miembro hubiera dependido de caerle bien a la gente, sin duda habría sido expulsado.

Pasado un tiempo, llamé a mi padrino para informarle sobre mis progresos. Me paró en seco con una simple pregunta: "Esas personas que no están haciéndolo como se debe hacer, ¿se están manteniendo sobrias?" Confesé que, a pesar de sus fallos, se estaban manteniendo sobrias. "Bien," dijo. "Les has dicho lo que es A.A.. Ahora te toca a ti escuchar para enterarte de cómo se están manteniendo sobrias." Seguí esa sugerencia y empecé a escuchar. Sin prisa pero sin pausa, se empezó a infiltrar en mí algo de sabiduría y humildad. Llegué a ser más fácil de enseñar. Veía a Dios obrando alrededor mío, donde antes creía que yo estaba solo. Cuando abrí los ojos lo suficiente para ver el milagro, lo encontré justamente delante de mí. Estaba creciendo en mí el amor de Dios.

Tuve la suerte de poder pasar algún tiempo en el extranjero mientras estaba estudiando Derecho. Durante mis años de bebedor había soñado con hacer esto, pero cuando se me presentaba la oportunidad, bebía. Ahora que estoy sobrio, he estado en reuniones en una docena de países y siempre me ha producido asombro el mensaje que supera todas la diferencias culturales y lingüísticas. Hay una solución. Juntos podemos vivir sobrios, felices y libres.

Mi vida ha estado llena de alegría. Ahora tengo 33 años y, si Dios quiere, dentro de un mes celebraré mi 14° aniversario sobrio de A.A. Estoy rodeado de amigos cariñosos con quienes puedo contar y que pueden contar conmigo. Me he reconciliado con mis padres, de quienes había estado alejado. Mi vida está llena de risas, algo que el alcohol me había arrebatado.

Me casé poco después de mi noveno aniversario con una mujer cariñosa. Una semana antes de mi 11° aniversario, nació nuestro hijo. Él me ha enseñado lo que es el amor incondicional, la importancia de la capacidad de asombro y la pura alegría de estar vivo. Tengo un trabajo maravilloso que me gusta (la mayoría de los días). Participo activamente en el trabajo de servicio de A.A., tengo un padrino y varios ahijados con quienes me siento privilegiado de trabajar. Todas estas cosas son regalos del cielo. Expreso mi agradecimiento disfrutándolas.

Una vez conocí a una mujer que estaba llorando antes de una reunión. Una niña de cinco años se le acercó y le dijo, "Aquí no tienes por qué llorar. Este es un buen sitio. Acogieron a mi papá y lo hicieron mejor." Eso es exactamente lo que A.A. hizo por mí: me acogió y me hizo mejor. Por esto, estoy eternamente agradecido.

TERCERA PARTE

CASI LO PERDIERON TODO

Las quince historias en esta sección nos cuentan lo peor del alcoholismo.

Algunos lo habían probado todo—hospitales, tratamientos especiales, sanatorios, manicomios, cárceles. Nada les dio el resultado deseado. La soledad, la angustia física y mental— esto es lo que tenían en común. La mayoría había sufrido pérdidas devastadoras en casi todos los aspectos de su vida. Algunos seguían intentando vivir con el alcohol. Otros querían morirse.

El alcoholismo no respetaba a nadie, ni ricos ni pobres, ni personas cultas ni iletradas. Todos se vieron encaminados hacia la misma destrucción y parecía que no podían hacer nada para detenerla.

Ahora con años de sobriedad, nos cuentan cómo se recuperaron. Demuestran a plena satisfacción de casi cualquier persona que nunca es demasiado tarde para probar Alcohólicos Anónimos.

(1)

MI BOTELLA, MIS RESENTIMIENTOS Y YO

*Pasó de una niñez traumatizada a ser un borracho de
los barrios bajos, hasta que un Poder Superior entró en
la vida de este vagabundo trayéndole la sobriedad y una
familia perdida desde hacía mucho tiempo.*

CUANDO LLEGUÉ a ese pequeño pueblo montañés en
un furgón de carga vacío, mi barba enmarañada y
mi pelo sucio casi me hubieran llegado hasta el cinturón, si hubiera llevado un cinturón. Llevaba un poncho
mexicano mugriento, plagado de piojos sobre un pijama
apestoso y unos pantalones raídos y botas de vaquero sin
tacones. Llevaba un cuchillo en una bota y un revólver
de calibre .38 en la otra. Había pasado seis años luchando por sobrevivir en los barrios bajos y viajando por el
país en trenes de carga. Hacía mucho tiempo que no
comía, y estaba medio muerto de hambre. Pesaba 130
libras. Estaba de muy mal humor y borracho.

Pero me estoy adelantando. Creo que mi alcoholismo
tuvo su origen en el brutal asesinato de mi madre cuando yo tenía once años de edad. Hasta aquel entonces
había llevado una vida parecida a la de cualquier
muchacho residente en un pueblo pequeño de esa
época.

Una noche mi madre no volvió a casa de su trabajo en
una fábrica de automóviles. A la mañana siguiente,
todavía no había dado señales de vida ni detalles de por
qué había desaparecido. Con gran aprensión se llamó a
la policía. Ya que yo era el niño mimado de mi mamá,

eso fue para mí especialmente traumatizante. Y para empeorar aún más la situación, unos días más tarde, vino la policía y arrestó a mi padre. Habían encontrado el cuerpo mutilado de mi mamá en un campo fuera del pueblo y querían hacerle algunas preguntas. En ese instante, la vida familiar que yo conocía quedó destruida. Mi padre volvió pronto a casa porque la policía había encontrado en la escena del crimen unas gafas que no le pertenecían a él. Esta pista les condujo al hombre que había matado tan brutalmente a mi mamá.

En la escuela las murmuraciones eran maliciosas. En casa reinaba el caos y nadie me decía lo que estaba pasando, así que me retraje y empecé a bloquear la realidad. Si pudiera hacer como si no existiera, tal vez desaparecería. Me volví extremadamente solitario y rebelde. La confusión, el dolor y la tristeza habían empezado a amainar cuando apareció un artículo en una revista de crímenes que trataba de la desgracia de mi familia. Los muchachos de la escuela volvieron otra vez a chismorrear e indagar. Me aislé aún más y me volví más airado y más retraído. Era más fácil así porque la gente me dejaba en paz si les daba la impresión de estar alterado aun antes de que ellos me hicieran preguntas.

Ya que mi padre no podía cuidar de todos los nueve de nosotros, la familia tuvo que dividirse. Un año más tarde se volvió a casar y mi hermano mayor me invitó a vivir en su casa. Él y su esposa hicieron lo posible para ayudarme pero yo me mostraba muy defensivo, y había poco que ellos u otra persona pudieran hacer por mí. Conseguí un trabajo después de la escuela en una tienda de comestibles colocando botellas de soda, y allí descubrí que si me concentraba suficientemente en el trabajo podía olvidarme de todo. Además, era buen sitio para robar cerveza y ser un tipo importante con los demás muchachos de la escuela. De esa manera empecé a beber, para así quitarme las penas.

Después de varios años de adolescencia semidelincuente, llegué a la edad en que pude alistarme en los "marines". Al dejar atrás el origen de mi amargura, creí que mi vida sería mejor y no bebería tanto. No obstante, en el campamento de entrenamiento, me di cuenta de que esto no era la solución. La disciplina, la autoridad, el horario estricto iban en contra de mi carácter, pero iba a tener que cumplir dos años de servicio, así que tenía que encontrar una manera de funcionar a pesar de estar hirviendo de ira y ahora de odio. Cada noche me encontraba en un bar bebiendo hasta que me echaban. Así me las arreglaba para pasar la semana; los fines de semana me iba a un club cercano. La gente encargada de este lugar bebía tanto o más que yo. Me hice un cliente asiduo. Las discusiones y peleas eran cosas de todos los días.

Logré terminar los dos años, me dieron de baja y me dijeron adiós. Al salir de la base de los "marines", sintiendo mucha nostalgia, volví haciendo auto-stop a mi pueblo y a la casa de mi hermano. Pronto encontré trabajo de pintor en una compañía de construcción del pueblo. Llegado a este punto, el beber era una parte integrante de mi vida.

Por medio de algunos amigos, conocí a una mujer por la que llegué a sentir mucho cariño y muy pronto nos casamos. Pasado un año, nació nuestra hija y con el tiempo, dos hijos. ¡Cuánto quería a mi prole! Tener esta buena familia debería haberme hecho sentar la cabeza, pero seguía bebiendo cada vez más. Finalmente llegó el punto en que era imposible vivir conmigo, y mi esposa pidió el divorcio. Esto me enloqueció, y el sheriff me mandó que me fuera del pueblo. Yo sabía que si me quedaba, la rabia que sentía hacia mi mujer por haberse llevado a mis hijos, me metería en dificultades imposibles de superar, incluso para mí, así que me fui nuevamente del pueblo. Me fui con mi odio, mis resentimientos y la ropa que vestía. Esta vez para siempre.

En la ciudad cercana más grande se me podía encontrar en los barrios bajos, totalmente arruinado, bebiendo hasta perder el conocimiento. Al comienzo, trabajando de jornalero ganaba lo suficiente para el alquiler y la comida, pero muy pronto tenía que gastar todo el dinero en la bebida. Encontré un refugio donde los necesitados podían dormir y comer gratis. Pero había tantos chinches, y la comida era tan horrible, y la gente tan ladrona que decidí que sería más fácil dormir en la calle y realmente no tenía que comer tan a menudo. Así que descubrí que los campamentos de vagabundos, los autos aparcados y las casas abandonadas eran buenos sitios para mi botella, mis resentimientos y para mí. Nadie se atrevía a molestarme. Estaba completamente apabullado al ver dónde me había llevado la vida.

Otros vagabundos que conocí me enseñaron la forma más segura de subir en un furgón de carga en movimiento y de protegerme a mí mismo. Me dijeron a quiénes podía sacar una limosna fácil y cómo timarlos. El problema más grande que tenía en aquel entonces era arreglármelas para tener suficiente alcohol para mantener a raya la realidad de mi vida; me consumía el odio. Durante los seis años siguientes iba pasando de un barrio bajo a otro. No importaba la dirección en que se dirigiera el tren. No tenía destino a dónde ir. Y por lo menos nunca me perdía porque nunca me importaba dónde pudiera estar. Atravesé los Estados Unidos tres veces, sin plan, sin motivo y, la mitad del tiempo, sin comer. Alternaba con otros inadaptados, gente como yo. Alguien mencionaba que había trabajos en Florida, o en Nueva York o Wyoming, y todos nos íbamos para allá. Pero al llegar nos decían que ya se habían acabado. Y no nos importaba, porque no queríamos trabajar.

Un día de calor infernal, me encontraba bebiendo en un pueblo del desierto y algo muy inusitado me sucedió. Me parecía haber llegado a un punto extremo; que no podía ir más allá. Para alejarme de todos, me conseguí una botella y empecé una caminata por el desierto diciéndome: "Voy a seguir hasta caerme muerto." Muy pronto, tan borracho que no podía dar un paso más, me caí al suelo y dije gimiendo, "¡Dios, ayúdame, por favor!" Debía de haber perdido el conocimiento porque, pasadas varias horas, volví en mí y me puse en camino de regreso al pueblo. En ese momento, no tenía la menor idea de por qué cambié de parecer en cuanto a la muerte. Hoy me doy cuenta de que en ese momento mi Poder Superior se hizo cargo de mi vida.

Para ese entonces, yo andaba con los ojos desorbitados y tan mugriento que la gente me rehuía. Odiaba ver esa cara de temor que tenía la gente al mirarme. Me miraban casi como si no fuera un ser humano; y tal vez no lo fuera. En una ciudad grande solía acostarme sobre las rejillas en la acera envuelto en un plástico para no morir congelado. Una noche encontré uno de esos contenedores en los que la gente echa su ropa vieja; era de tamaño suficiente para meterme adentro: un lugar cómodo y caliente donde dormir y, al despertarme por la mañana podía ponerme ropa nueva. Una vez, en

mitad de la noche, alguien pasó y echó más ropa adentro. Yo abrí la tapadera, me asomé y le dije en voz alta,
"¡Gracias!" Aquella mujer retrocedió asustada y se fue
corriendo y gritando, "¡Ay por Dios!" Se subió de un
salto en su coche y se alejó a toda velocidad.

La noche en que bajé de ese tren de carga, había descendido a tal punto de degradación que casi no merecía
llamarme un ser humano. Encontré un furgón frigorífico vacío en la vía muerta y allí me instalé. En ese pueblo era fácil conseguir asistencia social así que me presenté en la oficina para solicitarla. Ahora podía comer.
Esa era la tercera vez que pasaba por ese pueblo, y me
dirigí en seguida a mi bar favorito. Allí conocí a una
camarera que bebía como una esponja y era la mujer
más malhumorada que nunca había visto en el mundo;
pero tenía una casa, y me fui a vivir con ella. Y así
comenzó el romance de mi vida.

Por fin tenía dónde dormir, tenía sábanas y comida.
Lo único que hacíamos era beber y pelearnos, pero ella
trabajaba en la taberna y con eso nos manteníamos. Con
sólo lo suficiente para comprar licor, pasamos varios
meses bebiendo constantemente. Luego, un día, buscando un trago, me tropecé con un viejo compañero
vagabundo, un hombre ya entrado en años. Según lo
recordaba, él siempre bebía excesivamente, era "alcohólico". Y allí lo vi caminando por la calle, acercándose
a mí, vestido de traje con una camisa blanca y corbata,
con un aspecto maravilloso. Con una gran sonrisa, me
dijo que había dejado de beber, cómo logró hacerlo, y
cuánto mejor se sentía. Lo primero que se me ocurrió
fue, si él puede hacerlo, yo también puedo, y mucho
mejor por tener solamente 33 años.

Me llevó a un club donde había otros alcohólicos

recuperados. Me tomé un café mientras todos me contaban cómo habían cambiado. Parecía que ellos tal vez tuvieran algo allí. Si ellos podían hacerlo, tal vez lo pudiera hacer yo también. Su entusiasmo era contagioso. Empecé a sentirme entusiasmado pero no sabía por qué. Fui corriendo a decirle a mi nueva novia lo que había pasado y lo maravilloso que iba a ser si los dos dejáramos de beber. "Estás loco," me gritó. "Ya puedes ir arrastrando el trasero a tu furgón frigorífico; me esperan en las fiestas." Aunque parecía que no le podía comunicar mi entusiasmo, seguí contándole más.

Al día siguiente, los dos dejamos de beber. No hay palabras para explicar por qué pasó ni cómo pasó; simplemente pasó. Fue un milagro. Cada día que podíamos mantenernos sobrios era un regalo más de un Poder Superior a quien hacía muchos años yo había abandonado.

El año siguiente, empezamos un trabajo como encargados de un campamento en las afueras de la ciudad a donde se enviaba a los borrachos para desembriagarlos y desintoxicarlos. Éramos responsables de procurar que tuvieran comida y no se metieran en problemas. Ambas tareas a veces eran imposibles, pero seguíamos intentando hacerlas. Con el apoyo de algunos veteranos de A.A., duramos un año en el puesto. Era un trabajo voluntario y teníamos poco dinero para nosotros mismos. Al terminar el año, repasé la lista de borrachos que habían pasado por el sitio, 178 en total. Dije a mi compañera, "¡ni uno de ellos está sobrio hoy!" "¡Sí," me dijo, "pero tú y yo sí lo estamos!" Y con esta nota feliz nos casamos.

Mi padrino me dijo que si quería entablar una relación con mi Poder Superior, sería necesario que yo cambiara. Una noche en una reunión un miembro dijo, "lo importante no es cuánto bebes sino el efecto que la bebida tiene en ti." Estas palabras cambiaron completamente mi actitud. Por supuesto tenía que rendirme y aceptar que era alcohólico. Me resultó muy difícil dejar de sentirme tan airado con mi ex esposa por haberme quitado mis hijos, con el hombre que mató a mi madre, y con mi padre por haberme abandonado. Pero con el tiempo estos resentimientos se fueron aminorando según empezaba a comprender mis propios defectos de carácter. Conocí a algunos monjes de un monasterio cercano que escucharon con cierto asombro mi historia y que pudieron ayudarme a conocerme a mí mismo. Al mismo tiempo mi padrino y otros veteranos que se habían hecho cargo de nosotros nos llevaron con su amor a reanudar nuestros vínculos con la sociedad.

Con el tiempo mi corazón helado empezó a derretirse y fui cambiando a medida que se iba reforzando mi relación con mi Poder Superior. La vida empezó a cobrar un nuevo significado. Hice las reparaciones que podía, pero me di cuenta de que tendría que volver al hogar de mi niñez para limpiar los escombros de este episodio de mi vida. Pero estábamos muy ocupados con nuestra empresa de pintura y según pasaban los años nunca se me presentó la oportunidad de volver.

A medida que los meses después del día en que dejamos de beber se han ido convirtiendo en años, he llegado a estar cada vez más dedicado a este programa que ha salvado mi vida y también la vida de mi mujer. Con el tiempo empecé a participar en el servicio de A.A. y contribuí a formar una oficina central para nuestros grupos. Los dos empezamos a participar en los servicios generales y a viajar por todo el estado para asistir a reuniones. Para mi gran sorpresa, a los dos se nos deparó la oportunidad de servir como delegados a la Conferencia de Servicios Generales. ¡Qué alegría nos dio esto! Uno de los momentos más memorables ocurrió en la apertura de la Conferencia, cuando el presidente de la Junta de Servicios Generales de A.A. nos dijo: "Estamos aquí reunidos esta noche no como personas individuales sino para el mejoramiento de Alcohólicos Anónimos en todo el mundo." Volví de súbito a recordar aquellas noches en que dormía tumbado en las rejillas en la acera enfrente de ese mismo hotel, haciendo lo posible para no morirme de frío. Me sentía abrumado por la gracia de Dios por el simple hecho de estar allí.

Un día, un amigo mío, escritor de profesión, me pidió permiso para publicar la historia de mi vida en una revista. Me aseguró que no supondría ningún problema de anonimato y le dije que sí. Para ese entonces yo llevaba sobrio 25 años y no tenía la menor sospecha de lo que Dios, como yo lo concebía, iba a hacer por mí. Daba la casualidad de que mi hermano mayor, el que me recogió y me alojó, era abonado a esa revista y dio la casualidad que leyó el artículo. Con esto comenzó una asombrosa cadena de acontecimientos que han cambiado no solamente nuestras vidas sino también las vidas de otros miembros de mi familia y de otras muchas personas. Fue un auténtico milagro. Dios ha hecho por mí lo que yo no podía hacer por mí mismo.

En el artículo aparecía el nombre del pueblo donde vivíamos y después de leerlo, mi hermano y mi nuera llamaron al servicio de información telefónica para obtener mi número y me llamaron a mí. Esa fue la primera vez que hablábamos desde hacía más de 30 años. Me eché a llorar y ellos también. Me dijeron que cuando desaparecí después del divorcio, mi familia hizo repetidos esfuerzos para localizarme. Se sentían muy preocupados porque alguien les había dicho que estaba muerto o me había ido del país. Me sentía muy mal por haberles causado tanta preocupación; pero por lo egoísta que yo era, simplemente no se me había ocurrido la posibilidad de que les importara tanto. Durante las 24 horas siguientes hablé con todos mis hermanos uno tras otro. Mi hermano mayor me dio el número de teléfono de mi hija a quien no había visto desde hacía 27 años, y la llamé. Luego hablé con mis dos hijos. Ay, Dios, qué experiencia tan increíble. Me sentía tan abrumado por todos los recuerdos y todos los años perdidos que casi no podía hablar. Pasé varias semanas llorando a medida que las viejas heridas iban saliendo a la superficie y se iban curando.

Más tarde celebramos una gran reunión familiar en mi pueblo natal. Para todos nosotros ese fue un día feliz por estar todos juntos por primera vez desde que nos separamos. Mi padre había fallecido, pero todos sus hijos estaban allí con sus familias: un grupo numeroso y alegre. Por fin, después de tantos años de no saber nada de mi familia, mi Poder Superior obrando por medio de un amigo mío había desenmarañado las circunstancias tan enredadas, posibilitándome así hacer reparaciones a la gente que había sido lastimada por mis resentimientos.

Creo que soy una prueba viva del viejo refrán de A.A.: "No pierdas las esperanzas, ocurrirá el milagro."

(2)

VIVÍA SÓLO PARA BEBER

"Me habían sermoneado, analizado, insultado, y aconsejado, pero nunca nadie me había dicho 'Me identifico con lo que te está pasando. Lo mismo me pasó a mí y esto es lo que hice al respecto.'"

*A*L ECHAR una mirada retrospectiva a mi vida, no veo nada que nos hubiera advertido a mi familia y a mí de la devastación que el alcoholismo nos tenía reservada. Según nuestros recuerdos colectivos no había nadie de ningún lado de la familia que bebiera. Éramos una familia tradicional sureña, de misioneros bautistas. Mi padre era pastor religioso y, con el resto de mi familia, yo asistía todos los domingos a los servicios en su iglesia, y todos participábamos muy activamente en obras religiosas. Mis padres también eran educadores; mi padre era director de la escuela a la que yo asistía, y mi madre era maestra en esa escuela. Ambos abogaban enérgicamente por la prestación de servicios sociales a toda la comunidad y eran muy respetados. En nuestra familia había mucho cariño y éramos muy unidos. Mi abuela materna, una mujer profundamente religiosa, que vivía con nosotros, participó en mi formación y era un vivo ejemplo de amor incondicional.

Desde muy niño, se me inculcó el valor de la moralidad y de la cultura. Se me enseñó que si tenías una buena formación y rectitud moral, no habría nada que se pudiera interponer en tu camino hacia el éxito en esta vida y en el más allá. De niño y de joven yo era muy evangélico: literalmente borracho de celo moral y ambición intelectual. Sobresalí en la escuela y soñaba con tener una carrera en la enseñanza y en ayudar a otros.

Hasta que no llegué a mi edad adulta, alejado de la familia y haciendo estudios posgraduados en una universidad prestigiosa de la costa este, no me tomé mi primer verdadero trago de alcohol. Había probado la cerveza y el vino antes y había llegado a la conclusión de que me gustaba más el jugo de frutas. Nunca había entrado en un bar hasta una tarde en que algunos compañeros me convencieron para que yo los acompañara a una taberna local. Me sentí fascinado. Todavía recuerdo los murmullos, el tintineo del hielo en los vasos. Era pura sofisticación. Pero lo que mejor recuerdo es aquella primera sensación cálida del whisky radiando por mi cuerpo.

Aquella noche bebí tanto que nadie podía creer que no había pasado años bebiendo, y no me emborraché, aunque hubo partes de aquella noche que al día siguiente no podía recordar. Pero lo más importante de toda aquella noche es que me sentía parte del grupo. No me sentía un extraño en el universo. Me sentía cómodo en compañía de gente. A pesar de haber tenido de niño una vida muy activa en la iglesia y en la escuela, en realidad nunca me había sentido cómodo; de hecho me sentía nervioso e inseguro con la gente, y la mayoría de las veces me forzaba a mí mismo a ser extrovertido como lo eran mis padres porque creía que era mi deber. Pero aquella noche en el bar no fue como ningún otro episodio de mi vida. No sólo estaba completamente relajado, sino que me encantaba toda la gente a mi alrededor y ellos estaban encantados conmigo. Creía que todo se debía a esta poción mágica: el alcohol. ¡Qué descubrimiento! ¡Qué revelación!

Al año siguiente empecé mi carrera de maestro. Mi primer trabajo fue en una universidad a 50 millas de mi pueblo natal. Antes de terminar el año escolar, me pidieron que presentara mi dimisión debido a mi forma de beber. En tan corto espacio de tiempo, el beber se había convertido en una forma de vida aceptada. Me encantaba la bebida. Me encantaba la gente que bebía y los lugares donde bebía. En ese período de mi vida, a pesar de haber perdido mi primer trabajo y avergonzado a mi familia, nunca se me ocurrió que el alcohol pudiera ser un problema. Desde aquella noche en el bar hacía un año, había tomado una decisión de gran importancia que iba a dirigir mi vida durante muchos años. El alcohol era mi amigo y estaba dispuesto a seguirlo hasta el fin del mundo.

Después de aquel primer trabajo perdí muchos más, todo a causa de mi forma de beber. Enseñé en muchas escuelas en muchos estados. Ya no era el joven recto de alta moral que había imaginado que su destino era ayudar a la gente a vivir mejor. Era avasallador, arrogante, airado, abusivo, siempre encarándome con otros y echando la culpa a los demás. Sufrí numerosas palizas y me vi frecuentemente arrestado. Había llegado a ser muy malhablado y frecuentemente estaba borracho en las clases y en lugares públicos. Finalmente, mi carrera de profesor acabó en una deshonra total. Mi familia no podía entender lo que me estaba pasando ni yo tampoco. En momentos de lucidez, estaba lleno de vergüenza, culpa y remordimientos; era una vergüenza para todos los que habían tenido fe en mí; para otros no era sino motivo de risa. Me quería morir. Ahora el alcohol era el único amigo que tenía.

Acabé en un manicomio, lo cual probablemente me salvó la vida. No recuerdo cómo llegué allí. Sé que tenía tendencias suicidas. Llegué a sentirme muy cómodo allí y meses más tarde cuando me dieron de alta, lloré. Al llegar a este punto sabía que no podía sobrevivir en el mundo. Estaba a salvo detrás de las ventanas enrejadas del hospital y quería quedarme allí el resto de mi vida. Allí no podía beber, pero abundaban los tranquilizantes y otras drogas y tomaba todo lo que quería. Nunca se mencionaba la palabra alcohólico. No creo que los médicos supieran más que yo del alcoholismo.

Cuando me dieron de alta del manicomio me trasladé a una ciudad grande para dar un nuevo comienzo. Mi vida se había convertido en una serie de nuevos comienzos. Pasado un tiempo volvía a beber, conseguía buenos trabajos y los perdía como antes. Volvieron con renovadas fuerzas todos los temores y remordimientos y la terrible depresión. Todavía no se me ocurría la posibilidad de que el beber pudiera ser la causa de todo este sufrimiento. Vendía mi sangre. Me prostituí; bebía más. Me quedé sin hogar y dormía en las estaciones de trenes y autobuses. Fumaba las colillas que recogía en las aceras y bebía vino de una botella compartida con otros borrachos. Me instalé en el refugio municipal para hombres. Mendigaba. Vivía sólo para beber. No me bañaba ni me cambiaba de ropa. Apestaba; adelgacé y me enfermé; empecé a oír voces y las tomaba como presagios de la muerte. Era arrogante, y estaba aterrorizado, enfurecido y resentido con la humanidad, con Dios y el universo. No me quedaba nada por qué vivir, pero estaba demasiado atemorizado de morir.

En esa coyuntura, me encontré un día en la oficina de una asistente social que trabajaba en aquel barrio perdido y que era miembro sobria de A.A., y ella me miró a los ojos y me contó su historia: cómo solía beber, lo que le había sucedido y cómo logró su sobriedad. Nadie había hecho una cosa parecida conmigo. Me habían sermoneado, analizado, insultado, y aconsejado, pero nunca nadie me había dicho "Me identifico con lo que te está pasando. Lo mismo me pasó a mí, y esto es lo que hice al respecto." Me llevó aquella tarde a mi primera reunión de A.A.

En aquellos primeros días la gente en las reuniones me rodeaba colmándome de amabilidad, y yo no bebía. Pero luego me atacaron los demonios espirituales provocados por mi abandono del alcohol. Yo era negro y esta gente era blanca. ¿Qué sabían ellos del sufrimiento? ¿Qué podían decirme? Yo era negro e inteligente, y por esto el mundo siempre me había rechazado. Odiaba este mundo, a la gente y a ese Dios castigador. No obstante creía que la gente de A.A. era sincera y fuera cual fuera la cosa en la que ellos tenían fe, les estaba dando resultados. Pero no creía que A.A. me daría a mí, un borracho negro, los mismos resultados.

Seguí creyendo sinceramente durante mucho tiempo que yo era diferente, hasta que tuve lo que ahora sé que fue mi primera experiencia espiritual: que era alcohólico y que no tenía que beber. También me enteré de que el alcoholismo, por ser una enfermedad de igualdad de oportunidades, no hace distinción de raza, credo o geografía. Por fin me vi liberado de la esclavitud de mi singularidad.

Durante los primeros meses de sobriedad, tuve que seguir viviendo en un albergue de vagabundos lleno de borrachos activos. Ahora que no estaba bebiendo, estaba plenamente consciente del ambiente que me rodeaba: el mal olor, el ruido, la hostilidad y el peligro real. Mi resentimiento creció al darme cuenta de que había echado a perder una carrera, y había deshonrado y alienado a mi familia, y había sido relegado a la peor institución imaginable, un albergue de los barrios bajos. Pero también podía ver que esta hoguera de resentimientos y rabia me estaba invitando a tomarme un trago y hundirme en la muerte. Entonces me di cuenta de que tenía que mantener mi sobriedad separada de todo lo demás que estaba pasando en mi vida. Pasara lo que pasara, no podía beber. De hecho, ninguna de estas cosas por las que yo estaba pasando tenía nada que ver con mi sobriedad; la vida con sus altibajos sigue su curso, por lo bueno y lo malo, y no puedo dejar que mi sobriedad dependa de los vaivenes de la fortuna. La sobriedad debe tener su propia vida.

Lo que es más importante, llegué a creer que no puedo hacerlo solo. Desde mi niñez, a pesar del amor que conocí, nunca había dejado a la gente, ni siquiera a los más allegados, entrar en mi vida. Toda mi vida había vivido la mentira más grande, no comunicaba a nadie mis ideas y sentimientos reales. Creía que tenía una línea directa con Dios y erigí una muralla de desconfianza a mi alrededor. En A.A. tuve que enfrentarme con el insistente "nosotros" de los Doce Pasos y poco a poco llegué a darme cuenta de que sólo puedo separar y proteger mi sobriedad de los peligros externos en la medida en que pueda contar con la experiencia sobria de otros miembros de A.A. y compartir su camino por los pasos hacia la recuperación.

Las recompensas de la sobriedad son tan abundantes y progresivas como la enfermedad que contrarrestan. Para mí, entre estas recompensas se cuentan la liberación de la prisión de la singularidad y la comprensión de que la participación en el estilo de vida de A.A. es un don del cielo y un privilegio inestimable: el don de vivir una vida libre del sufrimiento y la degradación del alcoholismo, una vida llena de la alegría de estar sobrio y ser útil, y el privilegio de desarrollarse en la sobriedad día tras día y llevar a otros el mensaje de esperanza que se me trajo a mí.

(3)

REFUGIO SEGURO

Este compañero llegó a darse cuenta de que el proceso de descubrir quién era realmente empezó con saber quién no quería ser.

*L*A PRISIÓN. ¡Qué vida tan maravillosa! Aquí me encuentro sentado en una celda esperando a que se caliente el agua para poder hacerme un café instantáneo y rememorar los viejos tiempos. Al contemplar mis circunstancias actuales, reflexiono sobre el hecho innegable de haber pasado ya más de tres años encarcelado. Todavía me despierto algunos días por la mañana con la esperanza de que todo esto no sea sino una pesadilla.

No me crié en una familia que bebía alcohol, pero cuando me tomé mi primer trago a la edad de 13 años, supe que volvería a beber. A pesar de haber crecido en un hogar con muy altos principios morales, esto no parece haber infundido en mí ningún temor a las consecuencias, una vez que me tomaba un trago. A veces, mientras iba paseando por el barrio montado en mi bicicleta, veía a una persona adulta en su patio bebiendo una cerveza. Volvía más tarde, cuando sabía que no estaba, entraba en la casa y robaba el néctar dorado del frigorífico.

Recuerdo muy bien la mañana en que otro muchacho y yo robamos la tarjeta de crédito y la camioneta de mi padre para irnos a California y hacernos estrellas de cine. Llevábamos una pistola para así poder robar tiendas cuando llegara la ocasión de proveernos de cerveza, dinero y cigarrillos. Antes de terminar el primer día del viaje, le dije a mi amigo que no podía ir más lejos y tenía que volver a casa. Sabía que mi padre y mi madre estarían subiéndose por las paredes, muertos de preocupación. Mi amigo no quiso volver, así que hice que se bajara de la camioneta; no volví a verlo nunca más. Puede ser que mis padres consideraran mi comportamiento como un acto de rebelión adolescente, pero no tenían ni idea de que era provocado por la enfermedad del alcoholismo.

A la edad de 16 años, conseguí un trabajo de tiempo parcial como *disc jockey* en una emisora de radio local. Los expertos en la materia vieron que yo tenía un don especial para este tipo de trabajo, así que dejé la escuela secundaria y me dediqué plenamente a poner discos. La bebida y la juerga formaban parte intrínseca de este trabajo. Muy pronto empezó a establecerse una rutina que duró muchos años. Cuando mis empleadores se dieron clara cuenta de mi alcoholismo y que éste empezaba a afectar mi rendimiento en el trabajo, simplemente dejaba el puesto y buscaba trabajo en otra emisora.

Recuerdo un día en que estaba haciendo un programa de mediodía y de repente sentí una necesidad imperiosa de tomarme un trago para poder seguir. Puse un álbum y sin atraer la atención de nadie, salí desapercibido del edificio. Fui a una tienda de licores, compré una botella de whisky, volví a mi auto, puse la radio y empecé a beber. Mientras estaba allí sentado, escuchando una canción tras otra, el álbum llegó a su fin y no se oía más que el ruido de la aguja rozando contra el plato. Finalmente alguien de la emisora se dio cuenta de que yo no estaba en la sala de control y puso otro disco.

Durante mis años en el sector de la radiodifusión, trabajaba de vez en cuando como seguidor de tormentas. Lo que tenía que hacer era utilizar la información del radar para seguir las tormentas, encontrar los tornados, el granizo, las inundaciones y otros daños y peligros relacionados con las tormentas. Entonces utilizaba el teléfono celular de mi vehículo para hacer reportajes en vivo mientras iba siguiendo la tormenta. Una noche la tormenta era muy turbulenta. Nuestros oyentes fueron más numerosos que nunca mientras yo hacía mi reportaje en directo, con tanto ruido de fondo como si estuviera en el frente de una batalla.

Al día siguiente un periódico publicó un artículo muy halagador sobre el profesionalismo del trabajo que realizábamos al hacer el reportaje del tiempo. Pero lo que nadie sabía era que todos estos reportajes "profesionales" sobre las tormentas los hacía por teléfono desde el seguro abrigo de mi patio trasero, improvisando cada vez mejor con cada nuevo vaso de whisky con cola.

Periódicamente trabajaba en un programa de noticias y hacía mis reportajes en directo. Solía beber mientras estaba en el trabajo y frecuentemente estaba borracho cuando llamaban para informar sobre accidentes de automóvil relacionados con el alcohol. Allí estaba yo con un micrófono en una mano y una botella en la otra subiendo a la camioneta de las noticias para ir a toda prisa al lugar del accidente, tan borracho o más que el que lo había causado. Era inevitable que un día yo me convirtiera en noticia en vez de ser quien hacía el reportaje, por causar un grave accidente como resultado de mi forma de beber.

Ya había tenido problemas con la ley varias veces: por no pagar multas, por estar borracho y alterar el orden público, por pelear y por conducir bajo los efectos del alcohol. Pero nada de esto se puede comparar con la ocasión en que la policía me pidió que fuera al cuartel para contestar algunas preguntas referentes a un homicidio. Había estado bebiendo la noche anterior y me había metido en un incidente peligroso. Sabía que no había matado a nadie, pero no obstante me estaban considerando como uno de los sospechosos principales. Después de un par de horas de interrogatorio, se pudo determinar que yo no había cometido el crimen y me soltaron. Pero eso fue suficiente para abrirme los ojos.

Me fui a casa y llamé a una amiga que había visto la semana anterior en el centro comercial local. Ya hacía un par de años que no había hablado con ella, pero me di cuenta de lo diferente que era su aspecto y su comportamiento. Mientras hablábamos, me dijo que hacía más de un año que no se tomaba un trago. Me habló de un grupo de amigos que la estaban ayudando a mantenerse sobria. Yo le mentí; le dije que hacía bastante tiempo que no bebía. No creo que me creyera, pero me dio su número de teléfono y me dijo que la llamara si quería conocer a sus amigos. Más tarde, después de haberme armado de suficiente valor para llamarla, admití que tenía un problema con la bebida y quería dejar de beber. Vino a recogerme y me llevó a mi primera reunión de A.A.

En Alcohólicos Anónimos supe que había encontrado un refugio seguro. No obstante, durante los cuatro años y medio siguientes fui de los que se conocen en el habla de A.A. como "reincidentes crónicos". Podía pasar seis meses sobrio pero luego me compraba una botella para celebrar.

Hacía todo lo que se me sugería que no hiciera.

Durante mi primer año en A.A., tomé algunas decisiones importantes, como casarme, alquilar el apartamento más caro que pude encontrar, no recurrir a mi padrino, evitar los pasos, volver a los sitios que solía frecuentar con mis viejos amigos de copas, y hablar más que escuchar durante las reuniones. En pocas palabras, no estaba respondiendo al milagro de A.A. Mi enfermedad avanzaba y llegué a ser un paciente asiduo de los hospitales de desintoxicación, los pabellones de cuidados intensivos y los centros de tratamiento. La locura permanente se acercaba, y se vislumbraban las puertas de la muerte.

Se dice de los alcohólicos que, o bien logran la sobriedad, o acaban encerrados o enterrados. Ya que no estaba sinceramente dispuesto a hacer lo que era necesario para lograr la sobriedad, tenía que enfrentarme a las otras opciones. Nunca soñé que sucedería tan de prisa.

Era un bello fin de semana de septiembre justo antes del *Labor Day*. Decidí comprarme una caja de cerveza y una botella de vino. Más tarde bebí whisky encima de la cerveza y el vino, caí en una laguna mental, cometí un crimen por estar borracho, fui arrestado y en menos de diez días fui declarado culpable y condenado a veinte años de prisión. Me imagino que una muerte alcohólica puede llegar de forma parecida: bebo, pierdo el conocimiento y muero. Por lo menos en prisión tendría otra oportunidad de vivir en alguna fecha futura.

No puedo empezar a describir la humildad forzada que se impone a un alcohólico que se encuentra en prisión. Aunque merecía estar en prisión, el trauma fue terrible. Lo único que me dio ánimos y esperanza fue leer las historias personales en un ejemplar manoseado del Libro Grande que encontré en mi celda. Luego, un día oí algo que me sonó como música celestial. Un oficial del correccional anunció que se iba a celebrar una reunión de A.A. en la capilla. Al entrar en la reunión, vi las sillas colocadas en un círculo; me senté y nuevamente encontré un refugio seguro.

En el momento de escribir esta historia, han pasado tres años y medio desde esa reunión en la capilla. Me han trasladado a una prisión más grande y sigo participando activamente en el asombroso programa de Alcohólicos Anónimos. A.A. me ha ayudado a lograr muchas cosas en mi vida. Me ha devuelto la cordura y una sensación de equilibrio general. Ahora dispuesto a escuchar y aceptar sugerencias, he llegado a darme cuenta de que el proceso de descubrir quién soy empieza con saber quién no quiero ser. Y a pesar de que la enfermedad del alcoholismo está en mí como la fuerza de la gravedad, esperando para hundirme, A.A. y los Doce Pasos son como la fuerza que hace que un avión despegue: sólo funciona cuando el piloto hace lo que es necesario para que funcione. Así que mientras he ido trabajando en el programa, me he ido desarrollando emocional e intelectualmente. No sólo tengo paz *con* Dios, sino que disfruto de la paz *de* Dios por medio de un activo conocimiento consciente. No sólo me he recuperado del alcoholismo; he llegado a ser una persona íntegra: cuerpo, espíritu y alma.

Me ha pasado una "cosa de Dios" tras otra desde que me entregué a los principios de A.A. Los oficiales de la corte que me condenó y las víctimas del crimen que cometí han decidido abogar por que me pongan en libertad antes de la fecha que me corresponde. ¿Coincidencia? No lo creo. He recibido cartas de antiguos empleadores que se han enterado de mi sobriedad

y me han vuelto a ofrecer empleo en la industria radio-
fónica. Estas son unas pocas muestras de que Dios hace
por mí lo que yo no podría hacer por mí mismo.

Una cosa que me he comprometido a hacer para
agradecer la gracia de Dios es participar en un comité
de correccionales inmediatamente después de ser puesto en libertad. Llevar el mensaje de A.A. a las cárceles y
a las prisiones es extremadamente importante para mí y
para mi sobriedad hoy.

Sé por mi propia experiencia que no puedo volver a
empezar de cero. Sin embargo, por medio de A.A.,
puedo empezar a partir de ahora y así cambiar el final.

(4)

ESCUCHANDO EL VIENTO

Hizo falta un "ángel" para introducir a esta mujer india americana a A.A. y a la recuperación.

$\mathcal{E}$MPECÉ A BEBER cuando tenía unos once años de edad. Vivía con mi hermano y su esposa en las afueras de Gallup, New Mexico. Éramos pobres. El olor de frijoles y tortillas recién hechas simbolizaban para mí el hogar. Dormía en una cama con otros tres niños, en la que todos nos acurrucábamos juntos para mantenernos en calor en los helados inviernos. Estábamos rodeados de nieve.

Me era difícil leer y entender las tareas de escuela, así que faltaba a clase siempre que podía. Mi padre y mi abuela me habían contado viejas historias sobre la casa comunal y los viajes de nuestro pueblo a través de los desiertos y las montañas de este país. Conocí a un muchacho y juntos abandonamos la escuela y robamos un camión. Bebíamos tequila y juntos explorábamos las mesas rojas. A veces nos sentábamos en la sombra del almacén justo enfrente de las vías del ferrocarril. Cuando el tren pasaba con gran estruendo por el pueblito polvoriento cerca de la reserva nos hacía pensar en glamorosos lugares lejanos.

Cuando tenía 15 años, llegué sola a San Francisco con una guitarra, una pequeña maleta y 30 dólares. Fui a varias tabernas y cafés en busca de un trabajo como cantante. Creía que podía tener una carrera de artista.

Tres días más tarde me encontré durmiendo en un portal para protegerme de la lluvia que había estado cayendo todo el día. Estaba sin dinero y tenía mucho frío, y no tenía a dónde ir. Lo único que me quedaba era mi orgullo, que me impedía llamar a mi hermano por teléfono o volver a vivir con la única gente que realmente me conocía.

En mitad de aquella larga e inquieta noche, un amable hombre blanco de mediana edad me puso la mano en el hombro y me dijo "ven conmigo, vamos a algún sitio donde puedas entrar en calor y comer algo." Lo que me pidió a cambio no parecía mucho teniendo en cuenta la fría noche lluviosa que hacía afuera. Me fui de su hotel con 50 dólares en la mano. Así empezó una larga y a veces lucrativa carrera en la prostitución. Después de trabajar toda la noche, bebía hasta el amanecer para olvidar lo que tenía que hacer para pagar el alquiler. Pasaron las semanas.

Empecé a robar. Robé una estación de servicio y una tienda de licores. Hice muy pocos amigos. Había aprendido por experiencia a no confiar en nadie. Una noche, alrededor de las ocho, un auto se paró al borde de la acera en el mismo momento en que, medio borracha, me apoyé en la pared de un edificio. Me imaginaba que había encontrado compañía para la tarde. Intercambiamos las acostumbradas palabras para hacer el trato y me subí en el auto. De pronto sentí un golpe ensordecedor en la sien. Me quedé sin sentido. En un lugar desierto al otro lado del pueblo, me sacaron del coche, me golpearon con una pistola y me dejaron medio muerta en el lodo, con la lluvia cayéndome suavemente. Recobré el sentido en un cuarto de un hospital con rejas en las ventanas. Pasé siete semanas allí; me hicieron varias operaciones y cada vez que me despertaba apenas si sabía dónde estaba. Por fin, cuando pude caminar un poco, llegó una mujer policía y me llevó a la cárcel del condado. Era la tercera vez que me arrestaban en dos meses. Se habían hecho sentir los efectos de casi dos años en las calles.

El juez dijo que no era posible rehabilitarme y me acusaron de dieciocho delitos graves. No volvería a ver las calles en casi veintiseis meses. Tenía 17 años. Durante los primeros meses habría hecho casi cualquier cosa para conseguir un trago. Me di cuenta de que era impotente ante las drogas, pero no podía ver qué daño me podría causar el alcohol. Me pusieron en libertad en el verano. No sabía a dónde iba a ir, pero una cervecita fría me parecía una refrescante celebración de mi libertad. Compré un paquete de seis y un boleto para el autobús.

Cuando bajé del autobús me conseguí un trabajo de camarera en un bar. Al final de mi primer turno tenía suficiente dinero para una botella y un cuarto en un motel sórdido cercano.

Unas semanas más tarde lo vi, el único indio que había visto en mucho tiempo. Cuando llegué a trabajar, él estaba inclinado sobre una mesa de billar. Me puse el delantal, agarré una bandeja y fui directamente a preguntarle si quería otro trago.

"¿Quién te dejó salir de la reserva?" me preguntó. Me sentí furiosa, humillada y avergonzada.

Aquel hombre llegó a ser el padre de mi primer hijo. Mi relación con él duró sólo unos pocos meses y fue la primera de muchas relaciones abusivas que iba a seguir teniendo en los próximos años. En el espacio de pocas semanas me encontré sola, borracha, sin casa y embarazada. Por temor a volver a la cárcel, me fui a vivir con mi hermano y mi cuñada.

Mi hermano había encontrado un trabajo muy bueno y se trasladó a Hawai. Allí nació mi hijo y el día de su nacimiento yo encontré mi razón de vivir. Había nacido para ser madre. Mi hijo era precioso, con pelo negro y liso y ojos oscuros. Nunca me había sentido así en mi vida. Podía dejar nuevamente atrás mi pasado y seguir adelante con una nueva vida con mi hijo.

Después de un año más o menos, empecé a sentirme aburrida con mi vida en las islas y con el hombre con quien estaba saliendo. Dije adiós a mi trabajo de camarera y a mi familia y me trasladé a California con mi hijo de un año.

Me hacía falta transporte, pero los automóviles eran demasiado caros. ¿Dónde podría obtener grandes sumas de dinero? No me parecía apropiado volver a la prostitución en el mismo pueblo en que estaba criando a mi hijo. Si pudiera encontrar a alguien que cuidara a mi hijo, podría ir en autobús a un pueblo cercano, trabajar toda la noche y volver a casa por la mañana. El trabajo nocturno era bien pagado. Con tal de que no trabajara cerca de donde vivía y donde mi hijo iría a la escuela, todo estaría bien. Además, podía beber mientras trabajaba. Seguía en la asistencia social porque así tenía seguros médicos.

Económicamente me iban bien las cosas. Después de un año, encontré un apartamento grande con vista al mar, compré un auto nuevo y un perro collie de pura raza. Los asistentes sociales empezaron a ponerse muy sospechosos. Yo no podía explicarme por qué. Llevaba una doble vida. Por el día era una supermamá y por la noche una puta borracha.

Conocí a un hombre maravilloso en la playa y nos ena-moramos. Parecía que estábamos en el séptimo cielo hasta que me preguntó dónde trabajaba. Naturalmente, le mentí. Le dije que trabajaba para el gobierno y tenía un puesto con acreditación de alta seguridad que reque-ría secreto absoluto. Por eso tenía que trabajar por la noche, clandestinamente, fuera del pueblo, y los fines de semana. Tal vez ahora dejaría de hacerme tantas pre-guntas. Pero en vez de eso me propuso matrimonio.

Fuimos a vivir juntos y llegó a ser casi imposible seguir viviendo con mis arreglos de trabajo. Lo mismo con mi conciencia. Una noche, de camino al trabajo, me encontré en un atasco de tráfico en la autopista. Me puse a llorar y sentí explotar dentro de mí todas las mentiras de mi vida. Me odiaba a mí misma y quería morir. No podía decirle la verdad, pero tampoco podía seguir mintiéndole. De repente se me ocurrió una idea brillante. La mejor idea que jamás había tenido. Salí de la autopista en la próxima salida, me dirigí a mi casa y le dije que me habían despedido del trabajo. Él lo tomó muy bien y celebramos con una botella grande de vino.

Hizo falta gran cantidad de licor para cubrir las pesa-dillas de mi pasado, pero estaba convencida de que pronto podría sortear ese pequeño problema. Nunca lo hice. La relación fracasó a causa de mi forma de beber y cargué mi pequeño auto y nos trasladamos, mi hijo, nuestro perro, tres gatos y yo, a las montañas.

Este pueblo de las montañas era un lugar que había visitado de niña con mi padre y mi abuela. Me inunda-ban los recuerdos de las historias de mi infancia y de nuestro pueblo indio. Conseguí un trabajo haciendo la limpieza de las cabañas de un centro de vacaciones local y recurrí nuevamente a la asistencia social. Poco después de trasladarnos, mi hijo empezó la escuela. Para ese entonces, yo estaba bebiendo casi una botella de tequila al día y las lagunas mentales me ocurrían regularmente.

Un día me levanté como de costumbre. Lo último que recuerdo es sentirme tan temblorosa que apenas si podía ponerme de pie. Me comí una cucharada de miel con la esperanza de que el azúcar me diera la energía necesaria. El siguiente recuerdo es el de estar en la sala de emergencias. Me dijeron que sufría de desnutrición. Pesaba casi 30 libras menos de lo normal. Tuvieron la osadía de preguntarme que cuánto bebía. ¿Qué podría tener eso que ver con mi caso? Prometí que no lo volvería hacer.

Por primera vez en mi vida, me esforcé por dejar de beber. Después de varios días de temblores y náuseas, decidí que un trago de tequila no me haría daño. Había ganado un poco de peso, pero seis meses más tarde me desmayé y los médicos me dijeron que tenía una úlcera sangrante. Pasé cuatro días en el hospital. Me dijeron que si no dejaba de beber probablemente moriría.

Mi hijo llamó a sus abuelos y ellos viajaron a las montañas para visitarnos. No los había visto desde hacía muchos años. Nos llevamos mejor de lo que esperaba. La relación que formaron con mi hijo era increíble. Mi padre se llevaba a su nieto a hacer excursiones al campo. Mi madre me ayudaba cuidándolo mientras yo trabajaba. Mi salud seguía empeorando. Mis padres acabaron trasladándose a nuestro pueblo para intentar ayudarnos a mi hijo y a mí.

Mi padre y yo decidimos ir a una reunión de indios americanos. No había estado en un *powwow* de estos desde que era niña. Al escuchar los tambores y ver a los bailarines me sentí llena de pasión. Me sentía como una persona ajena. Quería tomarme un trago. Llevaba el pelo suelto hasta la cintura y me había puesto todas las joyas de turquesa que había coleccionado a lo largo de los años. Me parecía a la demás gente, pero sin duda no me sentía como si fuera uno de ellos. Sentía como si todos supieran algo que yo no sabía.

Con el fin de demostrar que me estaba mejorando, volví a las calles para ganar más dinero. Les dije a mis padres que iba a visitar a algunos amigos en el valle. Una noche de regreso a casa, después de haber trabajado todo el fin de semana, me arrestaron por tercera vez por manejar borracha. Esa noche en la cárcel me pareció interminable sin un trago.

Pasaron semanas y meses y las lagunas mentales siguieron empeorando. Entonces, conocí a un hombre en un bar de la zona. No me gustaba mucho, pero tenía mucho dinero. Y yo le gustaba a él. Me llevaba a buenos restaurantes y me compraba regalos caros. Mientras estuviera un poco achispada con unos cuantos tragos, lo podía aguantar.

Una cosa llevó a otra y acabamos casándonos. El motivo más fuerte que tenía para hacerlo era dejar las calles y tener a alguien que me mantuviera. Había empezado a creer que me quedaba poco tiempo que vivir. En cada ocasión en que iba al hospital para desintoxicarme, las caras de los médicos tenían un aspecto cada vez más serio.

El matrimonio era una farsa, y ese hombre no tardó mucho en darse cuenta. Alguien le contó mi pasado y él me exigió que le dijera la verdad. Me sentí cansada, mareada y borracha. Ya no me importaba nada, así que se lo confesé todo. Después de esto peleábamos todos los días y mis visitas al hospital se hicieron más frecuentes. Una tarde decidí que no quería seguir viviendo y cogí la escopeta que estaba colgada en la chimenea. Debo mi vida al hombre con quien me había casado. El oyó a mi hijo gritar y entró corriendo dentro de la casa. Agarró la escopeta y me la arrebató de las manos. Yo estaba atontada y no sabía lo que había pasado. Las autoridades se llevaron a mi hijo y me pusieron en un pabellón para delincuentes psicóticos. Pasé tres días allí detenida.

Solo tengo recuerdos borrosos de la mayor parte de las siguientes semanas después de salir en libertad. Una noche sorprendí a mi marido con otra mujer. Peleamos y lo seguí en mi auto y traté de atropellarlo en mitad de la calle principal del pueblo. Esto causó un accidente de seis automóviles y más tarde, cuando la policía me arrestó, me encerraron otra vez en el pabellón para delincuentes psicóticos. No tengo recuerdos de llegar allí, y cuando me desperté no sabía dónde estaba. Me tenían inmovilizada en una cama con ataduras en las muñecas, los tobillos y el cuello. Me inyectaron drogas potentes y me mantuvieron en ese estado durante mucho tiempo. A los cinco días me dejaron salir. No había nadie para llevarme a casa, así que hice dedo. La casa estaba cerrada y oscura y no había nadie para abrirme la puerta. Conseguí una botella y me senté en la nieve en el porche de atrás y me puse a beber.

Un día decidí que debía ir a la lavandería a lavar alguna ropa. Había una mujer allí con un par de niños. Se movía rápidamente doblando la ropa y colocándola cuidadosamente en un par de canastas enormes. ¿De dónde sacaba tanta energía? De repente me di cuenta de que tenía que poner mi ropa en la secadora. No podía acordarme en qué lavadoras la había puesto.

Debo de haberla buscado en veinte lavadoras diferentes. Decidí cómo iba a resolver el problema. Me quedaría allí hasta que todos los demás se fueran. Guardaría toda la ropa que quedara incluyendo la mía. Vi a la otra mujer, a punto de terminar sus tareas, escribir algo en un papelito. Puso la ropa y los niños en su auto y volvió a la lavandería. Se me acercó directamente y me dio un papelito azul. Yo no podía leer lo que había escrito. Le sonreí cortésmente y, arrastrando las palabras, se lo agradecí. Más tarde descifré el número de teléfono y el mensaje escrito abajo: "Si quieres dejar de beber, llama a Alcohólicos Anónimos, 24 horas al día."

¿Por qué me había dado esto? ¿Y qué le habría hecho pensar que yo estaba bebiendo? ¿No podía ver que la botella que yo tenía era de soda? ¡Qué osadía! Me sentí avergonzada. Doblé cuidadosamente el papelito y lo metí en el bolsillo de atrás de mis pantalones. Según pasaban las siguientes semanas me iba poniendo cada día más enferma. Una mañana me desperté sola como de costumbre. Hacía mucho tiempo que no veía a mi marido. Necesitaba un trago y la botella que tenía en la mesita al lado de la cama estaba vacía. Me levanté con las piernas temblando, pero no podían sostener mi peso. Me caí al suelo y empecé a caminar a gatas por la casa buscando una botella. Nada. Esto significaba que tendría que salir de la casa para ir a una tienda.

Encontré mi cartera vacía en el suelo, pero sabía que no podría llegar hasta el auto. Me sentí aterrorizada. ¿A quién podría llamar? Ya no veía a mis viejos amigos y de ninguna manera podría llamar a mi familia. Me acordé del papelito en el bolsillo de mis pantalones. Hacía varios días que ni siquiera me había vestido. ¿Dónde estaban los pantalones? Busqué por toda la casa hasta que los encontré en el suelo del dormitorio. El papelito estaba en el bolsillo. Después de tres intentos, me las arreglé para marcar el número. Me respondió la voz de una mujer. "Eh...usted me dio este número...hum... ¿Es esto A.A.?" le pregunté.

"Sí. ¿Quiere dejar de beber?"

"Sí, por favor. Necesito ayuda. Ay, Dios mío." Sentí las lágrimas ardientes bañándome la cara.

Cinco minutos más tarde llegó a mi casa. Debe de haber sido una especie de ángel. ¿Cómo fue que apareció como de la nada aquel día en la lavandería? ¿Cómo habría sabido? ¿Por qué había yo guardado ese número tanto tiempo sin perderlo?

La mujer de A.A. se aseguró de que yo no tuviera alcohol en la casa. Fue muy dura conmigo durante mucho tiempo. Iba a las reuniones todos los días y empecé a dar los Pasos. El Primer Paso me hizo ver que era impotente ante el alcohol y ante cualquier cosa que pudiera amenazar mi sobriedad o enturbiar mis pensamientos. El alcohol no era sino un síntoma de otros problemas más graves de deshonestidad y negación. Ahora era una cuestión de reconocer un Poder superior a mí misma. Eso me resultó muy difícil. ¿Cómo podían, todos esos "blancos", siquiera empezar a creer que podían entenderme a *mí*? Y por ello me trajeron a una mujer india sobria para trabajar un día conmigo. Ese fue un día muy importante y de gran impacto. Aquella mujer india no me dejó ninguna escapatoria. Nunca la olvidaré. Me convenció de que yo no era única. Dijo que eso de los *blancos* era lo mejor que podría haberme ocurrido en mi vida.

"¿Dónde estarías sin ellos?" me preguntó. "¿Qué alternativa tienes? ¿Tienes alguna idea propia mejor?

¿Cuántos *indios* conoces que te vayan a ayudar a lograr la sobriedad?" En ese momento no se me ocurrió ninguno. Me rendí llorando por no tener respuestas y decidí hacerlo a su manera. Me di cuenta de que el Poder superior a mí misma era la magia por encima de las cabezas de la gente en las reuniones. Decidí llamar a esa magia el Gran Espíritu.

Los Doce Pasos actuaron como una palanca, destapando a la fuerza mi falta de honradez y mis temores. No me gustaban las cosas que había descubierto en mí misma pero no quería volver a lo de antes. Me enteré de que no hay ninguna sustancia en este planeta que pudiera ayudarme a ser honrada. Haría cualquier cosa para evitar hacer el esfuerzo necesario para cambiar. Lo que me mantuvo sobria hasta que llegué a atacar el problema de mi honradez fue el amor que había en las salas de Alcohólicos Anónimos. Por primera vez en mi vida hice algunos amigos. Verdaderos amigos que realmente se preocupaban por mí, incluso cuando estaba arruinada y me sentía desesperada. Después de veintidós meses de sobriedad, logré finalmente completar un inventario sincero. El Quinto Paso me hizo posible ver mi parte en mis resentimientos y temores. En el capítulo "Cómo trabaja" del Libro Grande, aparecen algunas preguntas. Las respuestas a esas preguntas me dieron algún entendimiento de mis reacciones a las condiciones de mi vida. Cada una de mis respuestas a cada resentimiento, real o imaginario, había sido insana y autodestructiva. Estaba dejando a otros controlar mi bienestar y mi comportamiento. Llegué a darme cuenta de que el comportamiento, las opiniones y las ideas de otros no eran asunto mío.

Los únicos asuntos por los que me debía preocupar

eran los míos propios. Le pedí a mi Poder Superior que me quitara todo lo que pudiera suponer obstáculos a mi utilidad para Él y para otros, y que me ayudara a crear una nueva vida.

Conocí a mi actual marido en una reunión de A.A. Juntos llevamos el mensaje a los pueblos indios en reservaciones de todas partes del país. Cuando llevaba casi dos años sobria, volví a asistir a la escuela, empezando con el quinto grado de la primaria. Después de graduarme de la universidad, monté un negocio. Hoy publico los libros que escribo. Nuestra hija nació a comienzos de mi sobriedad, y ahora asiste a la escuela secundaria. Nunca ha visto a su madre tomarse un trago. En nuestra familia hemos vuelto a la espiritualidad de nuestros antepasados. Vamos a los sudaderos y participamos en otras ceremonias parecidas con otros miembros de nuestra tribu en nuestras tierras nativas soberanas. En grupos compuestos por nativos sobrios, vamos a los internados y otras instituciones indias para hablar de la recuperación.

Mi vida está hoy repleta de honradez. Todo lo que hago, todas mis palabras, todas mis oraciones, todas mis visitas de Paso Doce son inversiones en mi libertad y satisfacción espirituales. Estoy enamorada y estoy orgullosa de ser americana nativa. En una reunión celebrada en una reserva india oí a alguien decir: "La sobriedad es tradicional." Subo a la cima de la montaña sagrada y escucho el viento. Diariamente tengo un contacto consciente con mi Creador, y Él me ama. Todo lo que hay en el mundo es sagrado gracias a los Doce Pasos y al amor y la recuperación que se encuentran Alcohólicos Anónimos.

(5)

DOBLE REGALO

Diagnosticada con cirrosis, esta alcohólica enferma logró la sobriedad—además de un trasplante de hígado salvador.

HOY ES DOMINGO, mi día favorito de la semana. Suele haber tranquilidad, y siempre experimento ese maravilloso sentimiento de humildad; es asombroso estar viva. Me alegra decir que muy pocos días pasan sin tener ese sentimiento.

En los días de antaño los domingos solían ser bastante locos. Así llamo yo a mis días de bebedora, los días de antaño. Era el último día del fin de semana, el final de varios días de parranda con mis amigos. Nunca iba a ningún sitio que no fuera una fiesta, y si tenía dudas acerca del motivo de la celebración, pensaba en uno bueno y me llevaba la fiesta conmigo. No puedo recordar ninguna época en mi vida sin alcohol. Incluso cuando era joven y no bebía, siempre había alcohol a mi alrededor. Recuerdo una época, al comienzo de mis días de bebedora, en que pensaba que yo no era alcohólica y nunca llegaría a serlo, sabiendo de manera personal exactamente cómo vivía un alcohólico. Entonces era una adolescente y me figuraba que me estaba divirtiendo y podía controlar mi forma de beber. Cuando llegué a la edad en que podía beber legalmente, ya había llegado más allá de beber en las fiestas, y el domingo volvió a convertirse en el primer día de la semana, que pronto se convertiría en una semana de beber diariamente.

Durante mi adolescencia, beber era la forma en que yo me relacionaba con otros. No conocía a nadie que no bebiera, y todos mis intereses, mis amistades y mis relaciones más íntimas giraban alrededor de la bebida. Al cabo de los años, daba la impresión de que había crecido y había logrado hacerme una vida, pero era sólo una fachada. Sólo llegué a madurar físicamente. Por fuera parecía normal. Sabía que bebía demasiado y también lo sabían los demás, pero me comportaba bastante bien y, sólo por casualidad, me las arreglé para no meterme en problemas, excepto en algunas ocasiones. Al recordar ahora, mi vida antes de lograr la sobriedad parece una larga serie de asuntos sin terminar. A lo largo de los años abandoné todo lo que realmente importaba: universidad, intentar lograr ascensos, relaciones, al menos las que requerían algún compromiso.

Entonces empezaron a cambiar algunas cosas. Algunos años antes de dejar de beber, mi cuerpo empezó a dar señales de que si seguía por ese camino no iba a estar tan libre de preocupaciones como lo había estado hasta entonces. Cuando empezaron los problemas de estómago, fui a ver un médico y, cuando me preguntó acerca de mi costumbre de beber, oculté la posibilidad de que bebiera demasiado. Me hicieron análisis pero nunca se llegó a confirmar un diagnóstico. Se me sugirió que siguiera una dieta sana y vigilara el consumo de alcohol, junto con otros prudentes consejos del médico. Todavía era joven y me dije que con sólo dar un descanso a mi organismo y beber menos, podría recuperar mi salud. En los años siguientes tuve bastantes episodios de enfermedad, y naturalmente por no haber cuidado de mi problema real, mi forma de beber seguía agravándose. Cuando se empezaron a multiplicar mis síntomas, finalmente tuve que considerar la posibilidad real de que la bebida era la causa de mis problemas de salud. Por breves momentos de alguna forma llegué a darme cuenta de que probablemente tendría que dejar de beber en el futuro. Esta percepción vino acompañada del temor y de muchas preguntas. ¿Cómo iba a vivir? ¿Qué iba a hacer con mi vida? Sin duda alguna, una vida sin alcohol significaría que no me divertiría, y seguramente yo no sería divertida.

Hasta el momento en que me di cuenta de que tal vez tendría que dejar de beber, había creído que era perfectamente feliz. Llevaba una vida buena, tenía un buen trabajo, un sitio agradable para vivir, un auto, amigos, todas las cosas que yo creía necesitar en la vida. Algunas veces me venían ideas de conseguir ayuda para dejar de beber pero eran pasajeras y nunca llegaban a convertirse en realidad. Mi salud finalmente había empeorado. Frecuentemente ni siquiera podía levantarme de la cama para ir a trabajar, y nuevos y extraños problemas se presentaban con regularidad. Decidí divorciarme de la botella, pero tratar de dejar de beber sola fue un desastre. Durante los períodos secos, me sentía muy débil y muy enferma. A veces volvía a beber y estaba fuera de control. Me aislaba y bebía sin parar; aquellas últimas borracheras acababan en episodios de temblóres incontrolables, náuseas, e incluso alucinaciones. Al final estaba atemorizada y enferma, y me sentía como si estuviera totalmente sola en el mundo.

Por una serie de circunstancias fui a ver a un nuevo médico. Tenía que ver al médico porque me había vuelto a poner terriblemente enferma y no podía trabajar. Tenía el estómago hinchado y los tobillos casi el doble del tamaño normal debido a la retención de fluidos.

Tenía los ojos amarillentos, venas rotas en forma de telaraña por todo mi cuerpo, la piel me picaba por todas partes y presentaba un aspecto gris verdoso horripilante. Parecía que la sangre se me había diluido porque con el más ligero toque me salía un moratón terrible e incluso los pequeños arañazos me sangraban mucho tiempo. Me aparecieron marcas oscuras en la cara y en los brazos, se me empezó a caer el pelo, y como no tenía ningún apetito, me sentía muy débil y extremadamente fatigada. El nuevo médico vio el aspecto que yo tenía y los resultados de los análisis de sangre, y me preguntó si bebía alcohol. Yo dije que solía beber pero hacía bastante tiempo que no lo hacía. Esto era una mentira patente.

En realidad a la única persona a quien yo engañaba era a mí misma. El nuevo médico me explicó que tenía una enfermedad llamada cirrosis del hígado. Era difícil de saber lo grave que estaba, pero por los síntomas que presentaba y los resultados de mis análisis, parecía que estaba bastante avanzada. Me presentó un panorama muy lúgubre. Me iría poniendo cada vez más enferma y más débil, y finalmente el avance sería lento y doloroso, para acabar con una hemorragia en el estómago o entrar en coma, y la muerte. Con eso, me envió a una clínica especial, no de un grupo normal de médicos sino de trasplantes de hígado.

En la entrevista inicial con este grupo de médicos me pusieron bien en claro que si yo quería vivir, iba a tener que demostrar que el alcohol no iba a formar parte de mi vida. Yo entonces tenía treinta y siete años, una mujer relativamente joven para lo que le estaba pasando a mi organismo. De pronto sentía mucho miedo de morir y estaba desesperada.

Ya había asistido a reuniones de A.A. antes de eso, pero finalmente las palabras de los médicos habían empezado de alguna forma a aclarar el camino. Aquella primera noche en la reunión, lo que la gente de A.A. estaba diciendo empezó a entrarme por los oídos, me llegó a la cabeza, y finalmente al corazón. Los miembros de Alcohólicos Anónimos me ofrecieron un regalo, el regalo de la vida. Después de varias semanas de simplemente presentarme allí, empecé a creer que este programa podría darme resultados. Los seis meses siguientes asistí a las reuniones de A.A. todos los días, a veces a dos o tres. Encontré una madrina paciente y maravillosa que me ayudó a trabajar los Pasos y practicar los principios.

Durante los seis meses de evaluación en la clínica, me hicieron análisis de sangre al menos una vez a la semana, a veces al azar, para confirmar que no estaba bebiendo. Me reunía semanalmente con el psiquiatra del equipo de transplante. Mis familiares asistieron a algunas de esas reuniones, y el médico también estaba en contacto con mi madrina. Otro mandato que tenía que cumplir era que debía empezar algún tipo de psicoterapia profesional, en sesiones individuales o de grupo. Esto también era algo que yo no hubiera decidido hacer por mí misma, pero ha resultado ser una fuerza muy positiva en mi vida. Al llegar el momento de la evaluación, tenía que haber clara evidencia de que yo estaba haciendo todo lo posible para asegurar mi sobriedad continua. Después de un período de seis meses fui inscrita oficialmente como candidata a un trasplante de hígado.

Cuando se puso mi nombre en la lista de espera para trasplantes, ya estaba muy enferma. Mi hígado estaba dejando de funcionar paulatinamente, y la espera oficial

sólo acababa de empezar. No podía saber cuánto tiempo pasaría antes de que hubiera disponible un órgano
compatible para mí ni cuánto tiempo tardaría en llegar
al principio de la lista. A veces estaba resentida por el
proceso de selección, los análisis, la supervisión minu-
ciosa de mi programa de A.A., y la aparentemente interminable espera. Sin duda alguna, únicamente por el
programa de Alcohólicos Anónimos pude superar ese
resentimiento. De hecho encontré mucha paz y serenidad durante aquellos meses antes de la operación quirúrgica. Pasados seis meses más se me dio otra oportunidad y un segundo regalo de vida. La operación fue un
éxito y mi recuperación no tuvo complicaciones.

Han pasado varios años, y al mirar atrás desde la claridad de este momento, sé que mi camino para llegar
hasta aquí no podría haber sido más fácil. Por mi propia
voluntad no hubiera abandonado el rumbo que iba
siguiendo mi vida. Necesité la dura realidad para ver el
daño que el abuso del alcohol causa de tantas formas.
Necesitaba ser forzada a admitir la aceptación y la
humildad.

Mi organismo ha experimentado una transformación,
pero la mayor transformación ha sido la espiritual. La
desesperación ha sido reemplazada por una abundante
esperanza y una fe sincera. La gente de Alcohólicos
Anónimos me ha ofrecido un refugio donde, si sigo
estando alerta y mantengo la mente tranquila, mi Poder
Superior me conducirá a asombrosas percepciones.
Encuentro alegría y satisfacción en mi vida diaria, en ser
útil, y simplemente en vivir. He encontrado salas llenas
de gente maravillosa, y para mí todas y cada una de las
promesas del Libro Grande se han hecho realidad. Las
cosas que he aprendido por mi propia experiencia, del

Libro Grande, y de mis amigos de A.A. — paciencia, aceptación, honradez y fe auténtica en un Poder superior a mí misma — son las herramientas que utilizo hoy para vivir mi vida, esta preciosa vida.

Hoy mi vida está repleta de milagros grandes y pequeños, y ninguno habría ocurrido si yo no hubiera encontrado las puertas de Alcohólicos Anónimos.

(6)

CONSTRUYENDO UNA NUEVA VIDA

Alucinando, sujetado por los ayudantes del sheriff y el personal del hospital, este otrora feliz padre de familia recibió un don inesperado de Dios—una base sólida en la sobriedad que le serviría en los buenos tiempos y en los malos.

HABÍAMOS pasado todo el día en el campo haciendo pacas de heno. Al terminar el trabajo, los hombres sacaron un galón de moscatel. Me tomé unos tragos porque quería ser como los hombres, y por unos cuantos minutos me sentí como uno de ellos. Luego me quedé dormido al aire libre debajo de la mesa en la que mamá servía la comida a los trabajadores. Cuando me encontraron me llevaron a la cama y al día siguiente me echaron una regañina. Tenía seis años de edad.

Mis años de juventud los pasé en la granja de mis tíos. Se encargaron de mi crianza después del divorcio de mis padres. Mis dos hermanos y mis dos hermanas se quedaron con mi padre; mi abuela se hizo cargo de mí, el bebé, y cuando el cuidar de mí llegó a ser demasiado para ella, acabé en la granja.

En aquella época había que trabajar duro para vivir. Comíamos lo que producíamos nosotros mismos, más algunas cosas que conseguíamos en la tienda a cambio de nuestros productos. A los ocho años, yo guiaba una yunta de caballos para arar la tierra. En mi familia y en nuestra comunidad agrícola, sólo hablábamos español.

No me vi obligado a hablar inglés hasta que fui a la escuela, donde me dijeron que no estaba bien hablar español. Nunca me creí tan listo ni tan bueno como los demás muchachos. Sabía que en la granja podía hacer cualquier cosa; en la escuela era harina de otro costal.

A los 13 años de edad era muy alto, fuerte y aparentaba ser mayor. Mi tía y mi tío me enviaron a vivir con una familia en una ciudad más grande para recibir la educación que esperaban que me fuera útil. Alternaba con muchachos de 18 años y me llevaron a una fiesta de *Halloween*. Casi me atraganté al tomar el primer sorbo de una botella de whisky que estaban pasando, pero al tomar el segundo me pareció que era bastante bueno. Me hacía sentir como si fuera uno más. No importaba que sólo tuviera 13 años. Me sentía tan mayor como ellos. Al final de la noche había perdido el conocimiento en las letrinas, y un amigo tuvo que llevarme a casa.

A los 15 años de edad, trabajaba en la cosecha de verano para ganar dinero y me escapaba por la noche para beber cerveza en los campos con los demás recolectores. Después de tomar unas cuantas cervezas podía hablar con las muchachas e ir a los bailes. Yo era como todos los demás; podía disfrutar. Yo era igual que los otros, aun si eran mayores.

El siguiente verano empecé a trabajar en la construcción durante las vacaciones. Trabajaba con los hombres mayores y, al final del día, me iba con ellos al bar. El bartender ponía una cerveza enfrente del hombre que estaba sentado a mi lado pero en realidad era para mí. Me encantaban los viernes—día de pago—cuando salíamos y nos emborrachábamos. Empecé a conseguirme alcohol los fines de semana para poder ir a los bailes. Salía con tipos que bebían como yo. Juntábamos nuestro dinero para comprar suficiente alcohol para la noche y, como aparentaba tener más edad, yo era quien lo compraba. Podía hablar con las muchachas. Yo era un personaje importante entre mis amigos porque tenía el alcohol y las muchachas.

Dos días antes de Navidad iba de camino al campamento de entrenamiento del ejército. En la penúltima parada mis amigos y yo nos bajamos del tren y fuimos corriendo al bar para comprar unas botellas y celebrar la Navidad. De vuelta en el tren, nos advirtieron de que la policía militar estaba tirando las botellas por las ventanillas así que nos bebimos las nuestras muy de prisa y nos emborrachamos.

Después del campamento de instrucción, nos enviaron a diferentes bases. No bebía muy a menudo porque quería ascender, pero cada vez que bebía no paraba hasta que se había acabado todo el alcohol. No sabía como decir "voy a dejar de beber ahora."

De regreso a casa de permiso, me casé con una joven de mi pueblo y al año siguiente nació nuestra primera hija. Poco después de volver a casa terminado mi servicio en las fuerzas aéreas, la juerga empezó de verdad. ¡Un gran héroe como yo! Al principio sólo bebía los fines de semana, iba a beber y a bailar con mis viejos amigos y sus esposas. En ese año ocurrió el único accidente de auto en el que yo me vi envuelto borracho. Chocamos contra un auto aparcado y mi amigo simplemente quitó el parachoques de ese auto que se había enganchado en el mío y nos dimos a la fuga. Al día siguiente buscamos en el periódico para ver si se hacía mención del accidente. No había nada. Y nunca nos descubrieron.

La misma compañía de construcción donde había trabajado los veranos cuando estaba en la escuela secundaria me contrató como aprendiz de carpintero. Yo era listo y aprendí rápidamente. Luego me pasé de listo y se me olvidó lo que la compañía había hecho por mí. Me quejé por un asunto de dinero que yo creía que me habían prometido y me despidieron.

Aproveché los beneficios para veteranos ofrecidos por el gobierno y fui a una escuela de mecánicos por la noche y conseguí un trabajo con el gobierno municipal. Entonces empecé a beber de verdad. Mis compañeros de trabajo tenían un ritual. Tan pronto como llegaban al trabajo se compraban una botella de vino. Al principio yo no participaba. Yo no bebía vino, un tipo duro como yo. Luego un día me decidí a probarlo. Me tomé un par de copas y me gustó. Durante los cinco años siguientes, bebía todos los días.

Un día tuve un accidente de trabajo y me enviaron a casa una semana; me pidieron que llamara todos los días. Pero no lo hice. No podía hacerlo; estaba borracho todos los días. El cuarto día el jefe pasó por mi casa para ver cómo estaba. Yo no estaba allí pero regresé borracho antes de que se fuera. No me dijo nada, pero al día siguiente el representante del sindicato me dijo que me iban a despedir. Fui a la municipalidad y presenté mi dimisión.

Durante esos años, mi mujer dio a luz a otras tres hijas. Yo, por no tener trabajo fijo, me sentía lleno de remordimientos, culpabilidad y miedo. Sabía que había echado todo a perder. En esos días no había seguro de desempleo. Según lo veía yo, no era culpa mía; no era más que la mala suerte. Acepté los trabajos de construcción que me ofrecieron, incluso los que no exigían que llevara carné de sindicato, no me importaba.

Nació mi primer hijo y dos años más tarde mi segundo. Había recuperado mi orgullo y empezaba a preguntarme por qué enriquecer a otras personas. Me propuse montar mi propia empresa de construcción y hacer dinero para mi propio beneficio, así que me presenté al examen y me concedieron la licencia. Me impuse ciertos límites en la cantidad que bebía y el negocio empezó a marchar bien, así que bebí un poco más. Me iba al bar y dejaba a mis empleados trabajando solos. Pasados tres años, pasaba todo el tiempo en el bar. No podía terminar los proyectos que había comenzado, y ya había gastado todo el dinero. Estaba en muy mal estado. Era un alcohólico en toda la extensión de la palabra. Echaba la culpa a Dios y a la mala suerte. Me tenía en la lona. Yo no podía volver a levantarme; perdí mi empresa.

Durante los tres años siguientes hacía los pequeños trabajos y arreglos que podía conseguir, un día aquí, dos allí. Apenas si ganaba lo necesario para sostener una familia grande. Y no llevaba a casa suficiente dinero. Me lo bebía. Mi mujer refunfuñaba y renegaba, y yo sólo quería escaparme de todo eso.

Empecé a aceptar trabajos fuera de la ciudad. Durante un tiempo tuve un empleo como capataz en una empresa de revestimiento exterior de aluminio. No puedo explicarme cómo nos las arreglábamos para terminar algunos proyectos. Cada mañana me despertaba enfermo, con resaca. Los trabajadores tenían que esperar mi llegada para empezar. Al mediodía iba al bar para arreglarme y luego me iba de juerga por la noche.

En casa sólo había peleas y discusiones, y acabé trasladándome a otra casa para que mis hijos no me vieran borracho. Ahora, me dije a mí mismo, puedo dedicarme de verdad a beber. Mi esposa se presentó para recibir prestaciones de seguridad social y yo por un rato dejé de hacer mis aportaciones al mantenimiento de la familia. Tenía que guardar lo suficiente para beber. Seguía trabajando en empresas de construcción, pero yo no era muy de fiar. Hacía mis trabajos bien durante tres o cuatro semanas y luego llegaba el día en que no me quería levantar por la mañana. Me decía que siempre podría conseguir otro trabajo; pero siempre me despedían.

Pasados unos cuantos años fui arrestado mientras estaba conduciendo bajo los efectos del alcohol, pero con la ayuda de un agente de policía amigo mío sólo se me dio el cargo de imprudencia temeraria. Me dijeron que si volvieran a encontrarme así, me quitarían el permiso de conducir. En ese entonces también probé A.A. por primera vez. No podía lograr mi sobriedad y no podía emborracharme. Me sentía asustado, culpable, arrepentido. Fui corriendo a una hamburguesería cerca de mi apartamento, busqué en la guía de teléfonos el número de un club de los A.A. e hice la llamada. Dos hombres vinieron a mi apartamento y se quedaron bebiendo café conmigo hasta que se cerraron los bares. Siguieron visitándome un mes y me llevaban a las reuniones. Yo creía que estaba haciendo buenos progresos y por ello no tendría que asistir a más reuniones. Me parecía que esos dos hombres me estaban persiguiendo, molestándome demasiado. Así que para vengarme me emborraché.

Entonces me trasladé a California. Mis hijos se mantenían gracias a las prestaciones de seguridad social mientras yo estaba recorriendo el país. Nunca me hubiera podido imaginar la cantidad de dinero que se podía ganar haciendo trabajos de construcción contratados por el sindicato, así que me lo bebía todo. No me preocupaba por las circunstancias de mis hijos porque estaba borracho todo el tiempo. Les enviaba regalos. Cuando estaba sobrio, sí me preocupaba por ellos, así que volvía a emborracharme. No podía soportar el estado de sobriedad porque no podía soportar la idea de que no yo no cuidaba de mis propios hijos.

Bebía mucho en el trabajo. Los carpinteros trabajaban en pantalones cortos y tenían sus refrigeradores llenos de cerveza. Había latas de cerveza desparramadas por todo el sitio. Cada mañana me iba a una tienda cercana que estaba abierta toda la noche para comprar una botella de vino que vertía en mi termo, lo cual me era suficiente hasta la hora del almuerzo. Al mediodía compraba vino para la tarde. Y de camino a casa me compraba un paquete de seis cervezas y una botella de vino para el resto del día. Así era el ciclo de mi vida.

Un día la policía me paró porque al volver a casa después de visitar a un amigo mi camión iba haciendo eses por la carretera, y me dieron una multa por manejar bajo los efectos del alcohol. Esto suponía pagar $300 y pasar un año en libertad condicional. No creía que pudiera cumplirlo así que decidí volver a mi pueblo natal.

Pasé tres meses recibiendo un subsidio de desempleo, lo cual significó tres meses de juergas. Cuando se acabó el dinero busqué un trabajo. Aunque mi carné de sindicato de California no valía para nada, mi primer patrón volvió a contratarme como capataz. Al pensarlo ahora, me digo, Dios me estaba tratando bien, ¿no? Y había estando culpándole a Dios por todos mis problemas.

Ya que éste era mi primer trabajo en tres meses, me emborraché para celebrarlo. Iba a la obra, organizaba los trabajos y luego me iba a beber. Esto duró hasta que un día le regañé al dueño de la compañía para la que estaba trabajando y me echaron. No obstante, aquel trabajo me puso en la lista de contratación del sindicato y conseguí buenos trabajos con buenas compañías. Empecé a intentar lograr la sobriedad. A veces podía estar una semana o dos sin beber. Luego me volvía a emborrachar. Veía a mis hijos muy a menudo. Me trasladé a un apartamento que compartía con mi suegro, detrás de la casa de mi esposa. Para entonces mis hijas ya estaban casadas y mis hijos estaban en la escuela intermedia. No me invitaban a los eventos familiares, pero yo estaba allí.

Aquel año me interné dos veces en un programa de tratamiento de alcoholismo. La primera vez que estuve en tratamiento, un día mientras me afeitaba me miré en el espejo y me pareció que la barba me estaba creciendo tan rápido como me estaba afeitando. A pesar de estar vestido con un pijama de hospital me escapé, corriendo por las calles y saltando cercas. Me encontré en el porche de la casa de una mujer, golpeando la puerta para que me dejara entrar cuando llegó la policía. Intenté convencerles que ella era mi esposa y mis hijos estaban dentro de la casa; pero vieron el brazalete de identificación del hospital que llevaba en la muñeca y me llevaron de nuevo al hospital.

En esos días te ataban a la cama para protegerte cuando te daban los ataques de *delirium tremens*. Eran los peores DT que jamás había experimentado. Nunca en mi vida me había sentido tan aterrado. Creía que me perseguían los gángsters y me iban a matar. Me tenían atado y por eso me esforzaba por quedarme callado y esconderme para que no me encontraran. El médico me dijo que si sufría otro ataque de DT parecido era posible que no lo sobreviviera. Después de esa experiencia me mantuve sobrio tres meses y asistí a unas cuantas reuniones de A.A. Luego volví a beber. Pasados un par de meses me encontré de nuevo en el programa de tratamiento y me mantuve otros tres meses sobrio.

Luego estuve de juerga diez días. Estaba muerto de miedo y no podía caminar. Para ir al baño tenía que arrastrarme. Por fin logré estar un tiempo sin beber y pude trabajar. Luego en una fiesta del Día de Acción de Gracias en el trabajo, volví a beber y seguí bebiendo todos los días hasta la Navidad. Después de esto se me acabó el trabajo y entonces me puse a beber de verdad. Para mediados de enero sufría alucinaciones que no me desaparecían.

Llamé a un programa de tratamiento y les dije que quería ayuda. Me dijeron que me podrían admitir en tres días. Bebí sólo lo suficiente para mantenerme esos tres días. Por extraño que parezca, sabía que una vez ingresado en el programa se acabarían mis días de bebedor.

Una de mis hijas me llevó al centro de tratamiento y me ayudó a llenar los papeles. Al entrar en el edificio casi me caí al suelo. Volvieron las alucinaciones, y me mudaron a un cuarto con suelo almohadillado que llamaban el cuarto de televisión. Empecé a creer que estaba en prisión y estos hombres querían matarme. Cuando abrieron la puerta, salí corriendo para llegar a la ventana al fondo del pasillo con intención de escapar. Me agarraron por temor a que fuera a saltar por la ventana. Golpeaba las paredes con mi hombro intentando escapar y traté de arrancar los clavos con las uñas hasta tener los dedos en carne viva. El personal llamó al sheriff y tuvieron que intervenir tres asistentes, dos consejeros y dos enfermeras para sujetarme y ponerme una inyección. Al fin me quedé allí tumbado, tranquilo, preparado a morir como un hombre.

Me desperté tres días mas tarde, desnudo y apestando. Me limpiaron y me sentí maravillosamente. Nunca me había sentido tan bien, como si nunca me hubiera tomado un trago. Asistí a las sesiones de tratamiento y escuchaba todo lo que se decía. Nos llevaron a reuniones de A.A. Yo quería lo que los A.A. tenían. No creo que nunca hubiera querido una cosa tanto como quería el programa. En aquellos días veía a hombres vestidos de traje, con buen aspecto. Así quería ser yo. Desde entonces, la idea de tomarme un trago no me ha pasado por la mente. He pensado en hacer algunas locuras pero nunca en tomarme un trago. Para mí la sobriedad es un regalo de Dios. Si volviera a beber, sería como devolver el regalo. Si devuelves un regalo, la persona que te lo hizo lo acepta, ¿no es así? Si Dios lo acepta, me moriré.

Durante mi primer año en A.A., asistía por lo menos a siete reuniones a la semana. Me encantaba. Me vestía de traje como los hombres que había visto. Trabajaba en la construcción de un centro comercial y había allí trabajando otro miembro de A.A. con ocho años de sobriedad y compartíamos todos los días. Ahora sé que Dios puso a ese hombre en mi vida.

Ese mismo año, me ofrecieron un trabajo municipal y otro con una empresa de construcción fuera de la ciudad. Mi padrino me aconsejó que me quedara donde pudiera contar con el apoyo de mi grupo y de mis compañeros de A.A.; llevaba muy poco tiempo en el programa para irme de aventura. Acepté el trabajo municipal y me quedé en este puesto hasta jubilarme. Un hombre como yo: ¡dieciocho años con la misma empresa!

Una vez que logré mi sobriedad, mi mujer aceptó que volviera a vivir con ella. Yo creía que me era necesario volver y cuidar de los hijos que antes había abandonado a la merced de la asistencia social. Mi tercer hijo es nuestro bebé de A.A. También tenía la oportunidad de ver a todos nuestros hijos jugar deportes. Había otros compañeros de A.A. con hijos en los mismos equipos y nos juntábamos durante los partidos. Me divertía mucho. Mi bebé de sobriedad ahora está en la universidad. Tengo muy buenas relaciones con todos mis hijos.

Por insistencia de mi padrino, empecé a participar en seguida en el trabajo de servicio y me gustó mucho hacerlo. Ahora soy representante de servicios generales de un grupo de habla hispana, y estoy aprendiendo a expresarme y hablar de esta gran dádiva de la sobriedad en mi idioma natal.

Ha habido algunas épocas difíciles durante estos años de sobriedad. Cuando llevaba cinco años sobrio, mi hija, la que me llevó al programa de tratamiento y me ayudó a ingresar, desapareció. Mis amigos de A.A. me ayudaron a buscarla pero nunca la encontramos. Su madre y yo cuidamos de sus tres hijas. No tuve que tomarme un trago. Fui a muchas reuniones para aliviar el dolor. Cuando perdí otra hija, víctima de cáncer, hace algunos años, hice lo mismo.

He llegado a darme cuenta de que, fueran cuales fueran las dificultades y las pérdidas por las que he tenido que pasar en sobriedad, no he tenido que volver a beber. Mientras que siga practicando el programa, trabajando en el servicio, asistiendo a las reuniones y manteniendo mi vida espiritual, puedo vivir una vida decente.

Al echar una mirada atrás, creo que dejé de madurar a la edad de 15 años cuando empecé a emborracharme con los muchachos mayores. Quería sentirme en paz conmigo mismo y cómodo con otra gente. Nunca lo conseguí bebiendo. El sentimiento de pertenecer que siempre deseaba lo he encontrado en A.A. y en la sobriedad. No pienso en beber. Dios está allí. Mi padrino está allí. Todo se lo debo a Dios. Por mí mismo, no podría haber dejado de beber. Yo lo sé. Lo intenté.

(7)

SIEMPRE EN MOVIMIENTO

Trabajar en el programa de A.A. le enseñó a este alcohólico a pasar de las fugas geográficas a la gratitud.

AL LLEGAR a mi primera reunión de Alcohólicos Anónimos a la edad de 28 años, creí que mi vida había llegado a su fin. Bebía desde mi adolescencia y según mi parecer, la bebida siempre había sido la solución a mis problemas, nunca el problema mismo. No obstante, tuve que admitir que la vida ya me iba bastante mal y se me estaban acabando las opciones. En un momento de desesperación, acepté asistir a *una sola* reunión de A.A.

Al echar una mirada atrás a mis días de bebedor, me resulta más fácil ahora ver que desde el mismo comienzo el alcohol había sido un factor en todos los desastres de mi vida. Desde muy joven, alrededor de los diez u once años de edad, empecé a tomar tragos a escondidas cuando mis padres no me estaban observando; o mis amigos y yo convencíamos a un estudiante mayor de la escuela secundaria para que nos comprara cerveza. Sin prisa pero sin pausa mis problemas iban multiplicándose y agrandándose.

Todo empezó con un par de episodios en la escuela. Unos amigos y yo nos solíamos repartir un paquete de seis cervezas con el almuerzo creyendo que nadie se daría cuenta. Nunca se me ocurrió que le sería bastante difícil a un muchacho de 13 años disimular los efectos de una sola cerveza. A la edad de 14 y 15 años, las cosas se habían puesto más graves, y las consecuencias de beber me estaban costando cada vez más, en lo social, moral y económico.

Llegué a un punto decisivo a los 15 años de edad. Mi mamá estaba pasando por un divorcio muy penoso. Por propia iniciativa, me convencí de que yo tenía la solución. En una furiosa pelea de borrachos, después de haberlo planeado con todo detalle, intenté matar a mi padrastro. Tengo un vago recuerdo de ser sacado a rastras de la casa por la policía, recuperar el conocimiento y, nuevamente, tratar de explicar lo que había hecho borracho. Resultó que, como consecuencia, el juez me presentó una alternativa: Quedarme en un centro de detención juvenil hasta los 25 años, o irme del estado hasta cumplir los 21 años. No quería ir al centro de detención, así que hice el cálculo y decidí que lo más prudente sería alejarme lo máximo posible de ese lugar.

Durante los trece años siguientes, hasta que me digné a cruzar el umbral de A.A. por primera vez, la vida nunca mejoró. Pero me convertí en un experto en las curaciones geográficas. Me fui de mi hogar en la costa este de los Estados Unidos y acabé en Japón. Luego me trasladé de nuevo a los Estados Unidos y me instalé en Nueva Inglaterra, y de allí me fui a California donde, en el curso de los seis años siguientes, el alcoholismo me condujo a nuevas profundidades de desgracia, vergüenza y desesperación. Como decía uno de mis primeros padrinos de A.A., no era que alternaba con compañeros de ínfima categoría; me había convertido en uno de ellos.

Los detalles son muy parecidos a los de casi todos los alcohólicos. Fui a sitios que solía jurar que nunca pisaría. Hice cosas que ni pudiera haberme imaginado hacer.

Alternaba con gente que en otro tiempo me habría cruzado de acera para evitarla. Llegó un momento en que al mirarme en el espejo no sabía quién me estaba mirando a mí. Decir que había llegado a un punto crucial sería quedarse corto. Simplemente no podía seguir mucho más tiempo viviendo así.

Empecé el proceso de acelerar la llegada del día en que se acabaría mi vida. En mi historial médico aparecen seis o siete intentos de suicidio. La mayoría eran de hecho pobres intentos de pedir ayuda, aunque no me di cuenta en aquel entonces. El último de esos intentos fue muy público e indicó claramente que yo había perdido contacto con la realidad y que no tenía la menor idea del impacto que mis acciones podrían tener en otras personas.

Un amigo mío tuvo compasión de mí y me invitó a su casa a cenar el Día de Acción de Gracias. Sus padres, que vivían en la costa este, estaban allí de visita, e iba a haber una gran fiesta. Allí mismo, ante los ojos de los invitados sentados a la mesa del comedor, me puse de pie e intenté suicidarme. El recuerdo de esa acción siempre me ha parecido la viva imagen de esa "lamentable e incomprensible desmoralización" de la que habla el Libro Grande. Y lo más triste es que en aquel entonces me parecía que mis acciones tenían sentido.

Como consecuencia de ese episodio, acabé consultando con una psiquiatra para así determinar qué me estaba pasando. En nuestra primera sesión me pidió que le hablara de mí. Me puse a hacerlo y, después de unos cinco minutos, me dijo que parara. Me explicó que tenía solamente dos cosas que decirme: ella creía que desde que entré en la oficina le había estado diciendo mentiras, y que yo era alcohólico. (Tardé mucho tiempo en entender cómo una narración de mi vida podría crear la impresión de que yo era un borracho.) La doctora me dijo que si yo quería seguir siendo su paciente, tendría que convenir en hacer dos cosas. Primero, me dio una tarjeta con un número de teléfono. Me dijo que la próxima vez que fuera a intentar suicidarme, debería llamar a este número antes de hacerlo. Segundo, ella iba a darme un libro y quería que yo leyera un par de centenares de páginas antes de nuestra próxima sesión. Antes de irme ese día, me dio un ejemplar del Libro Grande.

Tardé un tiempo en hacerlo, pero por fin me las arreglé para asistir a mi primera reunión de A.A. Había salido de casa en la víspera de Año Nuevo. Cuando recobré el sentido, creía que era el día siguiente. Tratando de recobrar mi equilibrio, me tomé un par de aspirinas y me hice un café. Eché una ojeada a la primera página del periódico. Era el 9 de enero. Había pasado una semana en una laguna mental. Después de todo lo que me había sucedido, esa experiencia era lo suficientemente espantosa para hacerme asistir a mi primera reunión de Alcohólicos Anónimos.

Al llegar al lugar de la reunión, vi que el local era una iglesia. Por ser judío, no tenía intención de entrar en una iglesia; sabía que allí no tendría una calurosa acogida. Me quedé escondido en el coche asomándome a la ventanilla esperando ver pasar a los borrachos. Todos parecían tener un aspecto normal, y por ello se me ocurrió la posibilidad de haberme equivocado de dirección. Estaba a punto de irme cuando vi pasar a un viejo compañero de copas. Bajé del coche de un salto y lo saludé. Por casualidad, esa era también su primera reunión de Alcohólicos Anónimos. ¡Qué coincidencia! Allí entramos—a un mundo que ha cambiado mi vida de arriba a abajo.

Durante mucho tiempo no me gustaban A.A. ni los miembros de A.A. No confiaba en nadie y me cansaba de estar sentado en las reuniones escuchando a otros principiantes hablar de haber encontrado a Dios, de volver a reunirse con sus familias, de ser tratados con respeto por la sociedad y encontrar tranquilidad de espíritu. Nunca pensaba en el hecho de que ellos tenían padrinos y estaban practicando los Doce Pasos de recuperación. Yo tenía lo que ahora llamo "el padrino del mes." Siempre tenía un padrino, pero en cuanto uno de ellos me hacía una "cariñosa sugerencia" de hacer algo, lo despedía y pasaba a conseguir otro. Estaba todavía enojado, amargado y aislado a pesar de asistir a cinco o seis reuniones de A.A. cada semana y de no beber. Cuando llevaba siete meses sobrio empecé a sentirme un poco aburrido de A.A. y a preguntarme a mí mismo si eso era todo lo que la vida tenía que ofrecerme. La idea de no volver nunca a beber me parecía algo extrema, y creía que tal vez sería un poco diferente esta vez.

Luego, algo sucedió que, según creo ahora, me ayudó a mantenerme sobrio y a encontrar a mi Poder Superior. Un día al despertarme no podía sentir las piernas. Todavía podía caminar con dificultad, pero la situación iba empeorando. Pasados varios meses y tras numerosas pruebas y reconocimientos médicos, visitas a hospitales y a especialistas, me dieron el diagnóstico de esclerosis múltiple. Desde entonces la vida ha sido una aventura. Ahora camino con muletas o ando en una silla de ruedas. En muchas ocasiones he tenido el deseo y la intención de volver a beber. Durante mi segundo año de sobriedad, lentamente iba sintiéndome cada vez más airado. Estaba pasando por uno de los períodos que mi padrino ahora llama "los años de la ira." Era una de aquellas personas que vemos en las reuniones y no nos podemos explicar cómo se mantienen sobrias.

Los compañeros de mi grupo base no me dieron por perdido. Fuera como fuera, me amaban. Un día el representante de servicios generales del grupo nos informó que iba a trasladarse y tendría que renunciar a su puesto; y me eligieron a mí para hacer el trabajo. Me dijeron que un compromiso de servicio de dos años era exactamente lo que yo necesitaba. Traté de explicarles que yo no reunía los requisitos para ser elegido, pero me dijeron que fuera a la reunión de negocios mensual y les contara a ellos mis problemas con el servicio. Huelga decir que ellos tampoco me permitieron abandonar el puesto.

Durante mi servicio, llegué a saber, a pesar mío, que lo mejor que ofrecen los trabajos de servicio es la posibilidad de salir de uno mismo por un tiempo. En algún momento empecé a callarme y realmente escuchar lo que mis compañeros estaban diciendo en las reuniones. Después de pasar casi dos años luchando tensa y constantemente en A.A., acabé rindiéndome y dándome cuenta de no poder mantenerme sobrio por mí mismo; pero sentía un miedo cerval ante la perspectiva de volver a beber. Después de todos mis intentos de suicidio, ya no temía a la muerte; pero no podía tolerar la idea de volver a vivir la vida de antes. Había llegado a lo que los veteranos llaman el "punto crucial". No sabía qué hacer.

Una tarde hice lo inimaginable—por lo menos para mí. Después de pasar por la casa de mi padrino del mes para recogerlo e ir a una reunión, le informé que yo estaba listo para trabajar en los Doce Pasos de

Alcohólicos Anónimos. En casi todos los sentidos, mi vida empezó de nuevo esa noche. Aquel hombre me guió por los Pasos de una manera tan gentil y cariñosa que tendré con él un deuda de gratitud por el resto de mi vida. Me enseñó a mirar adentro y ver mi alma, a dejar entrar un Poder Superior en mi vida, y a esforzarme por ayudar a mis prójimos. Me enseñó a mirarme en el espejo y sentir afecto e incluso respeto por el hombre que veía reflejado.

Al llegar al Noveno Paso, mi entusiasmo empezó a decaer. Un día me desperté bañado en sudor, sin poder quitar de mi mente la pesadilla que acababa de tener: que ese iba a ser mi último día de sobriedad. Después de llamar por teléfono a mis amigos y a mi padrino, sabía lo que tenía que hacer. Pasé el día entero, más de ocho o nueve horas, visitando a gente en sus oficinas para hacer reparaciones. Algunos estaban encantados de verme. Una mujer al verme llamó a la policía. Cuando llegaron, resultó que uno de los policías era miembro de A.A. y convenció a la mujer de no presentar cargos en contra mía. Incluso me tropecé con un tipo que creía que estaba muerto, así que invité al "fallecido" a almorzar y le hice mis reparaciones. Por primera vez, me creía ser miembro de A.A. y de hecho me sentía serlo también, con algo que compartir en la reuniones.

Cuando llevaba cuatro años sobrio, hice un viaje a mi ciudad natal, una de las raras veces que había pasado por allí desde que me fui hacía ya muchos años, amenazado con una condena a prisión. Hice reparaciones al hombre que había intentado matar cuando yo tenia 15 años. Visité e hice reparaciones a varias personas con quienes me había sentado a la mesa aquel Día de

Acción de Gracias, que me habían visto intentar suicidarme. Llegué a casa exhausto pero sabía que había hecho lo que debía hacer. No es una pura casualidad que al año siguiente mi viejo amigo me invitara otra vez a cenar con su familia el Día de Acción de Gracias.

A.A. y los pasos de recuperación me han enseñado a ver los eventos desde una nueva perspectiva. Ahora puedo entender por qué algunas cosas, que me parecían desastres, de hecho eran bendiciones. Sin duda mi alcoholismo se puede clasificar en esta categoría. Hoy día soy un alcohólico agradecido. No me arrepiento del pasado, ni quiero cerrarle la puerta. Las cosas por las que antes me sentía deshonrado o avergonzado ahora me hacen posible comunicarme con otras personas y decirles cómo llegar a ser miembros útiles de la raza humana. Mi incapacidad física no ha cambiado mi actitud; de hecho la ha enriquecido. Hace ya mucho tiempo me di cuenta de que, indiferentemente de lo incómodo que me pudiera sentir, me sentía mejor si salía de mí mismo y ayudaba a otra persona. También ha sido una ventaja aprender a reírme de mí mismo y a no tomarme demasiado en serio. Me doy cuenta de no ser la única persona en el mundo que tiene problemas.

Por mis experiencias en el servicio, A.A. me ha mostrado lo diverso que es el programa y lo extendido que está. He viajado por todos los Estados Unidos e incluso pasé varios meses en Israel hace unos pocos años. Mientras estaba allí, asistí a varias reuniones y serví como secretario de una reunión que se celebraba en un refugio antiaéreo.

Como los demás seres humanos, paso días buenos y días malos. Pero a diferencia de mi actitud cuando bebía, rara vez tengo temor a lo que me pueda pasar

hoy. Incluso tuve la oportunidad de ver a mi padre unir-
se a Alcohólicos Anónimos. Hemos asistido juntos a
muchas convenciones de A.A. y en años recientes
hemos compartido entre nosotros más que nunca. Creo
que ambos estamos en paz con el pasado y contentos
con el presente.

Durante los últimos años he vuelto a la escuela y he
empezado una nueva carrera. Según voy rodando en mi
silla de ruedas, me siento asombrado al darme cuenta
de no poder imaginarme una vida diferente de la que he
tenido. Y para mí está bien así. En todos los aspectos de
mi vida tengo a mi disposición las herramientas de la
sobriedad y de la recuperación en A.A.; y todo lo que
necesito es la buena voluntad para hacer lo que hay que
hacer. Estoy agradecido de que un borracho como yo
haya tenido la suerte de vivir hasta llegar a Alcohólicos
Anónimos.

(8)

UNA VISIÓN DE LA RECUPERACIÓN

Para este indio Mic-Mac, una vacilante plegaria forjó
una conexión duradera con un Poder Superior.

"*P*OR SER INDIO, me creía diferente." Esto lo oí
decir a muchos nativos en mis primeras reuniones de A.A. Yo sólo podía encogerme de hombros y
decirme a mí mismo: ¿Tú te crees diferente? ¿Y yo qué?
Soy un indio pelirrojo.

Me crié en una reserva en Canadá. De joven, me sentía orgulloso de ser indio Mic-Mac. Mi familia tenía
renombre de ser muy bebedores, gente dura y violenta;
y me sentía orgulloso de esto. Me dijeron que mi abuelo había sido jefe de nuestra banda, pero tuvo que
renunciar por haber sido encarcelado por pegarle un
tiro a un hombre. Pasar tiempo en la cárcel era para mi
familia casi un honor, o así me parecía a mí. Recuerdo
subirme encima de una caja de cervezas cuando era
niño (siempre había muchas en mi casa) y decirme: En
unos pocos años seré así de alto.

Pero en ocasiones yo era testigo de los arrebatos de
furia de mi padre y me sentía abrumado por el miedo.
Juraba que yo no sería como él, pero no me daba cuenta de la conexión que había entre la furia y el alcohol.

Siempre me creí diferente. ¡Cuántas veces me habría
gustado tener el pelo negro como mis amigos! Mic-Mac
era el idioma que se hablaba en mi casa, pero yo no
quise hablarlo. Todos los miembros de mi familia hablaban Mic-Mac pero cuando me decían algo a mí yo

siempre les respondía en inglés. Creía que no podía hablar Mic-Mac tan bien como mis padres, así que me decidí a no hablarlo en absoluto.

Tenía diez años de edad cuando tomé mi primer trago de alcohol. La víspera del día de Año Nuevo, robé dos vasos de vodka a mis padres. No puedo decir que tuvo los efectos que esperaba, ya que me puse muy mal, vomité y tuve diarrea. Al día siguiente estaba aterrado por la posibilidad de que mis padres se dieran cuenta. Aprendí la lección, por un tiempo.

Pasados unos cuantos años, alrededor del comienzo de la escuela secundaria, algunos amigos y yo conseguimos una botella de ron de un contrabandista. Esta vez me emborraché de verdad y fue maravilloso. Recuerdo haber tenido una sensación de libertad total. Bebí durante los 15 años siguientes. El beber llegó a ser una parte importante de mi vida y creía que era normal. Luego vinieron la violencia, las peleas, los actos ilegales y la imagen del "bravucón" Mi familia estaba orgullosa de mí, y algunos parientes incluso me alentaban a seguir así.

Pasé varios años entrando y saliendo de instituciones carcelarias juveniles, y después de cumplir los 18 años de edad, empecé a pasar tiempo en la cárcel del condado. Al salir y volver a casa solía sentirme perfectamente eufórico por saber que mis amigos y mi familia me tendrían aún mas respeto porque había estado en la cárcel y me estaba haciendo un hombre.

Mientras estaba en un centro de detención juvenil a unas 500 millas de mi hogar, recibí la noticia de que mi madre estaba muriendo de cáncer. Pude conseguir un pase y regresar a casa para pasar algún tiempo con ella. Una tarde mi familia me preguntó si podía quedarme en casa con mi madre y darle la medicina que se tenía que tomar. Yo ya me había tomado algunos tragos y estaba deseoso de salir e irme de juerga con mis amigos, pero acepté hacerlo a regañadientes. Me invadió la lástima de mí mismo y lo único en que podía pensar era lo bien que me lo podría estar pasando, y me puse muy impaciente con mi madre, y cuando se negó a tomar su medicina, casi la forcé a tomarla, y luego me fui con mis amigos. A la mañana siguiente me desperté en una cárcel de condado a unas 100 millas de mi casa. La policía me había pillado intentando entrar a robar en una casa.

Esa misma tarde, mientras estaba en la cárcel, se murió mi madre. Me dejaron salir para asistir al funeral, y aún puedo recordar lo solo que me sentía, incluso cuando estaba con mi familia. Sentí vergüenza y remordimientos, y durante años creí que de alguna forma era responsable por la muerte de mi madre. Vivía obsesionado por este incidente. El alcohol podía borrármelo de la mente por un rato, pero siempre volvían a asaltarme los remordimientos. Intentaba consolarme diciendo que mi estilo de vida era parte de mi destino como lo era para muchos de mis familiares, pero esto no me quitaba los remordimientos.

Puedo acordarme de una sola cosa buena que me pasó durante esta época. Mientras mi madre se estaba muriendo, hablé con ella en idioma Mic-Mac. Ella parecía tan feliz y me dijo que le encantaba oírme hablar en Mic-Mac. Tengo este recuerdo guardado en mi corazón.

Conocí a una muchacha y tuvimos un hijo. Con gran orgullo, le puse mi nombre, y durante un tiempo bebía menos. Un día le prometí a mi hijo que "mañana" le llevaría al cine. Se lo dije con toda sinceridad, y esperaba con ilusión hacerlo. Aquella noche me tomé un trago y luego muchos tragos más. Al día siguiente tenía resaca y a pesar de haber prometido ir al cine esa tarde, me tomé un trago para sentirme mejor. A ese trago le siguieron muchos más, y lo justificaba diciéndome a mí mismo: Mi hijo es muy joven, nunca se acordará de nuestros planes. El día después, me sentía culpable y lleno de remordimientos, y me creía una mala persona. Fui a hablar con mi hijo solo para oírle hablar con gran entusiasmo acerca de ir a ver la película. No podía decir nada, porque ya habían cambiado la película. Dejé que su madre se lo explicara.

Los años siguientes volví a vivir en la casa de mi familia con mi padre ya que mi novia me había abandonado llevándose consigo a mi hijo. Empecé a beber cada vez más, y al mismo tiempo aumentaban mis sentimientos de culpa, mis remordimientos y mi miedo. Fui hospitalizado por deshidratación, tuve un derrame cerebral no muy grave, pasé una semana en el pabellón psiquiátrico y sufrí varios ataques alcohólicos. Perdí la confianza de mi familia y mis amigos, No podían depender de mí para nada. Dejaba de beber por algún tiempo pero siempre volvía a hacerlo.

Puedo identificarme fácilmente con nuestro cofundador Bill W., cuando dice en la página 4 del Libro Grande, "...la antigua y fiera determinación de triunfar se apoderó de mí nuevamente." Me tomaba un trago y después sabía que todo iba a resultar bien. Iba a enderezar mi vida; todo iba a cambiar, ya verían. No fue así. Nada cambió. Probé tantas formas de salir ganador: fui a la iglesia e hice una promesa solemne; fui al sudadero ritual de los indios; hice algo para que me echaran en la cárcel; prometí no beber licores fuertes. Nada produjo los resultados deseados. Luego vinieron las píldoras para calmarme los temblores y dejar de beber durante un tiempo.

Una noche, durante una fiesta en mi casa, una discusión acabó en una pelea, como de costumbre. Uno de mis hermanos me apuñaló en la espalda con un cuchillo y me caí al suelo inconsciente. Recobré el conocimiento en el hospital. Me dijeron que había sufrido un colapso pulmonar y me habían puesto un drenaje que salía de mi costado. Al día siguiente vinieron a visitarme algunos amigos y me trajeron una botella de licor. Todavía tenía ese orgullo. Todavía era un tipo duro. Estaba allí tumbado en la cama con tubos para drenar mi pulmón y me puse a fumar cigarrillos y a beber alcohol. Más tarde, en A.A., tuve la osadía de poner en duda el Segundo Paso y preguntarme por qué había que "devolverme el sano juicio."

Puedo decir con toda sinceridad que nada me dio resultados hasta que no me uní a Alcohólicos Anónimos. Acabé por fin en un centro de tratamiento y después de un programa de 28 días, empecé a asistir a las reuniones de A.A. regularmente. En el centro de tratamiento se me introdujo al estudio del Libro Grande de Alcohólicos Anónimos y salí de allí sabiendo que los Doce Pasos eran mi única esperanza.

Me dijeron que A.A. es un programa espiritual y que más valdría que tuviera un Poder Superior. Yo no sabía nada de Dios ni de Poderes Superiores, y me puse a buscar uno. Al principio, creía que por ser nativo tal vez debiera practicar las costumbres tradicionales de los nativos. Y luego se me ocurrió que tal vez debiera ir a la iglesia que había en la reserva. Después pensé que si asistía a suficientes reuniones de A.A. y simplemente me sentaba allí, tal vez tendría una visión y lograría la recuperación. Un día un compañero me preguntó si yo creía que de hecho existía un Poder Superior. Yo creía que había un Dios de algún tipo. El me dijo que eso era suficiente. Dijo que con esa creencia y la asistencia a las reuniones encontraría un Poder Superior según yo lo concibiera. Hoy día me siento agradecido por su consejo.

Después de tres meses en A.A., una noche al volver a casa después de una reunión oí música y risas de una fiesta en la casa de al lado. Algunos de mis amigos de copas estaban en la fiesta y supe que yo iba a acabar allí. No quería beber, pero la fiesta era como un imán. Lleno de miedo, crucé la calle corriendo a un teléfono público. Llamé a mi padrino, pero nadie contestó. Me entró el pánico y volví corriendo a casa. En la casa fui a mi cuarto y me senté en la cama. Miré hacia arriba y dije estas palabras: "Bueno, Amigo, parece que sólo quedamos los dos, tú y yo." Lo creas o no lo creas, dio resultado; esas sencillas palabras dieron resultado. Algo sucedió. Me sobrevino una leve sensación de paz, desapareció la angustia, y luego me tumbé en la cama y me quedé dormido. Dormí bien aquella noche, por primera vez en mucho tiempo. Esa vacilante petición a Dios dio resultado. Era sincero y realmente quería la ayuda de Dios. Desde ese día supe que había encontrado un Poder Superior y que me ayudaría.

En el curso de los siguientes meses mi vida empezó a cambiar poco a poco mientras practicaba el Primer Paso de nuestro programa. Escuché a los oradores y empecé a estudiar el Libro Grande con un miembro veterano. En el folklore de los Mic-Mac hay unos duendecillos que llamamos *Bugalademujs*. Viven en las montañas pero a menudo entran a escondidas en nuestras casas para gastarnos bromas, normalmente por la noche, para que no los veamos. Cuando me di cuenta del aparente cambio en el Capítulo 4 del Libro Grande, "Nosotros los Agnósticos," dije a mis compañeros de A.A. que los *Bugalademujs* estaban jugando con mi Libro Grande. ¿Sabes qué? Aún lo siguen haciendo.

Ahora entiendo que la enfermedad espiritual debe ser mi preocupación principal y que cuanto más fe tenga menos problemas tendré. Hoy día tengo más fe que nunca y a medida que mi fe va aumentando, mis temores van disminuyendo.

Para una persona que había pasado años en cárceles, hospitales, pabellones psiquiátricos, una persona que simplemente no podía dejar de beber, sólo había una solución: Alcohólicos Anónimos y los Doce Pasos. Tuve la buena suerte de que se me indicó el camino apropiado. Ha ocurrido un cambio dramático en mi vida. Espero celebrar pronto mi segundo aniversario de sobriedad continua. En dos años ha cambiado mi vida entera. Hoy día soy padrino de otros miembros. Entiendo el significado de la palabra compasión, y puedo sentirla. Actualmente estoy trabajando en el Octavo Paso y sé que me espera aun más felicidad en la vida mientras sigo andando por el Camino del Destino Feliz.

(9)

LAS BRAVATAS BARRIOBAJERAS

Se encontraba solo y sin esperanza de conseguir empleo, y el juez le presentó un par de opciones: buscar ayuda o ir a la cárcel, y así empezó a desarrollar su capacidad para aprender.

NACÍ en una ciudad grande del medioeste al fin del *boom* de la natalidad de la posguerra. Mis padres no eran ricos, pero tenían empleo e intentaban hacer realidad el sueño americano de los años cincuenta. Mi padre, que había sido policía, logró sacar un título de abogado y trabajaba con los bancos y como agente inmobiliario. Mi madre se graduó de una reconocida universidad de la costa este, con título en periodismo, y se trasladó al oeste para casarse con mi padre y tener una familia. Ambos eran hijos de inmigrantes europeos muy trabajadores.

De niños, mi hermano mayor y yo íbamos a la iglesia los domingos y asistíamos a escuelas privadas religiosas. Teníamos más que suficiente para comer y más que lo estrictamente esencial para vivir. Yo era un niño listo y travieso, y en algún momento decidí que era más fácil mentir que sufrir las consecuencias de mis travesuras. Mi padre era muy partidario del respeto a la ley y al orden y le disgustaban especialmente los mentirosos. A menudo teníamos nuestros conflictos. Aparte de esto, tuve una infancia relativamente feliz.

Llegó un día en que mi hermano se fue a la universidad y yo empecé a aventurarme en el mundo por mí mismo. Disfrutaba pasando tiempo con mis amigos y nuestras múltiples aventuras. En esas épocas empecé a experimentar con el alcohol.

Beber unas cervezas o compartir una botella robada con mis amigos los viernes por la noche era mi forma de pasar a la madurez y a la vida adulta. Me hice una reputación en la escuela de nunca desarrollar plenamente mi potencial. Me parecía que el mundo se tomaba las cosas demasiado en serio. Yo me consideraba despreocupado y amante de las diversiones; los demás me consideraban irresponsable e insolente. Pronto fui manifestando una tendencia a la rebeldía.

A mediados de la década de los sesenta, tuve la oportunidad de ir a visitar a mi hermano, que tenía una beca de investigación en una universidad de California. Esa era una época emocionante, y mis experiencias allí dejaron en mí una impresión duradera. Había música por todas partes y bailes en las calles. No es de extrañar que al regresar al medioeste muy pronto llegué a causar problemas de disciplina. Desilusionado con lo que consideraba trivialidades mundanas escolares, me resultaba cada vez más difícil concentrarme. Ansiaba la vida despreocupada. En el otoño de 1968, después de cambiar tres veces de escuela, decidí que ya no podía aguantar más. Así que abandoné los libros, agarré mi guitarra, me fui de casa y me dirigí nuevamente a la costa oeste lleno del optimismo de la juventud y con intención de crearme una vida.

Mis pequeños ahorros pronto empezaron a desaparecer y era difícil encontrar trabajo. Mendigaba un poco pero me di cuenta de no poder hacerlo por cuestión de orgullo o, tal vez, por no tener suficiente hambre. Empecé a llevar una vida precaria y no tenía tanto talento para sobrevivir como creía. Cuando hacía buen tiempo, acampaba en los bosques cerca de la autopista de la costa. Pero me resultaba muy difícil dormir por los ladridos de los leones marinos. Mientras se iba acercando el invierno, vagabundeaba por el puerto y las calles durmiendo en almacenes y hoteles de mala muerte en compañía de los trabajadores agrícolas itinerantes que se encontraban en la ciudad cuando estaban fuera de temporada.

Lo que había empezado como un aventura se estaba convirtiendo en una pesadilla. Disfrutaba algunos momentos de escape de esta incómoda realidad cuando lograba persuadir a alguien de que compartiera conmigo su vino o su vodka. Cuando me tomaba un trago, volvía a sentirme seguro de mí mismo, mi dirección en la vida parecía clara y me deleitaba en planes y sueños grandiosos para el futuro. Beber para escapar llegó a ser tan importante como comer para vivir. Toda mi falsa bravura y determinación desapareció cuando, al final, me topé con la ley. Las autoridades me enviaron de vuelta al medioeste con nada más que la ropa que llevaba.

De regreso a casa deslumbré a mis amigos con historias exageradas de gente exótica y acontecimientos raros, algunas verídicas. Fuimos directamente a tomarnos unos tragos como si el tiempo no hubiera pasado. El objetivo siempre era salir y emborracharse. Aunque a veces aguantaba bastante poco bebiendo, estaba dispuesto a hacer un mejor esfuerzo. Creía que la clave del éxito en beber era igual que la de la maestría musical: practicar, practicar y practicar.

Después de pasar un tiempo en la universidad, fui a buscar trabajo, a menudo con resaca. Los trabajos que encontraba los consideraba indignos de mí. No me daba cuenta todavía de que todos los trabajos son dignos. El servicio de mantenimiento, el trabajo de galvanoplatear, las factorías, y la industria farmacéutica (después de tirar la basura, empecé a colocar los productos en los estantes), todo estaba en mi currículum. Los robos, el llegar tarde al trabajo, el absentismo, los motivos de mis despidos no aparecían en mi currículum. Me estaba sintiendo cada vez más descontento, pero no sabía que el problema estaba dentro de mí. Quería tener algunas de las mejores cosas de la vida, pero al darme cuenta de que se requería un esfuerzo para conseguirlas, las despreciaba por ser símbolos de la clase dirigente. Mi idea de hacer planes para el futuro era esperar encontrar una bolsa de dinero al lado de la carretera.

A pesar de beber, me las arreglé para ahorrar un poco de dinero. Con mis primeros mil dólares me compré una motocicleta y con ésta un estilo de vida más que un medio de transporte. Durante años viví la vida del motociclista. Mi existencia, a veces cruda y emocionante, giraba alrededor de preparar motocicletas para carreras y correr con ellas. El nuevo lema era: correr con temeridad, vivir con intensidad y morir joven. Pasaba los días de la semana yendo de bar en bar en mi barrio; los fines de semana me dirigía a los bares del centro de la ciudad. Con el paso de los años, iba disminuyendo mi círculo de amigos. Algunos se mataron en accidentes, otros fueron víctimas de homicidio, otros más acabaron en la cárcel y otros simplemente llegaron a tener suficiente sensatez para abandonar ese estilo de vida y hacerse adultos. A estos últimos nunca los podía entender. Y como no estaba haciendo nuevas amistades, me estaba convirtiendo cada vez más en un lobo solitario.

A mediados de los años setenta, conseguí un empleo en la industria siderúrgica, un buen trabajo de sindicato con un buen sueldo. Pronto solicité emprender un nuevo oficio y empecé a aprender el de electricista. El trabajo era peligroso, en un ambiente sucio y caluroso. Todos trabajábamos el turno de la tarde y cada día al terminar me sentía como si hubiera sobrevivido un auténtico suplicio. Al salir del trabajo la primera parada era la taberna que había al final de la cuesta. Muchas veces no había una segunda parada. El licor no era la única sustancia recreativa que había disponible, y ninguna me era extraña. En este bar tenía crédito así que podía ir allí a tomarme unos tragos después del trabajo incluso si no tenía dinero. Mientras mis compañeros compraban casas, y se casaban y tenían hijos y en otros aspectos empezaban a llevar vidas responsables, yo ya tenía dificultades para pagar mis facturas y mantener mi automóvil. Pero siempre procuraba pagar mis cuentas en el bar.

Mi vida se reducía a la búsqueda de algún medio para emborracharme. Después de unos tragos, me sentía más normal y más en control. Pasé de ser un solitario furtivo a estar siempre de fiesta. Mis chistes eran más divertidos, las muchachas más bonitas; jugaba mejor al billar, y la máquina de discos tocaba mejores canciones. Podía mirar a la gente a los ojos y codearme con los mejores.

De vez en cuando, tomaba cursos en la universidad relacionados con el trabajo. Al pasar tiempo con gente normal, empecé a darme cuenta de lo salvaje que yo era. Mi celebrado individualismo se estaba convirtiendo en aislamiento. Me sentía cada vez más inquieto de estar en un círculo vicioso. No tenía amigos, solamente conocidos. Este hecho quedaba destacado por los agujeros de bala que había en mi auto, por cortesía de un conocido que había engañado. El único alivio que tenía lo encontraba en la botella, pero incluso esto estaba empezando a fallarme. Ya hacía tiempo que mis sueños se habían desvanecido, no tenía una clara dirección, había perdido la confianza, y la bebida ya no me ayudaba a recobrarlos. No me preocupaba la higiene personal. En ocasiones intentaba vivir sin beber, pero era difícil, y volvía a hacerlo en los momentos más inoportunos. Me pasaba un tiempo sin beber preparándome para ocasiones especiales, tales como fiestas, funerales, entrevistas de trabajo y cuando tenía que comparecer ante el juez, sólo para recaer a última hora, volviendo a la botella como un elástico. La abstinencia planeada me producía mucha tensión.

La espiral descendiente de mi vida empezó a trazar círculos cada vez más pequeños. En mi expediente de conductor aparecían muchos accidentes y una lista de multas que habría dejado maravillado a un policía de tráfico. Mi póliza de seguro, cuando la tenía, era de alto riesgo. Me hice cada vez más disimulado y menos abiertamente rebelde. Aunque había violado la ley rutinariamente desde hacía años, logré evitar meterme en grandes líos. Unas cuantas veces estuvieron casi a punto de encerrarme, pero me las arreglé para ser absuelto en virtud de tecnicismos jurídicos o me escapé con solo una amonestación. Finalmente, una infracción cometida años atrás salió de nuevo a relucir. Iba a verme forzado a tener un encuentro con el sistema jurídico federal. Empecé a sentirme como un payaso haciendo juegos malabares con demasiados platos. Cada plato representaba un problema que yo tenía suspendido en el aire. Se me estaban cansando los brazos y sabía que no podría aguantar mucho más tiempo, pero no iba a darme por vencido. Mi orgullo y mi ego no me dejaban. Jefes, jueces, compañeros de trabajo, abogados, plazos del auto, cuentas del bar, prestamistas, recibos de la casa, el dueño de mi apartamento, mi novia, la gente que había engañado—consideraba a todos estos como la causa de mis problemas mientras pasaba por alto el problema más básico: mi forma de beber y yo mismo. Ya hacía tiempo que quería desesperadamente bajar de ese carrusel, pero no tenía la menor idea de cómo hacerlo.

Sin embargo, al juez no le fue difícil formular algunas ideas. Para empezar, me sentenció a arresto domiciliario con supervisión electrónica y libertad estrechamente vigilada con análisis de orina sin previo aviso. Si no cumplía las condiciones me esperaban cinco años en la penitenciaría. Seguía valiéndome de trucos para eludir las condiciones hasta que las autoridades se dieron clara cuenta de que yo no iba a poder cumplirlas. No importaba cuáles fueran las consecuencias, no podía dejar de beber y abandoné el intento. Cuando me llamaron a comparecer ante el tribunal, el juez me presentó una alternativa: buscar ayuda o ir a la cárcel. Después de pensarlo detenidamente, elegí la primera. Luego tuve que escoger entre dejar que ellos me enviaran a algún sitio, o hacerlo yo mismo. Elegí la segunda, y me dieron una semana para hacer los arreglos necesarios. Por dejar siempre las cosas hasta el último momento, tardé tres semanas en hacerlos. En ese momento, encontrándome nuevamente desesperado, acorralado, y en mi punto más bajo, dije la única oración que conocía: "Dios, ayúdame. Si me sacas de este apuro, nunca volveré a hacerlo otra vez." Finalmente mi vida estaba fuera de mi control.

Ya se me acabaron las fiestas. Estaba arruinado y no había pagado el alquiler. Tenía platos sucios apilados en el fregadero y cacerolas mohosas en la cocina. Había bolsas de basura y botellas alineadas en la puerta y el inodoro estaba atascado. Había un montón de cosas robadas por el suelo. Llevaba puesta la misma ropa demasiado tiempo y aparte de un paquete de macarrones y queso o una lata de sopa, no comía nada. Cuando alguien llamaba a la puerta, me iba corriendo al baño y miraba por la ventana para ver quién venía a buscarme. No beber no era una opción, pero beber no me ayudaba. Estaba en tan malas condiciones que me fui de la casa para internarme en un hospital. Había llegado el día de la verdad.

Aparte de estar muy nervioso, no recuerdo muchos detalles de los trámites de admisión porque estaba tan borracho. Después de pasar algunas horas allí, empecé a sentirme más seguro. Mi aprensión se convirtió poco a poco en alivio. Después de todo, tal vez me podrían ayudar. No tenía ni idea de lo enfermo que me iba a sentir. Los cinco primeros días de los 17 que pasé en el proceso de desintoxicación fueron un infierno. No podía hacer mucho más que estar tumbado en la cama. Hacía muchos años que no había pasado tantos días sobrio. Pasada una semana, me sentía un poco mejor y empecé a examinar mi entorno. Empecé a hacer mis propias evaluaciones. Los médicos y las enfermeras me parecían bien informados y profesionales, pero tenía la sospecha de que aunque sabían mucho del alcoholismo, todo lo habían aprendido en los libros—no lo habían vivido. Yo no necesitaba tener muchos conocimientos, necesitaba soluciones. Sólo los desesperados saben de verdad cómo uno se puede sentir viviendo sin esperanzas. Mi escepticismo salió a la superficie y me puse a buscar cualquier escape o excusa para criticar y así desviar la atención de mi situación. Mi optimismo inicial estaba empezando a flaquear. ¿Esto era todo?

No obstante, había un hombre, miembro del personal, que parecía diferente. Parecía sentirse cómodo con un destello de entendimiento en los ojos. Este tipo claramente no era tan estirado como los demás y cuando me contó su historia, me asombré de lo parecida que era a la mía, pero su historia no era un secreto. Mencionó que era miembro de Alcohólicos Anónimos. ¿Cómo podría ser que él tuviera el respeto del personal después de llevar una vida de crimen? ¿Cómo podría ser que él, que se parecía tanto a mí, hubiera podido volver a la vida normal? Era un hombre sobrio, pero muy simpático; humilde, pero de firme creencias; serio, pero no sin sentido del humor. Era un hombre con quien yo podía identificarme, un hombre en quien tal vez yo podría confiar. Es posible que él me salvara la vida, solo por estar allí, y hasta el día de hoy, ni siquiera lo sabe.

Durante los siguientes días yo hablaba poco, pero escuchaba y observaba. Me iba enterando más de cómo funciona Alcohólicos Anónimos y conocí a algunos miembros de A.A. Descubrí que no era algo que dejaran en el hospital cuando volvían a casa; era una manera de vivir. Descubrí que era espiritualidad, no religión. Los veía disfrutar de la vida y todos coincidían en una cosa: Si yo quería cambiar mi vida como ellos habían cambiado las suyas, podría hacerlo siempre que estuviera dispuesto a hacer lo que ellos hicieron. Me quedé fascinado. Aquí estaba yo, la escoria de la sociedad, y no obstante se acercaron a mí y me invitaron a unirme a ellos. Empecé a tener la impresión de que si alguna vez iba a tratar de hacer algo diferente, más valdría que lo hiciera ahora. Podría ser mi última oportunidad. Aún tenía que responder ante las autoridades y no iba a perder nada si les hiciera el juego. Así que leí su libro, empecé a trabajar en los Pasos y (con la puerta cerrada y la luz apagada) pedí un poco de ayuda a un Poder Superior como ellos me habían sugerido. Finalmente, me recomendaron enérgicamente que asistiera a sus reuniones, especialmente la primera noche que saliera de allí.

Salí del centro una tarde soleada. Tenía intención de ir a la reunión aquella noche, pero tenía diez dólares en el bolsillo y motivo para celebrar. Llevaba sobrio 22 días, y me sentía bastante contento conmigo mismo. Pronto los viejos instintos empezaron a apoderarse de mí. Día soleado. Diez dólares. Celebración. Me sentía bien. Antes de darme cuenta, me encontré entrando por la puerta de atrás de uno de mis bares favoritos. Al pasar por la puerta me invadió el olor del alcohol, y se me hizo la boca agua. Me senté en el bar y pedí mi acostumbrada bebida. ¿No podría pasar ni un solo día sin tomarme un trago? Al hacerme esa última pregunta, me di cuenta de que, expresada en estos términos, sí, era probable que pudiera pasar un solo día sin beber. Además, iba a asistir a una reunión esa noche y tal vez los miembros tenían un alcohómetro en el local. Pagué mi dólar, me bajé del taburete y me fui del bar. Podría beber mañana si quería—y de hecho tenía intención de hacerlo.

Aquella noche, en mi primera reunión, los miembros cumplieron su cometido: me hicieron sentirme como en casa. Conocí a otra gente parecida a mí. Tal vez esto podría ser una solución de verdad. Así que asistí a mi segunda reunión, y tuve la misma sensación. Y asistí a mi tercera reunión. Los días han ido pasando y hasta la fecha no me ha resultado necesario tomarme otro trago. Todo eso ocurrió hace más de seis años.

Las reuniones me dieron lo que a mi padrino le gusta definir como "una de las palabras más importantes del Libro Grande": la palabra *nosotros*. A.A. ha procurado que haya en mi vida un *nosotros*. [Nosotros] admitimos que éramos impotentes ante el alcohol…." Ya no tenía que estar solo. La camaradería y la actividad me hicieron seguir volviendo a las reuniones por un tiempo suficiente como para empezar a trabajar en los Doce Pasos. Cuanto más me dedicaba a hacerlo, tanto mejor me sentía. Empecé a alternar con mi padrino y otra gente en las reuniones. Me enseñaron que la gratitud es algo que se manifiesta en actividad, no una cosa de la que se habla: la gratitud es acción. Me dijeron que tal vez debía considerarme afortunado por todavía tener un automóvil, aun si era un cacharro; y por lo tanto debía considerar la posibilidad de ofrecerme para llevar a algunas personas menos afortunadas a las reuniones. Me recordaron que no se puede enseñar nada a un sabelotodo y por eso hay que seguir dispuesto a aprender. Cuando los viejos hábitos empezaban a insinuarse en mi vida, mis compañeros no tardaban en indicármelo. Cuando me parecía que algo andaba mal en la vida, me hablaban de cultivar la fe y depender de un Poder Superior. Me dijeron que mi dilema radicaba en la falta de poder y que hay una solución. A.A. me pareció atractivo inmediatamente y creía como un niño que si pudiera reducir mi orgullo lo suficiente para seguir el camino que me indicaban, podría conseguir lo que ellos tenían. Y así fue en realidad. Al comienzo, simplemente quería que las autoridades me dejaran en paz. Nunca creí que este programa pudiera cambiar el rumbo de mi vida o indicarme el camino hacia la libertad y la felicidad.

Yo seguía siendo impaciente. Quería tenerlo todo en seguida. Por esa razón me identifiqué tan bien con el siguiente cuento del veterano y el recién llegado. Cuando el recién llegado fue a hablar con el veterano, sintiendo envidia de sus logros y los años que llevaba sobrio, el veterano dio un puñetazo en la mesa como con un martillo y le dijo "¡te cambio mis 30 años de sobriedad por tus 30 días ahora mismo!" Sabía ya lo que al principiante le quedaba por aprender: que la verdadera alegría está en hacer el viaje, no en llegar al destino.

Así que hoy día me siento mucho más contento con la vida, como Alcohólicos Anónimos me prometió que me sentiría, y sé que están en lo cierto cuando dicen que todo sigue mejorando. Mis circunstancias han venido mejorando a medida que mi vida espiritual ha ido desarrollándose. No hay palabras para expresar las emociones que siento en mi corazón al contemplar las transformaciones que ha habido en mi vida, la distancia que he recorrido, y todo lo que hay todavía por descubrir. Y aunque no sé cuál será la próxima parada en mi viaje, sé que se lo deberé a la gracia de Dios y a tres palabras de los Doce Pasos: continuar, mejorar y practicar.

Y hay otra cosa que me han dicho: la clave está en la humildad.

(10)

UN VACÍO ADENTRO

Se crió en el entorno de A.A. y sabía todas las respuestas, excepto cuando se trataba de su vida.

ASABA MI VIDA "haciendo como si...", haciendo como si supiera (nunca hacía preguntas a mis maestros en la escuela, por temor a que descubrieran que yo no sabía la respuesta) o haciendo como si no me importara. Siempre me parecía que a todos los demás les habían dado instrucciones para vivir y que yo estaba ausente cuando Dios las repartió. En mi opinión, sabías hacer algo o no lo sabías. Podías tocar el piano o no podías. Eras un buen futbolista o no lo eras.

No sé de dónde saqué la actitud de que no estaba bien el no saber, pero esa era una cosa segura en mi vida y casi me mató. La idea de proponerte un objetivo, trabajar para lograrlo y finalmente alcanzarlo me era totalmente ajena. Lo tenías o no lo tenías, y si no lo tenías no podías dejar que nadie lo supiera: si alguien lo supiera, podría causar una mala impresión. Nunca me paré a considerar la posibilidad de que otras personas tuvieran que trabajar diligentemente para conseguir lo que tenían. Poco a poco mi actitud se fue convirtiendo en el desprecio a quienes sabían. Parece una manía de alcohólicos: despreciar a los que tienen éxito.

Mi padre se unió a Alcohólicos Anónimos cuando yo tenía siete años de edad. Pasé muchos viernes por la noche en reuniones abiertas de A.A. porque no disponíamos de dinero para pagar a alguien que cuidara de mí (yo era la muchacha sentada en un rincón de la sala leyendo un libro). ¿Qué efecto produjo en mí? Sabía que ser alcohólico significaba que ya no podías beber y que tenías que asistir a las reuniones de A.A. Al comienzo de mi carrera de bebedora, siempre evitaba decir la palabra "alcohólica" en conexión con mi nombre. En mi casa, me habían dado un horario de reuniones. Aparte de esto, sabía por haber estado allí que las reuniones de A.A. eran asuntos de hombres viejos que bebían café, comían *donuts* y fumaban. (Retrospectivamente, me imagino que la mayoría de estos "viejos" apenas tenían 30 años.) Por lo tanto, no quería tener nada que ver con A.A. Eso supondría no beber. Y cuando bebía, la vida se transformaba.

Tenía 15 años la primera vez que me emborraché. Te puedo decir dónde estaba, y con quién, y cómo iba vestida. Fue para mí un día muy importante. Dentro del plazo de un año, mi vida se había convertido en un claro testimonio de la necesidad de ofrecer tratamiento de alcoholismo a los adolescentes. Mis notas bajaron en picado, cambié de amigos, destrocé mi auto, mi aspecto se fue deteriorando, me echaron temporalmente de la escuela. (Cuando logré la sobriedad, me preguntaba por qué mis padres nunca me habían ingresado en un centro de tratamiento. Entonces, recordé que no había centros de tratamiento para adolescentes en esa época. De hecho, tengo todavía cerámicas que papá me había hecho en el pabellón de locos, porque cuando *él* bebía no había centros de tratamiento.) Siempre estaba lista para prometer ser mejor, esforzarme más, aplicarme, llegar a desarrollar plenamente mi potencial. Potencial: ésta es la maldición de todo alcohólico incipiente.

Me las arreglé para graduarme de la escuela secundaria y fui a la universidad, de donde pronto salí suspendida. No me presentaba a las clases. En retrospectiva, puedo ver un par de razones. Primero, si algunos amigos tenían un período libre, me iba con ellos. Creía que tenía que estar con mis amigos todo el tiempo. Me preocupaba por la posibilidad de que si pasaban tiempo sin mí, pudieran empezar a preguntarse, ¿por qué pasamos tiempo con ella? Puede que se dieran cuenta de que se divertían más sin mí. Y luego tal vez se lo dirían a otros, y estos a otros, y acabaría sola.

Segundo, nunca se me dio muy bien el trato y la conversación social. Cuando conocía a alguien por primera vez, me sentía muy inepta. Para mí, después de decir "Hola, me llamo _____," había un silencio ensordecedor, como si estuvieran pensando, "¿Y qué?" ¿Cómo hacía la gente para mantener conversaciones? ¿Cómo era que inmediatamente después de conocerse empezaban a hablar como si fueran amigos de toda la vida? Para mí esto era otra cosa que no estaba bien no saber. Así que seguía bebiendo. Cuando bebía no importaba.

Es importante decir aquí que me encantaba beber. El beber me ponía en el centro de la vida. Era una bebedora social: el beber me convertía en una persona muy sociable. No me gustaba mucho beber con otras mujeres; bebía con los hombres. Siempre tuve una tremenda capacidad para aguantar el alcohol, y aprendí a jugar muy bien al billar, por lo cual era muy popular en las tabernas locales. Incluso llegué a tener mi propia motocicleta. Cuando leí en "La historia de Bill" en el Libro Grande la frase "Había triunfado," sabía exactamente lo que él quería decir.

Durante catorce años la bebida me llevó a sitios a los que nunca había tenido intención de ir. Primero, me trasladé al sur, ya que sabía que mi problema era estar en el pueblo donde había crecido. (Una vez oí decir a alguien en una reunión que hay tres o cuatro estados que deberían poner este anuncio en sus fronteras: "Este estado tampoco te va a dar resultados.") Hice las cosas que suelen hacer las mujeres. Mi primer matrimonio fue de hecho una aventura de una noche que duró cinco años. Simplemente no podía confesar que había cometido un error. Tuvimos dos hijos y yo quería irme, pero irme habría significado asumir la responsabilidad. Seguí bebiendo hasta que él me echó de la casa. Así el fracaso del matrimonio fue culpa suya.

En una ocasión antes de volver a mi pueblo natal, perdí un trabajo muy importante para mí a causa de beber. Por primera vez, fui a una reunión de Alcohólicos Anónimos y dije, "yo soy alcohólica." Cuando iba a reuniones con mi papá siempre decía, "vengo con él." Llamé a mi padre y le dije que había ido a una reunión. Antes de pasar una semana me envió una caja con el libro *Alcohólicos Anónimos*, una cinta de su charla de A.A., un par de libros de meditación, un ejemplar de *Doce Pasos y Doce Tradiciones*, y otras cosas sueltas. Creo que él las había guardado para el día en que yo estuviera dispuesta.

Así que, divorciada, volví a mi pueblo natal. Antes de pasar un año, fui arrestada por negligencia peligrosa— por haber dejado a mis hijos dormidos en casa mientras iba a beber. Me quitaron la custodia de mis hijos y se la otorgaron a mi madre. Entonces empecé mis rondas por los centros de tratamiento. Sabía utilizar las palabras adecuadas. Me había criado en A.A. Yo era la persona a quien los consejeros pedían que hablara a las demás mujeres que no querían dejar solos a sus hijos el tiempo necesario para someterse al tratamiento. Yo podía darles todo un discurso: "No podemos ser buenas madres si no estamos sobrias." El problema era que, por dentro, me sentía aliviada de que mis hijos tuvieran que vivir con mi madre. Era muy difícil ser madre. Pero no podía decir eso a la gente: podrían pensar que yo era una mala madre.

Y *era* una mala madre. Era una madre terrible. No, no les pegaba y por supuesto les decía que los quería mucho. Pero lo que de hecho comunicaba a mis hijos era: "Sí, los quiero, y ahora váyanse." Tenían que ser casi invisibles en su propia casa. No tenía nada que darles emocionalmente. Lo único que querían era mi amor y mi atención, y el alcoholismo me había robado la capacidad de dárselos. Estaba vacía por dentro.

Mientras yo estaba en tratamiento, mi padre murió y yo heredé casi suficiente dinero para matarme a mí misma. Pude beber como yo quería durante dos años y medio. Estoy segura de haber llegado aquí antes a causa de esto.

Casi al final, estaba viviendo en un ático; hacía tiempo que se había acabado el dinero. Era el mes de noviembre, frío y gris. Me desperté a las 5:30, afuera todo estaba gris. ¿Eran las 5:30 de la mañana o de la tarde? No sabía. Me asomé a la ventana para observar a la gente. ¿Iban de camino al trabajo o estaban volviendo a casa? Me volví a dormir. Cuando volviera a despertarme, habría luz o estaría oscuro. Al abrir los ojos, después de lo que me parecieron ser horas, eran solamente las 5:45. Y todavía gris. Yo tenía 28 años.

Por fin me puse de rodillas y le pedí a Dios que me ayudara. No podía seguir viviendo así. Había estado viviendo en el apartamento desde el mes de agosto y no me había molestado en desempacar. No me bañaba. No podía contestar al teléfono. No podía presentarme los fines de semana para visitar a mis hijos. Así que me puse a rezar. Por alguna razón, me sentí impulsada a rebuscar en una caja y encontré el Libro Grande que mi padre me había enviado años atrás. (Siempre recomiendo a los nuevos que compren la versión con tapa dura: por alguna razón es más difícil tirarla a la basura). Volví a leer "La historia de Bill." Esta vez tenía sentido. Esta vez me podía identificar. Me dormí abrazada al libro como si fuera un osito de peluche. Me desperté sintiéndome bien descansada por primera vez en varios meses. Y no quería beber.

Me encantaría poder decirles que he estado sobria desde entonces. Pero no es así. No quería beber ese día, pero no hice nada para protegerme. Creo que Dios nos concede más de un "momento de gracia," pero nos corresponde a nosotros aprovechar el momento y actuar. Pero hice caso de la voz que me decía: "Más vale que bebas. Sabes que vas a terminar haciéndolo."

En los siguientes días, cada vez que iba a mi bar favorito, me encontraba rodeada de gente que hablaba sobre dejar de beber. El barman quería dejar de beber. El hombre con quien jugaba al billar hablaba de volver a A.A. Una persona sentada a mi lado estaba hablando de haber pasado por el club local de A.A. Dejé de beber (más o menos) durante unos pocos meses pero acabé en una borrachera que sería el final de todo.

Después de dos semanas de beber, nadie quería hablar conmigo, así que me dirigí al sur, donde todos sin duda me echaban de menos. No había desfile para celebrar mi regreso. La gente casi no me recordaba, y después de una semana estaba sin dinero. No podía ni comprar un pasaje de avión para volver a casa. Tenía menos de un dólar y estaba sufriendo una de esas resacas terribles. Sabía que si me quedaba sentada en el bar del aeropuerto hasta que alguien me invitara a un trago, sería muy obvio que esa era mi intención, y por orgullo no podía ni pensar en que alguien me echara de allí. Consideré brevemente la posibilidad de asaltar a una abuelita y robarle el bolso, pero sabía que acabaría eligiendo a una que estaba en buena forma.

Si hubiera tenido un dólar más, es posible que no estuviera sobria hoy. Cuando bebía siempre tenía un plan, pero ese día, por la gracia de Dios, se me habían acabado los planes. No tenía ni una sola idea que fuera mejor. Llamé a mi mamá, le dije dónde estaba, y le pedí que me diera el dinero para volver a casa en avión. Más tarde me dijo que casi no lo hizo, pero tenía miedo de no volver a verme nunca.

Me llevó al centro local de desintoxicación y allí me dijo que yo podía entrar o no entrar, pero ella no iba a hacer más por mí. Tendría que arreglármelas por mi cuenta. En el centro me dijeron lo mismo. Yo era de la opinión de que deberían enviarme a un centro de tratamiento—treinta días de comidas calientes y descanso me parecía una muy buena idea—pero me dijeron que yo ya sabía todo lo que me iban a enseñar en el tratamiento, que debería hacerlo por mi cuenta y dejar la cama libre para alguien que la necesitara. He estado sobria desde entonces. Por fin era responsable de mi propia recuperación. Yo era responsable de ponerme en acción. Uno de mis juegos favoritos había sido encargar a otra persona de procurar que yo hiciera mi trabajo. Ese juego se acabó.

Nunca esperaba llegar a cumplir los 30 años. De

pronto tenía 29 años y medio y no daba señales de que me fuera a morir en un próximo futuro. En mi fuero interno, sabía que, bebiera o no bebiera, iba a seguir viviendo, y que por malas que fueran las circunstancias, siempre podrían ser peores. Algunos logran su sobriedad porque tienen miedo a morir. Yo sabía que iba a vivir y eso era mucho más aterrador. Me había rendido.

La primera noche después de salir del centro de desintoxicación, fui a una reunión en la que la mujer que estaba hablando dijo que el alcoholismo le había llevado al punto en que ya no quería trabajar y no quería cuidar de su hija, sólo quería beber. ¡No lo podía creer! Esa era yo. Ella fue mi primera madrina y yo volví.

La segunda noche me senté en lo que ahora llamo "el asiento del principiante": segunda fila, contra la pared (si te sientas al fondo, ellos saben que eres nueva, si te sientas al frente, tal vez tengas que hablar con alguien). Cuando llegó el momento de rezar agarrados de la mano al final de la reunión, a un lado no tenía a nadie a quien dar la mano. Recuerdo sentirme muy deprimida y pensar "nunca voy a encajar aquí." Sentí que alguien me agarró la mano—alguien que estaba en frente de mi se había tomado la molestia de cerrar el círculo. Hasta hoy no sé quién sería, pero por esa persona volví la noche siguiente—esa persona me salvó la vida. Y seguí volviendo.

En el club local había todos los días al mediodía una reunión de Libro Grande y yo asistía todos los días. No para lograr la sobriedad, ni para enterarme de lo que había en el libro. Así pensaba yo: sabía que debía leer el Libro Grande todos los días, y allí los asistentes leían por turnos un capítulo entero. Eso debería ser suficiente, ¿verdad? Y se tardaba casi treinta minutos en hacerlo, así que era menos probable que me pidieran que yo hablara. Y la reunión se celebraba al mediodía, así que tenía las noches libres. Todo esto lo calculé con mi aguda mente alcohólica.

Afortunadamente, se me había olvidado que Dios se encarga de los resultados. Por fin me había puesto en acción, y mis motivos no tenían la más mínima importancia. Creía que iba leer el Libro Grande una vez para luego "graduarme" y pasar a las reuniones de discusión; pero en esa sala se oía mucha risa, por lo que seguí asistiendo. Yo no era una de esas personas que al entrar en la sala de reunión dice, "¡Gracias a Dios, estoy en casa!" No sentía ningún deseo urgente de tener lo que ellos tenían; simplemente ya no quería tener lo que yo había tenido: ese fue el humilde comienzo que yo necesitaba.

Debido a lo conveniente que era la reunión del mediodía, yo podía asistir a dos reuniones al día; no tenía otra cosa que hacer por la noche. Empecé a darme cuenta de que los compañeros que había allí llevaban varios años sobrios: por mi propia pereza me encontraba entre algunos de los miembros más activos de Alcohólicos Anónimos. Llegué a darme cuenta de que los miembros que asisten en plan regular a las reuniones de Libro Grande tienen cierta tendencia a leer el libro y hacer lo que les dice que hagan.

Cuando llevaba dos semanas sobria, la hija de un compañero, una muchacha de nueve años de edad, murió, víctima de un conductor borracho, y tres días después, el padre se presentó en una reunión diciendo que le era necesario creer que no era un evento sin sentido. Que tal vez tendría como consecuencia el que un alcohólico lograra su sobriedad. Ese día, al salir de la reunión, me pregunté a mí misma qué habría pasado si fueran mis hijos o yo las víctimas. ¿Qué recordarían de mí? Me sobrevino una emoción (ahora sé que era gratitud) y me di cuenta de que podía en ese mismo momento llamar a mis hijos y decirles que los quería. Que podía presentarme a la hora que había prometido presentarme. Que mis palabras podían tener algún valor real para ellos. Que aunque fuera siempre nada más que "mamá que viene a visitarnos los fines de semana," podía ser una buena madre de fin de semana. Se me había ofrecido una oportunidad de hacer progresos con ellos, de forjar una relación construida sobre una base de Dios y Alcohólicos Anónimos, en vez de siempre intentar recuperar el tiempo perdido. Un año más tarde, le pude decir a aquel hombre que tal vez no fue un evento sin sentido, porque mi vida había cambiado ese día.

Pasado un mes, tenía los pies firmemente plantados en Alcohólicos Anónimos. Y seguía asistiendo. No puedo empezar a enumerar las maravillosas cosas que me han acontecido en los años que he pasado aquí. Mis hijos tenían cuatro y seis años cuando logré mi sobriedad, y "se han criado" en A.A. Los llevaba a las reuniones abiertas, y la gente allí les daba lo que yo no podía darles en los primeros días: amor y atención. Poco a poco ellos han venido integrándose en mi vida, y hoy tengo la custodia de mis hijos.

Me casé en Alcohólicos Anónimos con un hombre que cree en A.A. como yo. (Ya sabía que habíamos dado un buen comienzo cuando él no se enojó porque le había dejado plantado para ir a hacer una visita de Paso Doce.) Convinimos en nunca estar, el uno para el otro, más arriba del tercer lugar de importancia, con Dios y Alcohólicos Anónimos en primero y segundo lugares. Es mi pareja y mi mejor amigo. Los dos apadrinamos a varias personas y nuestra casa está llena de amor y de risas. Nuestro teléfono nunca deja de sonar. Compartimos la alegría de tener una solución en común.

Hemos pasado por épocas difíciles. Nuestro hijo es de la tercera generación de A.A. en mi familia. Después de que él intentó suicidarse a los 14 años, descubrimos que era alcohólico. Después de pasar un año en A.A., es difícil predecir lo que le pueda pasar, pero tenemos confianza en Alcohólicos Anónimos incluso los días que no tenemos confianza en nuestro hijo. Nuestra hija es una adolescente bella y segura que ha encontrado su propio camino hacia Dios sin tener que beber. Es el producto del amor y de la fe de Alcohólicos Anónimos.

Todavía tengo una madrina y un grupo base. Soy miembro de Alcohólicos Anónimos y mis compañeros me tienen cariño. Aprendí a ser un buen miembro de A.A. observando a los buenos miembros de A.A. y haciendo lo que ellos hacen. Aprendí a tener una buena relación matrimonial fijándome en las parejas que son felices en su matrimonio y haciendo lo que ellos hacen. Aprendí a ser una buena madre observando a las buenas madres y haciendo lo que ellas hacen. Y finalmente tengo la libertad de creer que está bien no saber.

(11)

VUELO SUSPENDIDO

El alcohol cortó las alas de este piloto hasta que la sobriedad y el trabajo duro le condujeron nuevamente a los cielos.

SOY ALCOHÓLICO. Algunos de mis antepasados eran indios comanches. Me crié en un hogar pobre pero lleno de amor hasta que el alcoholismo se adueñó de mis padres. Luego vinieron los divorcios, tres para él y tres para ella, y llegué a conocer la ira que es parte integrante de la vida de la familia alcohólica. Hice un juramento solemne de nunca ser alcohólico. Por ser un hombre activo en la comunidad india, veía los estragos causados por el alcoholismo y me repugnaba, me daba asco.

Me gradué de la escuela secundaria a los 17 años de edad y me fui enseguida a alistarme a los Marines. Allí encontré un hogar; me gustaban la dura disciplina, la camaradería y el *esprit de corps*. Me distinguí en el campamento de entrenamiento y al graduarme me concedieron un ascenso. Pasados cuatro años y medio, me ofrecieron la oportunidad de estudiar para ser piloto. Aprobar el curso de dieciocho meses de duración significaría que al final me ascenderían a alférez de la fuerza aérea. Otra vez me distinguí en los estudios y en las pruebas. A pesar de que la mayor parte de mis compañeros estudiantes tenían títulos universitarios, y yo me sentía continuamente asediado por el temor a fracasar, terminé el curso entre los primeros de la clase.

Me distinguí en otra cosa también. El beber era de rigor. La imagen del piloto era la de un aviador audaz y un hombre muy bebedor, y se consideraba obligatorio presentarse en el bar a la hora de las consumiciones a precio reducido. No necesitaba a nadie que me instara a beber; yo disfrutaba de la camaradería del escuadrón, de las bromas y los juegos amistosos en esas ocasiones.

Al cumplir un año de mi entrenamiento, conocí a una joven bellísima. Estaba borracho la noche que me encontré con ella por primera vez, y ella no quería tener nada que ver conmigo, pero yo no podría haber intentado entablar una conversación con ella si no hubiera tenido el falso valor que el alcohol me daba. Al día siguiente la volví a ver, y en esa ocasión, estaba sobrio. Empezamos a salir juntos. Me gradué de la escuela para pilotos el día en que ella cumplió los 20 años, y ella me puso en el uniforme las alas doradas y el distintivo de alférez. Dos semanas más tarde, nos casamos. Acabamos de celebrar nuestro 35° aniversario, y ella es la persona más maravillosa que jamás haya conocido.

Tardamos muy poco en tener dos hijos y luego me fui a la guerra de Vietnam. Trece meses más tarde, volví a casa. Pasé un total de once años y medio en los Marines antes de decidir retirarme debido a la separación familiar que una carrera militar suponía. Ya había visto demasiado caos familiar para dejar que esto le pasara a mi familia, así que con cierta desgana e incluso dolor me retiré del servicio activo, y conseguí un empleo con una de las principales líneas aéreas. Me sentía orgulloso de la reputación que había ganado en el servicio militar. Yo tenía muchos logros y méritos en mi expediente; era un aviador de combate condecorado, y tenía mucha experiencia y pericia en el oficio de piloto.

Poco a poco fui ascendiendo en la estructura de la línea aérea y después de veinte años llegué a ser capitán de vuelo. La compañía sufrió una serie de conflictos laborales, y nuestra familia pasó por varias malas rachas. Durante una huelga larga, adoptamos a una niña para completar la familia. Nuestra bonita hija era de sangre india de la tribu chippewa, casi la mitad, y tenía diecisiete días cuando la llevamos a nuestra casa.

Yo seguía bebiendo cada vez más; pero no me creía diferente de mis compañeros de copas. Estaba muy equivocado. Dos veces me habían acusado de conducir bajo los efectos del alcohol, lo cual me parecía que no era sino mala suerte, y tuve que pagar unos substanciales honorarios legales para reducir los cargos. Esto ocurrió años antes de que la Administración de Aviación Federal empezara a cotejar los expedientes de conductor con las licencias de piloto.

Una noche, después de pasar toda una tarde bebiendo en compañía de dos miembros de mi tripulación, los tres fuimos arrestados. Nos acusaron de violar una ley federal que prohíbe la operación de un vehículo de transporte público bajo los efectos del alcohol o las drogas. Nunca se había aplicado esta ley al caso de un piloto. Me sentí devastado. De repente me encontré metido en una experiencia más horrible que la peor pesadilla imaginable.

El día siguiente llegué a casa abatido; no podía mirarle a los ojos a mi esposa.

Avergonzado, destruido, fui a consultar con dos médicos y me diagnosticaron alcoholismo. Esa misma noche me interné en un centro de tratamiento con sólo la ropa que llevaba puesta. Los medios de noticias se habían enterado de la historia y la estaban divulgando por todo el mundo, por todas las redes de televisión; no hay palabras para expresar la vergüenza y la humillación que sentía. Había desparecido toda la luz de mi vida, y me encontraba contemplando la posibilidad de suicidarme. No me podía imaginar que jamás pudiera volver a sonreír ni ver un día que amaneciera con un horizonte prometedor. No creía que un ser humano pudiera sufrir tanto como yo estaba sufriendo, y simplemente quería que pasara el dolor.

Tenía mala fama en los círculos de aviación comercial; y mi caso se convirtió en un auténtico festín para los medios de comunicación. Perdí mi certificado médico acreditado por la FAA a causa del diagnóstico de alcoholismo, y la FAA revocó todas mis licencias. Pensé en mis padres (ambos ahora fallecidos), mi pueblo indio, y en todos los que antes yo había considerado alcohólicos, y sabía que yo había llegado a ser lo que había prometido nunca llegar a ser.

Me enteré del fin de mi carrera por medio de las noticias de las seis de la tarde, una semana después de comenzar el tratamiento. No quise ver la televisión, pero mis compañeros pacientes me mantenían informado. Durante varias semanas yo aparecía en primera plana de actualidad. Mi caso ofrecía material de bromas a los cómicos de TV que seguían burlándose de mí, de mi profesión, y de mi compañía aérea.

Además me enteré de que iba a pasar un tiempo encarcelado en una penitenciaría federal. Si me declaraban culpable, la condena era obligatoria, y yo no tenía ninguna duda de que me iban a declarar culpable. Habiendo perdido todo, me dediqué a ampliar mis conocimientos sobre la recuperación. Estaba firmemente convencido de que la clave de mi sobriedad, y por consiguiente, de mi supervivencia, residía en la fuerza de todo lo que se me estaba enseñando, y no pasaba ocioso ni un minuto del tratamiento. Trabajaba con la misma diligencia con la que había trabajado para ser piloto, pero esta vez mi vida estaba en juego. Seguía esforzándome por reestablecer una conexión espiritual a medida que pasaba por un sinfín de crisis legales.

Salí del tratamiento resuelto a asistir a noventa reuniones en 90 días, pero me preocupaba por la posibilidad de que el día señalado para mi comparecencia ante el juez pudiera interferir en el plan, así que asistí a mis noventa reuniones en sesenta y siete días. El juicio duró tres semanas y tuvo una amplia cobertura en todos los medios de comunicación. La mayoría de los días, me refugiaba por la tarde en las reuniones de A.A. para allí recobrar fuerzas para el día siguiente. La recuperación y todo lo que había aprendido me hicieron posible enfrentarme a lo que estaba pasando de una forma muy, muy diferente de mis compañeros acusados. Muchas personas comentaban sobre mi serenidad ante esta experiencia horrorosa, lo cual me sorprendió. Dentro de mí, yo no sentía lo que los demás aparentemente veían.

Me declararon culpable y me sentenciaron a una condena de dieciseis meses en una prisión federal. Mis compañeros acusados fueron sentenciados a cumplir condenas de doce meses y optaron por seguir en libertad mientras apelaban el veredicto; yo opté por pasar directamente a la prisión para quitármelo de encima. Había aprendido a vivir la vida según me venía y no como quería que fuese. Me acordé de un poema que aprendí en mis días de estudiante de escuela secundaria en que aparecía la línea: "Los cobardes mueren miles de veces, el valeroso una sola vez," y quería hacer lo que había que hacer. Tenía miedo de entrar en la prisión, pero les dije a mis hijos que no podía salir hasta que no entrara. Sabía que el valor no es la ausencia del miedo; sino la capacidad de seguir adelante a pesar del miedo.

El día que entré en la prisión, nueve de mis compañeros pilotos empezaron a hacer los pagos de la hipoteca de mi casa, y esto lo siguieron haciendo durante casi cuatro años. Después de salir en libertad, intenté cuatro veces convencerles de que me dejaran volver a hacer los pagos, y las cuatro veces se negaron a hacerlo. Mucha gente venía para ayudarnos de lugares que nunca se nos hubiera ocurrido imaginar.

Pasé 424 días en una prisión federal. Empecé una reunión de A.A. en prisión, a la que los administradores se oponían; y nos causaban fastidios todas las semanas a la hora de reunirnos. La reunión nos ofrecía un oasis en el desierto, unos breves momentos de serenidad en la locura que era la prisión.

Después de cumplir mi condena tuve que pasar por un período de tres años de libertad vigilada, según la cual me imponían ciertas restricciones para viajar y otras trece condiciones más. Al salir de la prisión, ya no era piloto; volví al mismo centro de tratamiento en que anteriormente había sido paciente, y trabajé a tiempo completo con otros alcohólicos. El sueldo era muy pequeño, pero parecía que tenía talento para llegar a otros y sentía un fuerte deseo de devolver una parte de lo que se me había dado. Pasé unos 20 meses haciendo este trabajo.

Durante mucho tiempo no consideré la posibilidad de volver a volar, pero me era imposible quitarme del corazón el sueño de hacerlo. En un libro de meditación, leí la frase: "Antes de realizar un sueño hay que soñarlo." Me dijeron que si quería volver a volar, tendría que comenzar desde el principio con una licencia privada, a pesar de haber tenido una vez la licencia más avanzada otorgada por la FAA, la licencia de transporte aéreo. Estudié con toda diligencia y me presenté para los exámenes escritos. Tuve que volver a aprender lo que había aprendido hacía treinta años, y ya había olvidado. Inesperadamente, me devolvieron mi certificado médico de la FAA después de mostrar la calidad de mi sobriedad durante más de dos años.

El juez me había impuesto sanciones que me hacían imposible volver a volar debido a mi edad. Mi abogado, que había llegado a ser también mi amigo, trabajó tres años después del fallo sin cobrar un centavo. El era una de las personas que entraron en mi vida de una manera que sólo puedo atribuir a la Providencia Divina. Presentó al juez una moción para levantar las sanciones, y cuando me llamó para decirme que el juez la había aprobado, se me saltaron las lágrimas de alegría. Al levantar estas sanciones, lo imposible se volvió un poco menos imposible. Todavía nos quedaba mucho trabajo que hacer, pero por lo menos ahora teníamos un motivo para hacer el esfuerzo.

Ninguno de mis amigos creía que sería posible recuperar mis licencias comenzando por el principio, pero yo había aprendido a hacer muchas cosas un día a la vez, a pasos cortos y constantes, y de esta forma me puse a readquirir las licencias. Si yo hubiera elegido considerar el panorama total de requisitos para licencias, habría abandonado el proyecto por ser una tarea simplemente abrumadora. Pero día a día era una cosa posible de hacer. Y así lo hice.

Me di cuenta de que nadie me iba a contratar para ser

piloto de un avión de pasajeros. Yo era un ex convicto, un criminal condenado, un borracho. Tenía fuertes dudas de que incluso me contrataran para transportar mercancías. La FAA tardó varios meses en tramitar mis licencias y devolvérmelas por correo. El mismo día que me llegaron, ocurrió otro milagro. Recibí una llamada de teléfono del jefe del sindicato de pilotos, que me informó que el presidente de la línea aérea personalmente había decidido restituirme en el cargo. No había presentado una petición de rectificación de agravios aunque tenía derecho a hacerlo, porque sabía que mis acciones eran imposibles de defender o disculpar. Había aceptado resueltamente mi responsabilidad, ante las cámaras de televisión y en el centro de tratamiento, porque mi recuperación exigía la más rigurosa honradez.

Me era casi imposible creer que el presidente de la línea aérea pudiera considerar la posibilidad de ofrecerme un trabajo. Me quedé maravillado ante el valor de este hombre y esta compañía. ¿Qué pasaría si yo recayera? ¿Si volviera a volar borracho? Sería otro festín para la prensa. Cada día, al despertarme por la mañana, creía que todo era un sueño, que no podía haber ocurrido así.

Casi cuatro años después de mi arresto y la devastación explosiva de mi vida, firmé un acuerdo para volver a trabajar. Me devolvieron mi antigüedad de servicio y los beneficios de jubilación que había perdido, y de nuevo era piloto de vuelo. Había una muchedumbre reunida para verme firmar el documento.

Tantas cosas me habían sucedido en la vida. Perdí casi todo lo que había trabajado por lograr. Mi familia había conocido la vergüenza y la humillación pública. Yo había sido objeto de desprecio, ignominia y desgracia. Pero también me habían pasado otras cosas; por cada pérdida hubo una recompensa. Había visto las promesas del Libro Grande convertirse en realidad en una magnitud imposible de concebir. Logré mi sobriedad. Recuperé a mi familia, y volvimos a tener una relación íntima y cariñosa. Había aprendido a utilizar los Doce Pasos y a vivir el programa maravilloso establecido hacía muchos años por un par de borrachos.

Aunque tardé unos años en hacerlo, acabé aprendiendo a sentirme agradecido por mi alcoholismo y por el programa de recuperación en el que mi alcoholismo me forzaba a participar, por todo lo que había pasado, por una vida que sobrepasa todo lo que había conocido. No podría haber tenido todo esto hoy si no hubiera pasado por todos los ayeres.

Según las condiciones de mi acuerdo de trabajo, me jubilaría como co-piloto. Pero los milagros de este programa no tienen fin; y el año pasado recibí la notificación de que el presidente de la línea aérea había concedido permiso para que yo fuera nuevamente capitán de vuelo.

Me jubilé a la edad de 60 años, como capitán de un 747, lo cual significa que terminé mi último año en el asiento de la izquierda. El círculo, figura sagrada para la gente india, nuevamente se habrá cerrado.

Me atribuyo muy poco mérito por todo lo que ha sucedido. Me preparé y me presenté, pero el proceso de A.A., la gracia de un Dios amoroso, y la ayuda de mucha gente alrededor mío son los verdaderamente responsables de todos los acontecimientos de mi vida. Hoy día, uno de mis hijos lleva tres años y medio sobrio después de casi perder su vida por culpa del alcohol y las drogas. El representa otro milagro de mi vida por el que me siento profundamente agradecido.

He vuelto a vivir con mi pueblo indio después de una larga ausencia llena de vergüenza. He vuelto a bailar y practicar las viejas costumbres que había abandonado. He hablado ante dos convenciones de A.A. de nativos norteamericanos, algo que nunca hubiera podido creer de joven. Es cierto que la adversidad nos hace conocernos a nosotros mismos. Pero no tenemos que enfrentarnos solos con la adversidad mientras podamos encontrar a otro alcohólico en una reunión de Alcohólicos Anónimos.

UNA NUEVA OPORTUNIDAD

*Pobre, negra, absolutamente dominada por el alco-
hol, se sentía privada de la oportunidad de llevar una
vida que mereciera la pena. Pero al comenzar a cumplir
una condena en prisión, se le abrió una puerta.*

SOY UNA ALCOHÓLICA africana-americana. No sé
cuándo me convertí en alcohólica, pero creo que
llegué a serlo porque bebía en exceso y con demasiada
frecuencia.

Siempre echaba la culpa de mi forma de beber al
hecho de ser pobre, o a cualquier otra cosa o causa aparte de la verdadera: o sea, que me gustaba el efecto que
la bebida tenía en mí, que al tomarme un trago me sentía tan importante y tenía tanto como la demás gente.
No admitía nunca que bebía demasiado o que gastaba
en beber el dinero que debía haber usado para comprar
comida para mis dos hijos.

Con el paso del tiempo, bebía cada vez más. No podía
conservar un empleo: nadie quiere tener que tratar con
una borracha. Siempre me las arreglaba para conseguirme un novio que era propietario de un bar o vendedor
de licores; pero las relaciones nunca duraban mucho
tiempo. Siempre hacía pasar vergüenza a todos, presen-
tándome borracha a trabajar o perdiendo el conocimiento. Entonces, llegué al punto en que no podía
beber sin acabar en la cárcel. En una de esas ocasiones,
al juez debió de parecerle que valía la pena salvarme,
porque en vez de condenarme a la cárcel, me mandó

asistir a las reuniones de A.A. por un mes.

Fui a las reuniones de A.A. Por lo menos, mi cuerpo estaba en el local. Odiaba cada minuto que pasaba allí. Me moría de ganas de que la reunión terminara para ir a tomarme un trago. Tenía miedo de beber antes de la reunión. Creía que si el aliento me olía a licor, me echarían en la cárcel, y no podía vivir sin la botella. Sentía odio a ese juez por haberme enviado a ese lugar lleno de borrachos. Yo no era alcohólica.

Claro que de vez en cuando bebía demasiado. Todos los que yo conocía bebían. Pero no me acuerdo de nadie que se durmiera en el bar y que se despertara descalzo en el invierno o se cayera de las sillas. Todo eso lo hice yo. No me acuerdo de ningún conocido mío que se viera en la calle en pleno invierno por no pagar el alquiler. Pero para mí, el whisky era más importante que tener un hogar para mis hijos.

Tanto empeoraron las cosas que tenía miedo de salir a la calle, así que recurrí a la Asociación de Ayuda a las Madres. Para una mujer alcohólica no podría haber una cosa peor. Cada mes esperaba la llegada del cartero, como toda madre buena, pero en cuanto me entregaba el cheque, me ponía mi vestido más bonito y me iba a buscar a mi amigo alcohólico. Una vez que comenzaba a beber, no me importaba en absoluto el no haber pagado el alquiler, ni el que no hubiera comida en la casa, ni que mis hijos necesitaran zapatos nuevos. Seguía bebiendo hasta que se me acababa el dinero. Luego, volvía a casa, llena de remordimientos, preguntándome qué iba a hacer hasta que me llegara el próximo cheque.

Con el tiempo, empecé a salir y a olvidarme de cómo volver a casa. Me despertaba en alguna pensión de mala muerte con cucarachas corriendo por todas partes. Y llegó el momento en que el dinero no me alcanzaba para comprar whisky, así que empecé a beber vino. Acabé hundida en los bajos fondos y tenía miedo de que mis amigos lo supieran, así que iba los peores lugares. Durante el día, pasaba por los callejones para que nadie me viera.

Sentía como si no tuviera nada por qué vivir e intenté suicidarme muchas veces. Pero siempre me despertaba en el pabellón psiquiátrico para allí empezar otro período largo de tratamiento. Me di cuenta de que el pabellón psiquiátrico era un buen refugio donde esconderme después de vender algo robado en la casa de empeños. Razonaba así: si la policía viniera al hospital a buscarme, los médicos les dirían que yo estaba loca y no sabía lo que estaba haciendo. Pero luego un buen médico me dijo que el único mal del que yo sufría era el de beber en exceso. Me dijo que si volviera al hospital otra vez, me enviarían al hospital estatal. No quería encontrarme en esa situación, así que dejé de ir al pabellón psiquiátrico.

Había llegado a tal punto que me despertaba con los ojos morados sin saber cómo ni por qué, o con un montón de dinero sin saber dónde lo había conseguido. Más tarde, descubrí que solía pasar por las tiendas, robar ropa y venderla. Un día desperté con mil dólares. Estaba tratando de recordar de dónde me había venido este dinero cuando dos de los policías más grandes que había visto en mi vida entraron en mi habitación y me llevaron a la cárcel. Resultó que yo había vendido un abrigo de pieles a una mujer. La policía la detuvo y ella les dijo que yo se lo había vendido. Muy pronto fui puesta en libertad bajo fianza, pero cuando tuve que comparecer ante la justicia, el juez me sentenció a cum-

plir una condena de treinta días. Al cumplir los treinta
días, me puse de nuevo a hacer mis rondas. Esto no
duró mucho. Me dicen que durante este período maté
a un hombre, pero no recuerdo nada. Para mí todo este
período era una constante laguna mental. Teniendo en
cuenta que yo había estado borracha, el juez me condenó solamente a doce años de prisión.

Por la gracia de Dios, sólo cumplí tres años de la condena. Allí, mientras estaba encarcelada, descubrí lo que
A.A. realmente es. En el mundo de afuera lo había
rechazado, pero luego en la prisión A.A. vino a mí.
Ahora doy gracias a mi Poder Superior por haberme
deparado una nueva oportunidad de vivir y probar A.A.
y de esforzarme por ayudar a otros alcohólicos. Hace ya
un año que estoy de regreso en casa y hace cuatro años
que no me he tomado un trago.

Desde que me uní a Alcohólicos Anónimos, he hecho
más amistades que nunca—tengo amigos que se preocupan por mí y por mi bienestar. No les importa que sea
negra ni que haya pasado tiempo en prisión. Lo único
que les importa es que soy un ser humano y que quiero
mantenerme sobria. Desde que volví a casa, he podido
ganar nuevamente el respeto de mis dos hijos.

Lo que me molesta, no obstante, es que sólo hay unos
cinco miembros africano-americanos de A.A. en la ciudad donde vivo. Y ellos no participan en las actividades
de A.A. tanto como me gustaría verlos participar. No sé
si es la fuerza de la costumbre u otra cosa lo que les
impide moverse de una parte a otra, pero sí sé que en
A.A. todavía nos queda mucho trabajo por hacer, y
nadie puede hacerlo sin moverse.

Creo que algunos africano-americanos aquí—y en
otros lugares también—tienen miedo a ir a otras reu-

niones. Quiero decirles que no tienen por qué tener miedo; nadie los va a morder. No hay barreras de color en A.A. Si haces la prueba, te darás cuenta de que somos verdaderos seres humanos y te daremos la más calurosa acogida imaginable, abrazándote y recibiéndote en nuestros corazones.

Escribo esta historia durante una convención de A.A. donde he pasado el fin de semana con gente blanca. No me han comido todavía. No he visto ni una cara negra aparte de la mía desde que llegué, y si no me mirara al espejo, no sabría que yo soy negra, porque los demás concurrentes me tratan como un igual, como uno de ellos, y esto es lo que soy. Todos padecemos de la misma enfermedad y al ayudarnos, unos a otros, tenemos la posibilidad de mantenernos sobrios.

(13)

UN COMIENZO TARDÍO

"Han pasado diez años desde que me jubilé, siete años desde que me uní a A.A. Ahora puedo decir de verdad que soy una alcohólica agradecida."

SOY UNA ALCOHÓLICA de 75 años de edad. Durante 55 de esos 75 años llevé lo que se suele conocer como una vida de clase media normal. El alcohol había desempeñado un papel en mi vida tan pequeño como las batatas escarchadas—sabrosas cuando las tienes pero si no las tienes, no se echan de menos. Me crié en hogar de padres cariñosos, con un hermano mayor, una continua sucesión de animales domésticos, caballos de montura, y amigos que siempre eran bienvenidos. En nuestra casa había una disciplina estricta pero que estaba de acuerdo con las ideas predominantes de los primeros años del siglo XX; no considero de ninguna manera que abusaran de mí. Asistí a colegios privados y más tarde a una universidad del medio oeste. Me casé, tuve hijos, trabajé, experimenté el dolor de la pérdida de mis padres y de un hijo. Conocí también el placer de los buenos amigos y el éxito económico. Me gustaba montar a caballo, nadar, jugar al tenis y disfrutar de tardes tranquilas con mis hijos, libros y amigos.

¿Qué me pasó a mí en algún momento entre los 55 y los 63 años? No tengo ni idea. ¿Llegó la vida a ser demasiado? ¿Tal vez un gene latente de pronto cobró vida propia con inusitado ardor? No sé. Lo único que sé es que a los sesenta y cinco años era como un sucio gusano que se arrastra, dispuesta a empañar todo lo había trabajado por conseguir y a profanar cada apreciada relación que tenía. También sé que por una maravillosa sucesión de circunstancias y personas inspiradas por Dios, me vi guiada hacia la única forma posible de comportamiento que me mantendría sana, sobria, constructiva y feliz.

Me tomé mi primer trago a los 20 años, y aunque me gustó el sabor, no me gustó cómo me hizo sentir. No volví a beber hasta los 30 años y creía que me hacía parecer sofisticada y refinada. Durante esos años, un par de tragos era suficiente, y a menudo pasaba toda la tarde con un solo whisky con hielo. Cuando tenía treinta y nueve años, mi hijo de doce años fue diagnosticado con cáncer incurable y al cabo de pocos meses mi marido pidió el divorcio. Los cinco años siguientes que mi hijo siguió con vida, yo apenas si bebía y nunca lo hacía sola. La angustia, el miedo, el dolor y el agotamiento no me impulsaron a convertirme en una borracha. La felicidad abrió esa puerta mucho más tarde.

Entre los 40 y 50 años, mi interés en el alcohol aumentó. Aunque seguía trabajando, me había aislado para cuidar de mi hijo y de su hermana pequeña, ya que ambos necesitaban una dosis especial de estabilidad, amor y seguridad. Poco después de la muerte de mi hijo, hice un esfuerzo enérgico para volver al mundo de los adultos. Mi debut tuvo influencia en mi forma de beber. Todavía no era obsesiva pero empezó a hacerse cada vez más una parte integrante de mi vida diaria. Siempre servía cócteles cuando tenía invitados en casa; y rara vez asistía a reuniones de amigos en las que no se sirviera alcohol. Siempre me las arreglaba para encontrarme con la gente que bebía después de cualquier actividad, ya fuera una clase de entrenamiento de perros o una clase de pintura al óleo. Cuando me acercaba a los 50 años, no era raro que me tomara un trago sola por la tarde, pero había muchos días en que no bebía nada. Cualquier evento me servía de ocasión para celebrar en exceso, y cada vez más fines de semana bebía lo suficiente para emborracharme y sufrir una resaca al día siguiente. No obstante, durante este período me dieron un importante ascenso en el trabajo.

Tenía 49 años cuando me casé por segunda vez. Años antes, habíamos salido juntos durante la escuela secundaria y dos años de la universidad pero luego nos vimos separados por la Segunda Guerra Mundial. Cada uno se había casado, divorciado y, treinta años más tarde, nos volvimos a encontrar por casualidad. Pasamos diez maravillosos años de risas y compartimiento, bien rociados de martinis y whisky con hielo. Cualquier persona versada en el alcoholismo que me hubiera visto a la edad de 60 años, se habría dado cuenta de que me esperaban grandes dificultades. Nuestros planes de felicidad se deshicieron en reproches, empezaron las riñas, y las comidas se quemaban. Huracanes de ira pasaban azotando por nuestra otrora feliz casita. Estábamos de acuerdo en que bebíamos demasiado. Probamos la táctica de cambiar de bebida, de controlar el horario de beber, de beber sólo los fines de semana. Nada nos dio resultado. Entre los dos estábamos destrozando nuestro presupuesto. Mi marido perdió su trabajo y luego durante dos años angustiosos lo vi morir de alcoholismo, Pero su muerte no me enseñó nada y bebía cada vez más intentando consolarme con la botella.

Después de los 60 años me emborrachaba todas las noches y cada vez me ausentaba más frecuentemente del trabajo con la excusa de estar enferma o por motivos personales. La vida era un puro y auténtico infierno. Tenía temblores tan violentos cuando estaba en el trabajo que vacilaba en dictar cartas por temor a tener que firmarlas. Inventaba cualquier excusa posible para reunirme con alguien para un "almuerzo de negocios" y así poder tomarme un par de copas. A medida que progresaba mi alcoholismo, aumentaban mis ausencias y disminuía mi productividad. Escribía cheques sin fondos, empeñaba la platería, lloraba mis pérdidas y seguía bebiendo.

Finalmente, un frío día de invierno, llamé a Alcohólicos Anónimos y aquella tarde dos señoras me llevaron a una reunión. Tardamos veinticinco minutos en llegar en coche a la reunión, y recuerdo lo bien que me hacía sentir hablar de mis temores y mis temblores, lo amables que ellas eran sin fomentar mi autocompasión. Recuerdo que me ofrecieron una taza de café que apenas podía sostener con las manos y recuerdo oír promesas imposibles que se harían realidad si yo hiciera un compromiso imposible. Quería dejar de beber. Las señoras me sugirieron que a la noche siguiente fuera a una reunión de mujeres y así lo hice. Antes de irme me tomé un trago, por supuesto, y me llegó el turno de presentarme a mí misma, dije que mi cerebro me decía que era alcohólica, pero el resto de mi ser no lo creía. Al día siguiente por la noche, nevó, y me quedé en casa y bebí. Así terminó mi primer intento de integrarme en A.A.

Algunos meses más tarde para celebrar el cumpleaños de mi hija la invité con su marido a cenar en mi casa. Me encontraron tirada en el suelo del salón de estar, inconsciente. ¡Qué triste regalo de cumpleaños! Fue muy fácil persuadirme de ingresar en un programa de desintoxicación en el hospital local. Yo sabía que tenía un grave problema; me sentía avergonzada y destrozada por haberle causado tal sufrimiento. Después de siete días de desintoxicación y ocho semanas de buen tratamiento con un psicólogo, estaba desintoxicada, sobria y lista para enfrentarme de nuevo al mundo. El médico me sugirió enérgicamente que participara en el programa de A.A. local, pero no quise hacerlo. Estaba curada y no necesitaba más ayuda.

Un año y medio más tarde me jubilé. Estaba disfrutando de mi nueva libertad y me concedí permiso para tomarme un trago sólo cuando salía a cenar. Esto me dio tan buen resultado que me propuse una nueva norma: Me podía tomar un cóctel antes de la cena y una copa después de la cena. Luego establecí la norma de que podía servir alcohol a mis amigos en casa. Esa fue la norma que me lanzó en picado a la temible embriaguez. Estaba peor que antes. Me creé un infierno en mi propia casa. Allí andaba sin bañarme, con el mismo camisón día tras día, con miedo al teléfono, al timbre de la puerta y a la oscuridad. Si el reloj me decía que eran las seis, yo no sabía si eran de la mañana o de la tarde. Los días se sucedían uno tras otro con una angustiosa monotonía. Me arrastraba a la cama, bebía cuando me despertaba, me sentaba temblando de miedo de que me fuera a ocurrir alguna tragedia desconocida. Recuerdo llorar a gritos por no poder hacer café, sentarme acurrucada en un rincón intentando encontrar una forma de suicidarme sin crear un gran desorden. Tal vez lo hubiera intentado pero tenía miedo de que nadie me encontrara antes de empezar a apestar.

De nuevo mi hija me rescató y me interné en el programa de desintoxicación del hospital. Esa vez pasé allí

diez días. Durante ese tiempo, había reuniones de A.A.
en el hospital. Me sentía realmente conmovida por el
hecho de que el coordinador era un hombre joven con
una pierna escayolada y con muletas, y aún más cuando
me enteré de que lo hacía como voluntario. Dos veces
antes de salir del hospital, me permitieron asistir a reuniones de A.A. de afuera.

Otras personas han dicho que se aferraron ansiosamente al programa de A.A. A diferencia de ellos, no
empecé a asistir a las reuniones de buena gana; ni tampoco me sentí cómoda inmediatamente. Pero no tuve
otra alternativa. Ya había probado todas las posibles
escapatorias, y todas me habían llevado al fracaso. Tenía
69 años de edad. No tenía ni tiempo ni salud para perder. Durante seis meses no bebí, asistí a reuniones y a
veces leía el Libro Grande. Llegaba a las reuniones pun-
tualmente, me sentaba silenciosamente, y me iba tan
pronto como se cerraba la reunión. Yo no era parte del
grupo en ningún sentido. No estaba impresionada por
lo que se decía ni creía en los mensajes que oía. Luego,
un día, se me pidió que hablara, y exploté. Dije que de
ninguna manera era una "alcohólica agradecida", que
odiaba mi situación, que no disfrutaba las reuniones y
que no salía renovada de ellas. No encontré ni alivio ni
desarrollo en la Comunidad.

Con la arrogancia de esa declaración empecé a sanar.
Después de la reunión se me acercó una de las mujeres
y me dijo que estaba a punto de "recaer". Se ofreció para
ayudarme a encontrar una madrina y me presentó a la
persona que yo necesitaba. Esa señora llevaba sobria
diecinueve años y, aún más importante, tenía una gran
experiencia en ayudar a los alcohólicos y guiarlos por los
pasos de A.A. No quiero decir que me lancé con agrado

a practicar el programa. A la hora de dar cada paso, intentaba evitarlo, me sentía resentida y me negaba a aceptarlo. Me sentía amenazada por cada concepto nuevo y resentida con mi madrina que parecía decidida a reducirme a la estupidez total. Tardé años en darme cuenta de que no estaba resentida con mi madrina sino con los cambios que el programa me exigía hacer.

Con la paciencia del amor incondicional, me llevó primero a admitir que era impotente ante el alcohol y luego a reconocer que otras personas antes que yo habían superado su enfermedad. Que tenía que haber alguna fuente de ayuda más poderosa que cualquiera de nosotros y que juntos éramos una reserva de energía a la que cualquiera de nosotros podría recurrir. Desde ese punto no resultó difícil aventurarse a creer que existe un Poder superior a cualquiera de nosotros y al aceptar esto encontré el camino hacia mi propio Poder Superior. Sobre esta base espiritual empecé a construir una nueva vida.

El Tercer Paso fue para mí el más difícil. Pero después de darlo, descubrí que podía hacer frente a los demás pasos o desenredarlos si tenía presente la necesidad de relajarme, confiar en el programa e implementar el paso en vez de resistirme a admitirlo. El aceptar a mi Poder Superior no cambió completamente mi actitud de resistencia. Simplemente me hizo parecer más razonable y aceptable el someterme a la instrucción. Con cada paso tenía que pasar por el proceso de reconocer que no podía controlar mi forma de beber. Tenía que llegar a darme cuenta de que los pasos de Alcohólicos Anónimos habían ayudado a otras personas y podrían ayudarme a mí. Tenía que darme cuenta de que si deseaba la sobriedad, más me valía darlos, me gustara o no me gustara. Cada vez que me encontraba en dificultades acababa dándome cuenta de que me estaba resistiendo al cambio.

Mi mentora tuvo que recordarme que A.A. es más que un proyecto. A.A. me ofrece la oportunidad de mejorar la calidad de mi vida. Llegué a ver que siempre me espera una experiencia más amplia y profunda. Al comenzar mi desarrollo recuerdo haber expresado mi gratitud a mi madrina por las horas incontables que me había dedicado. Me dijo, "¿No crees que algún día vas a hacer lo mismo por otra persona?" Le respondí, "No seré responsable de nadie, ni ante nadie nunca más en mi vida." Esa negación de devolver algo a la Comunidad hizo que me demorara en ofrecerme para prestar cualquier servicio y por consiguiente retrasó mi desarrollo. Pasaron dos años antes de que estuviera dispuesta a servir como secretaria del grupo. Pasaron cuatro años antes de ofrecerme por primera vez a ser madrina. Hoy me siento agradecida por que unas cuantas mujeres me dejan entrar en sus vidas. Mi propia comprensión va ampliándose y profundizándose gracias a su influencia en mi vida. Según la principiante y yo estudiamos cada paso, las dos, ella y yo, tenemos nuevas oportunidades de comprender cómo funciona y descubrimos una nueva faceta de esta joya de la sobriedad. Ahora me siento orgullosa de ser parte de la Comunidad que me indicó el camino por el que salí del infierno. Ahora estoy deseosa de compartir mi experiencia con otras personas tal como otras personas han compartido su experiencia conmigo.

Siguen sucediendo pequeños milagros, y me ofrecen nuevas posibilidades cuando tengo que cambiar y desarrollarme. Nuevos amigos me han enseñado las verdades escondidas en aquellos refranes que antes me parecían tan trillados. La tolerancia y la aceptación me han enseñado a mirar más allá del aspecto exterior para encontrar la ayuda y la sabiduría por debajo de la superficie. Mi sobriedad y mi desarrollo, mental, emocional y espiritual dependen de mi disposición para escuchar, entender y cambiar.

Durante mi quinto año, como parte de mi inventario personal anual, me di cuenta de no haber logrado cultivar la profundidad espiritual en mi programa. Había aceptado lo que me habían enseñado, pero no había ido en búsqueda del desarrollo personal que veía en otras personas. Busqué y encontré personas que llevan el programa consigo al mundo real donde viven, trabajan y se divierten. Gracias a estas personas y los preceptos y el ejemplo que me ofrecen, encuentro el entusiasmo diario esencial para mi desarrollo como persona y para mi contacto con mi Poder Superior.

Me acerqué a Alcohólicos Anónimos con temor y vacilación. Luego, impulsada por el terror de mis experiencias pasadas, di pasos cortos y delicados en mi nuevo camino. Cuando el apoyo me parecía firme, cada paso vacilante me acercaba un poco más a la confianza. Me sentía más segura de mí misma, se iba profundizando mi fe en mi Poder Superior y acabé viendo una luz que no sabía que existía. Algo cambió dentro de mí y dio cabida a una fuente de fortaleza, comprensión, tolerancia y amor. Aquella mujer egoísta y retraída que anunció al mundo que no sería "responsable de nadie ni ante nadie nunca más en la vida," ahora se siente sinceramente contenta con simplemente estar disponible. Considero un privilegio ayudar a otro borracho.

"Han pasado diez años desde que me jubilé, siete

años desde que me uní a A.A. Ahora puedo decir de verdad que soy una alcohólica agradecida. Si no hubiera llegado a ser una borracha, no habría sido sino una estadística, sobria y triste. A los 75 años, sería una vieja mujer, solitaria e inútil, que pasaría el día viendo la televisión, haciendo punto en mi casa, sin amigos, hundiéndome cada vez más en la depresión de la vejez. Por contraste, A.A. ha llenado mis días de amigos, risas, progresos y un sentimiento de mi propia valía que radica en la actividad constructiva. Mi fe en mi Poder Superior y mi contacto con él brilla con un esplendor mayor de lo que me hubiera podido imaginar. Las promesas que me parecían imposibles ahora son una fuerza efectiva en mi vida. Puedo reír todo lo que quiera, puedo confiar en otros y ser digna de la confianza de otros, puedo dar y recibir ayuda. No me siento avergonzada ni arrepentida. Puedo aprender y desarrollarme y trabajar. Me he bajado de aquel tren en que viajaba por un infierno de soledad, terror y sufrimiento. He aceptado el regalo de un viaje por la vida más seguro y feliz.

(14)

LIBERADA DE LA ESCLAVITUD

Joven cuando se unió a A.A., esta compañera cree que su grave problema con la bebida era consecuencia de defectos aún más profundos. Aquí nos cuenta cómo fue liberada.

*L*OS TRASTORNOS mentales que me condujeron a mi carrera de bebedora empezaron años antes de que me tomara un trago, porque soy una de esas cuya historia demuestra, fuera de toda duda, que el beber era un "síntoma de una afección más profunda."

Como consecuencia de mis esfuerzos para llegar a las "causas y condiciones," estoy convencida de la presencia, desde mis primeros recuerdos, de una enfermedad emocional. Nunca reaccionaba normalmente a ninguna situación emocional.

La profesión médica probablemente me explicaría que las cosas que me pasaron en mi niñez me condicionaron a ser alcohólica. Y estoy segura de que tendrían razón según su punto de vista; pero A.A. me ha enseñado que soy el resultado de la *forma en que yo reaccionaba* a lo que me pasaba cuando era niña. Y lo que es aun más importante para mí, A.A. me ha mostrado que por medio de este sencillo programa puedo experimentar un cambio en esa reacción habitual que me hará posible "enfrentarme a la calamidad con serenidad."

Soy hija única, y cuando tenía siete años de edad, mis padres se separaron inesperadamente. Sin ninguna explicación me llevaron de mi casa de Florida a la casa de mis abuelos en el oeste central del país. Mi madre se fue a una ciudad vecina para trabajar, y mi padre, siendo alcohólico, simplemente se fue. Mis abuelos me eran totalmente desconocidos, y recuerdo sentirme sola, herida y aterrada.

Con el tiempo, llegué a la conclusión de que me sentía herida porque quería a mis padres, y por ello, según razonaba, si yo no me permitía nunca querer nada ni a nadie, no sería posible que nadie me hiriera en el futuro. Llegó a ser un acto reflejo el apartarme de cualquier cosa o persona a la que empezara a tener cariño.

Me crié con la creencia de que una persona tenía que ser completamente autosuficiente, porque era demasiado arriesgado depender de otro ser humano. La vida me parecía bastante sencilla: hacías un plan basado en lo que deseabas tener, y luego lo único que te hacía falta era el valor para conseguirlo.

A finales de mi adolescencia empecé a sentir emociones imprevistas: inquietud, ansiedad, temor e inseguridad. En aquel entonces, la única seguridad que reconocía era la seguridad material, y me dije que todos esos sentimientos intrusos se desvanecerían inmediatamente si tuviera mucho dinero. La solución me parecía muy simple. De manera fría y calculadora me propuse casarme con un hombre rico, y lo hice. Pero la única cosa que cambió fue mi entorno físico, y pronto se puso bien claro que podía tener las mismas emociones incómodas con una cuenta corriente ilimitada que con el salario de una oficinista. En este punto me resultaba imposible decir: "Tal vez mi filosofía esté equivocada," y sin duda alguna no podía decir, "tal vez yo tenga un problema." No me resultó difícil convencerme a mí misma de que mi infelicidad era la culpa del hombre con quien estaba casada, y antes de un año me divorcié de él.

Volví a casarme y divorciarme otra vez antes de cumplir los 23 años, esta vez con un músico famoso, un hombre deseado por muchas mujeres. Creía que esto reforzaría mi ego, me haría sentir deseada y segura, y aliviaría mis temores; pero nuevamente nada cambió dentro de mí.

La única importancia que tiene todo esto está en el hecho de que a los 23 años estaba tan enferma como a los 33, cuando llegué a A.A. Pero en aquel entonces no tenía a dónde recurrir porque no tenía un problema con la bebida. Si hubiera podido explicar a un psiquiatra los sentimientos de inutilidad, soledad y falta de dirección que acompañaban al profundo sentimiento de fracaso personal en este segundo divorcio, dudo seriamente que el buen doctor pudiera haberme convencido de que mi problema fundamental era el hambre espiritual. Pero A.A. me ha enseñado que esto es la verdad. Y si en ese entonces hubiera podido recurrir a una iglesia, estoy segura de que no me hubieran podido convencer de que mi enfermedad estaba dentro de mí misma, ni hubieran podido enseñarme, como A.A. lo ha hecho, que el autoanálisis es vital para mi supervivencia. Así que no tenía a dónde recurrir. O así me parecía a mí.

No tenía miedo a nada ni a nadie después de conocer la bebida. Desde el mismo comienzo, parecía que con el alcohol podía retirarme a mi mundo privado y personal donde nadie podía alcanzarme y herirme. Parece apropiado que cuando por fin me enamoré, me enamoré de un alcohólico, y durante los diez años siguientes, yo fui avanzando tan rápido como era humanamente posible en lo que creía que era el alcoholismo irremediable.

Durante esa época, nuestro país estaba en guerra. Mi marido pronto se vistió de uniforme y fue uno de los primeros en ir al extranjero. En muchos aspectos mi reacción a esta circunstancia fue idéntica a la reacción que tuve a los nueve años de edad cuando mis padres me abandonaron. Físicamente yo me había desarrollado al ritmo normal y había tenido una típica formación intelectual, pero no tenía ninguna madurez emocional. Ahora me doy cuenta de que esta fase de mi desarrollo se quedó estancada por mi obsesión egoísta, y mi egocentrismo había llegado a tal magnitud que todo lo que estuviera fuera de mi control personal era para mí imposible. Estaba hundida en la autocompasión y los resentimientos, y creía que sólo mis conocidos de los bares, personas que bebían como yo, podían entenderme y respaldar mi actitud. Me resultaba cada vez más necesario escaparme de mí misma, porque los remordimientos, la vergüenza y la humillación que sentía cuando estaba sobria llegaron a ser casi insoportables. La existencia sólo era posible si podía inventar justificaciones en todo momento sobrio y beber hasta perder el conocimiento tan frecuentemente como fuera posible

Finalmente, mi marido volvió, pero tardamos muy poco en darnos cuenta de que no podíamos seguir casados. Para aquel entonces, yo ya era una maestra consumada en engañarme a mí misma y estaba convencida de que había pasado todos los años de la guerra esperando a que este hombre volviera a casa, y según se iban intensificando mis resentimientos y mi autocompasión, así también se iba intensificando mi problema alcohólico.

Durante los tres últimos años de mi carrera de bebedora, bebía en el trabajo. Si pudiera haber canalizado la cantidad de fuerza de voluntad que aplicaba a controlar mi forma de beber durante las horas laborables en algún esfuerzo constructivo, habría llegado a ser presidenta, y lo que hacía posible esa fuerza de voluntad era saber que en cuanto terminaba mi trabajo podía empezar a beber hasta perder el conocimiento. Por dentro, estaba muerta de miedo, porque sabía que llegaría el día (y no en un futuro muy remoto) en que no podría seguir en ese trabajo. Tal vez no iba a tener ningún trabajo, o tal vez (y esto es lo que más temía) no me importaría tener o no tener un trabajo. Sabía que empezara donde empezara, acabaría inevitablemente en los barrios bajos. La única realidad que yo era capaz de reconocer me había visto impuesta por simple repetición: *tenía que beber*; y no sabía que había algo que yo pudiera hacer al respecto.

Alrededor de esa época conocí a un hombre que tenía tres hijos sin madre, y parecía que esto podría ser la solución a mi problema. Nunca había tenido hijos, y el no tenerlos a menudo me ofrecía una buena excusa para beber. Me parecía lógico que si me casara con este hombre y asumiera la responsabilidad de sus hijos, estos hijos me mantendrían sobria. Así que me volví a casar. Cuando después de unirme al programa conté mi historia, esta parte hizo comentar a una de mis compañeras que yo siempre era una candidata segura para la Comunidad porque siempre había tenido un vivo interés en la humanidad—hombre a hombre.

Los hijos me mantuvieron sobria casi tres semanas enteras, y luego me lancé a mi última borrachera (Dios lo quiera). He oído decir muchas veces en A.A., "en la vida del alcohólico hay solamente una buena borrachera, la que lo lleva a A.A."; y así lo creo yo. Estuve borracha sesenta días seguidos, 24 horas al día, y era mi intención beber hasta literalmente morir. Durante esta fase me encarcelaron por segunda vez por estar borracha en un auto. Yo era la única persona que conocía que había estado en la cárcel, y supongo que es importante que la segunda vez fue menos humillante que la primera.

Por fin, desesperada, mi familia pidió consejo a un médico, y él les sugirió A.A. Los miembros que vinieron a visitarme se dieron cuenta inmediatamente de que yo no estaba en condiciones de absorber nada del programa. Me ingresaron en una casa de reposo para desintoxicarme y así poder tomar una decisión sobria respecto al asunto. En ese entorno, me di cuenta por primera vez en mi vida de que por ser una alcohólica activa no tenía ningún derecho. La sociedad puede hacer lo que quiera conmigo cuando estoy borracha, y no puedo hacer nada para resistirlo, porque pierdo todos mis derechos por el simple hecho de convertirme en una amenaza a mí misma y a la gente alrededor mío. Me sentía profundamente avergonzada al ver que había vivido sin ningún sentido de obligación social, ni había entendido el significado del concepto de responsabilidad moral ante mis prójimos.

Asistí a mi primera reunión de A.A. hace ocho años, y con agradecimiento profundo puedo decir que desde entonces no me he tomado un trago y no tomo sedantes ni narcóticos, porque este programa para mí supone la sobriedad total. Ya no tengo que huir de la realidad. Una de las maravillosas verdades que A.A. me ha enseñado es que la realidad tiene dos caras. Antes de unirme al programa sólo había conocido la cara lúgubre; en A.A. he tenido la oportunidad de llegar a conocer la cara alegre también.

Los miembros de A.A. que me apadrinaban me dijeron al principio que iba a encontrar no solamente una forma de vivir sin beber sino también una forma de vivir sin *querer* beber, si hiciera unas pocas cosas simples. Me dijeron que si yo quería saber *cómo* funcionaba este programa, considerara lo que el Libro Grande llama lo esencial de la recuperación: honradez, amplitud de mente, y buena voluntad. Me sugirieron que estudiara el Libro Grande y que intentara dar los Doce Pasos según el libro los explicaba, porque en su opinión la aplicación de estos principios en nuestra vida diaria nos hace posible lograr la sobriedad y mantenernos sobrios. Así lo creo yo, y creo también que asimismo es imposible practicar estos principios lo mejor que podamos, día tras día, y seguir bebiendo, porque no creo que estas formas de actuar sean compatibles.

No tuve el menor problema en admitir que era impotente ante el alcohol, y sabía sin duda que mi vida había llegado a ser ingobernable. No tuve que hacer más que reflexionar sobre el contraste entre los planes que había hecho hacía ya tantos años y lo que realmente me estaba sucediendo para ver que no podía manejar mi vida ni borracha ni sobria. A.A. me enseñó que la *buena voluntad para creer* es suficiente para empezar. Ha sido cierto en mi caso; no tenía de qué quejarme en cuanto a "devolvernos el sano juicio," ya que, antes de A.A., mis acciones, borracha o sobria, no eran las de una persona cuerda. Mi deseo de ser sincera conmigo misma me hizo necesario darme cuenta de que mi forma de pensar era irracional. Tenía que serlo; si no, no habría podido justificar mi conducta errática como solía hacer. Podría haberme beneficiado de leer la definición que aparece en el diccionario: "racionalizar es dar una razón socialmente aceptable por una conducta que no es socialmente aceptable, y la conducta que no es socialmente aceptable es una especie de locura."

A.A. me ha hecho posible proponerme objetivos y tratar de lograrlos con serenidad y me ha deparado la oportunidad de ser de utilidad a Dios y a la gente que me rodea, y tengo una fe serena en la infalibilidad de estos principios que posibilitan la realización de mis objetivos.

A.A. me ha enseñado que conoceré la tranquilidad de espíritu en la medida precisa en que la lleve a las vidas de otras personas, y me ha enseñado el verdadero significado de la advertencia "bienaventurados son los que conocen estas cosas *y las hacen.*" Porque los únicos problemas que tengo ahora son los que yo me creo cuando me da un ataque de obstinación.

He tenido muchas experiencias espirituales desde que me uní al programa, y en muchos casos no me daba cuenta inmediata de lo que eran, porque suelo tardar bastante en aprender y estas experiencias toman numerosas y muy diversas formas. No obstante, tuve una que fue tan abrumadora que me gusta contarla cuando puedo, con la esperanza de que ayude a otras personas como me ha ayudado a mí. Como les dije antes, la autocompasión y los resentimientos siempre me acompañaban, y mi inventario se parecía a un diario de treinta y tres años, porque tenía aparentemente un resentimiento con todas las personas que había conocido en mi vida. Todos estos resentimientos menos uno "respondieron al tratamiento" sugerido en los Pasos inmediatamente; y el resentimiento que no respondió me planteó un problema.

El resentimiento en cuestión lo tenía con mi madre, y lo había sentido durante veinticinco años. Lo había alimentado, avivado, y nutrido como a un niño de salud delicada; y había llegado a ser una parte tan natural de mí como el respirar. Me había proporcionado excusas por mi falta de educación, mis fracasos maritales, mi insuficiencia y, por supuesto, mi alcoholismo. Y aunque me creía estar dispuesta a eliminarlo, caí en la cuenta de que me resistía a hacerlo.

Un día por la mañana, me di repentina cuenta de que tenía que deshacerme de este resentimiento, porque mi indulto se estaba aproximando a su fin, y si no me deshiciera del rencor, me emborracharía, y no quería volver a emborracharme. Al rezar mis oraciones esa mañana, pedí a Dios que me indicara la forma de liberarme de ese resentimiento. Durante el día, un amigo mío me trajo algunas revistas para llevar a un grupo en el que yo estaba interesada que se reunía en un hospital. Mientras las iba hojeando vi el titular de un artículo escrito por un clérigo eminente en el que aparecía la palabra "resentimiento."

Decía efectivamente que "Si tienes un resentimiento del que quieres librarte, si rezas por la cosa o por la persona con quien tienes el resentimiento, te liberarás. Si rezando pides para esa persona todo lo que quieras para ti mismo, serás libre. Pide salud, prosperidad, felicidad, y serás libre. Aun cuando no lo desees de verdad, aun cuando las oraciones no sean sino meras palabras y no las reces con sinceridad, hazlo no obstante. Hazlo cada día durante una semana o dos y te darás cuenta de que habrás llegado a desearlo con sinceridad, y te darás cuenta de que en vez de sentir rencor y resentimiento amargo, ahora sientes compasión, y comprensión y amor."

Me dio buenos resultados esa vez y me los ha dado varias veces desde entonces, y me dará los resultados deseados cada vez que lo haga con buena voluntad. En ocasiones tengo que pedir primero la buena voluntad, pero ésta también me viene. Y ya que me da los resultados deseados a mí, nos dará los resultados deseados a todos nosotros. Como dice otro gran hombre: "La única auténtica libertad que un hombre puede conocer es la de hacer lo que debes hacer porque quieres hacerlo."

Esta experiencia maravillosa que me liberó de la esclavitud del odio y lo reemplazó con el amor es realmente una afirmación más de la verdad que conozco: Consigo todo lo que necesito en Alcohólicos Anónimos: y todo lo que necesito, lo consigo. Y cuando consigo lo que necesito, me doy cuenta invariablemente de que esto es exactamente *lo que siempre he querido.*

(15)

A.A. LE ENSEÑÓ A MANEJAR LA SOBRIEDAD

*"Si Dios quiere, puede que nosotros… nunca tenga-
mos que volver a lidiar con la bebida, pero tenemos que
lidiar con la sobriedad todos los días."*

UANDO LLEVABA poco tiempo en A.A un veterano
me dijo algo que ha afectado mi vida desde entonces. "A.A. no nos enseña a controlar nuestra forma de
beber," dijo. "Nos enseña a manejar la sobriedad."

Creo que siempre supe que la forma de lidiar con mi
forma de beber era dejar de beber. Después de mi primer trago, un vasito pequeño de jerez que me dio mi
padre para celebrar el Año Nuevo cuando tenía trece
años, me fui a la cama, eufórico, embriagado de emoción, y prometí nunca volver a beber.

Pero lo hice cuando llegué a la edad de ir a la universidad. Mucho más tarde, cuando mi alcoholismo estaba
bien avanzado, la gente me decía que debería dejar de
beber. Como muchos otros alcohólicos que he conocido, dejé de beber varias veces—en una ocasión lo dejé
por diez meses por mí mismo, y en otras ocasiones
cuando estaba hospitalizado. Dejar de beber no es muy
difícil; lo difícil es *mantenerse* sin beber.

Para hacer esto, había venido a A.A. para aprender a
sobrellevar la sobriedad, que es lo que en principio yo
no podía manejar. Por eso bebía.

Me crié en Kansas, hijo único de unos padres cariñosos que bebían de manera social. Nos trasladamos de

casa frecuentemente. De hecho, fui a escuelas diferentes cada año hasta que llegué a la escuela secundaria. En cada nuevo lugar, era el niño nuevo, un niño flaquito y tímido, al que había que someter a prueba y dar una paliza. Tan pronto como empezaba a sentirme aceptado, nos volvíamos a mudar.

Cuando llegué a la escuela secundaria era un muchacho que rendía más de lo que se esperaba de mí. En la universidad estaba en el cuadro de honor, y llegué a ser el redactor del anuario escolar. Vendí mi primer artículo a una revista nacional cuando todavía era estudiante. También empecé a beber en las fiestas del club de estudiantes y en las juergas de cerveza.

Cuando me gradué me fui a Nueva York para ejercer mi carrera de escritor. Conseguí un buen trabajo en una compañía de publicaciones y tenía otros trabajos en otras revistas. Considerado como un "niño prodigio", empecé a verme a mí mismo de esa manera. También empecé a ir a los bares después del trabajo con mis colegas de mayor edad. A los veintidos años era un bebedor diario.

Luego me alisté en la Marina y fui nombrado alférez encargado de escribir los discursos de los almirantes. Más tarde me embarqué y serví como oficial de artillería en un destructor de escolta y acabé este servicio como comandante.

En mi último año de servicio en la Marina, me casé con una muchacha encantadora y alegre que le gustaba beber. Nuestro noviazgo tuvo lugar principalmente en bares y clubs nocturnos cuando mi barco estaba en Nueva York. En nuestra luna de miel teníamos champagne helado al lado de la cama día y noche.

Se estableció la pauta que iba a seguir. A los veintinueve años tenía dificultades para enfrentarme a la vida debido a mi forma de beber. Me invadían los temores neuróticos y de vez en cuando tenía temblores incontrolables. Leí libros de autoayuda. Recurrí con fervor a la religión. Juré no volver a beber licores fuertes y empecé a beber vino. Me harté del dulzor y me cambié a la cerveza. No era lo suficientemente fuerte, así que añadí un trago de vodka—y volví a encontrarme en dificultades mucho peores que antes. Empecé a tomar tragos a escondidas cuando hacía de bartender para los invitados. Para curar mis terribles resacas, descubrí el trago de la mañana.

La promesa temprana de "niño prodigio" se disipó, y mi carrera empezó a ir a la deriva. Aunque aún me quedaba un resquicio de ambición, ahora se convirtió en fantasías. Mi sentido de los valores se distorsionó. Vestir ropas caras, que el bartender supiera lo que servirme antes de pedirlo, ser reconocido por los camareros y que me dieran la mejor mesa, hacer grandes apuestas al *gin rummy* con total despreocupación—esos eran los valores duraderos de la vida, creía yo.

El desconcierto, el temor y el resentimiento pasaron a formar parte de mi vida. Y sin embargo mi habilidad para mentir externamente y engañarme a mí mismo crecía con cada trago que tomaba. Ahora *tenía* que beber para vivir, para hacer frente a las exigencias de la vida diaria. Cuando experimentaba desilusiones o frustraciones, como me ocurría cada vez más frecuentemente, mi solución era beber. Siempre había sido supersensible a las críticas y ahora lo era mucho más. Cuando se me criticaba o se me reprendía, la botella era mi refugio y mi consuelo.

Cuando me veía enfrentado a un desafío especial o

un evento social, tal como una importante presentación de negocios o una cena especial, tenía que fortalecerme con un par de tragos. Muy a menudo me pasaba y me comportaba mal en el preciso momento en que quería actuar de la mejor forma posible. Por ejemplo, las bodas de oro de mis suegros fueron una ocasión en la que hubo una gran reunión familiar en nuestra casa. A pesar de los ruegos de mi esposa de que no bebiera mucho, llegué a casa en mala forma. Me acuerdo de que me sacaron arrastrando, con una bebida en la mano, de debajo del piano de cola, donde me había escondido, y me encerraron en mi cuarto.

Sobre todo estaba sufriendo dolor interno porque mi forma de actuar y mis logros en la vida no habían llegado a estar a la altura de lo que yo esperaba de mí mismo. *Tenía* que anestesiar ese dolor con el alcohol. Naturalmente cuanto más bebía, más irreales eran mis esperanzas y peor era mi actuación, y la separación se ampliaba. Y la necesidad de beber aumentó aún más.

A los cuarenta años de edad me salió un bulto grande en la barriga y yo tenía miedo de que fuera un tumor. El médico me dijo que tenía el hígado muy inflamado y que tenía que dejar de beber. Lo hice. Dejé de beber sin ayuda ajena y sin gran dificultad, excepto que no disfrutaba la vida sin beber. Tenía que enfrentarme a las obligaciones de la vida diaria sin mi consuelo, mi anestesia, mi soporte. Y no me gustaba.

Así que diez meses después, cuando se me recuperó el hígado, volví a beber. Al principio sólo un trago de vez en cuando. Luego los tragos fueron más frecuentes, pero cuidadosamente distanciados. Muy pronto mi forma de beber era peor que nunca: todo el día, todos los días. Pero trataba desesperadamente de controlarla.

Y lo hacía clandestinamente porque todo el mundo sabía que yo no debía beber. En lugar de beber en clubs y bares elegantes, tenía que llevar una botella de vodka en mi portafolios, esconderme en los servicios públicos, y tomarme tragos de la botella, temblando, para evitar deshacerme.

En el curso de los dos años siguientes me enfermé rápidamente. La inflamación de mi hígado degeneró en cirrosis. Vomitaba todas las mañanas. No podía ni ver la comida. Sufría lagunas mentales frecuentes. Sangraba abundantemente de la nariz. Me aparecían misteriosamente hematomas por todo el cuerpo. Llegué a estar tan débil que apenas si podía moverme.

Mi jefe me dio una reprimenda, luego otra. Mis hijos me evitaban. Cuando me despertaba en mitad de la noche con temblores, sudores y temores, oía a mi esposa sollozar calladamente en la cama a mi lado. Mi médico me dijo que si seguía bebiendo, tendría una hemorragia del esófago y moriría. Pero ahora ya no podía escoger. Tenía que beber.

Finalmente ocurrió lo que el médico me había dicho. Me encontraba asistiendo a una convención en Chicago y estaba de juerga día y noche. De pronto empecé a vomitar y a perder grandes cantidades de sangre por el recto. Desesperado, me parecía que sería mejor para mi esposa, mis hijos y todas las personas que había en mi vida si me muriera. Me di cuenta de que me pusieron en una camilla y me llevaron rápidamente en ambulancia a un hospital extraño. Me desperté al día siguiente con tubos en ambos brazos.

Antes de una semana me sentía lo suficientemente bien para ir a casa. Los médicos me advirtieron que si volvía a tomarme un trago, sería el último. Creía que había aprendido la lección. Pero mi forma de pensar era muy confusa, y aún no podía enfrentarme a la vida diaria sin ayuda. Antes de dos meses volví a beber.

Durante el medio año siguiente tuve otras dos hemorragias del esófago, y milagrosamente sobreviví las dos por los pelos. En cada ocasión, volví a beber—incluso metí a escondidas una botella de vodka en el hospital tan pronto como terminaron las transfusiones. Mi médico declaró finalmente que no podía ser responsable de mí y me envió a un psiquiatra que tenía su consulta en el mismo edificio. Resultó ser, por la gracia de Dios, el Dr. Harry Tiebout, el psiquiatra que sabía de alcoholismo más que nadie en el mundo. En aquella época era uno de los custodios no alcohólicos de la Junta de Servicios Generales de Alcohólicos Anónimos.

Fue el fallecido Dr. Tiebout quien me persuadió a buscar ayuda por medio de A.A. Conseguí un padrino y empecé a asistir a las reuniones pero seguía bebiendo. Al cabo de pocos días me encontré desintoxicándome en una granja para borrachos. Mientras estaba allí leí el Libro Grande y el Grapevine, y empecé el lento viaje hacia la recuperación de la salud y la cordura por medio del programa de A.A.

A medida que los días sobrios se fueron convirtiendo en meses y luego en años sobrios, empezó a surgir una vida nueva y bella de las ruinas de mi existencia anterior. La relación entre mi esposa y yo se restableció hasta llegar a un amor y una felicidad que no habíamos conocido ni siquiera *antes* de que mi alcoholismo llegara a ser tan grave. (Ella ya no llora por las noches.) A medida que iban creciendo mis hijos, pude ser un padre para ellos cuando más lo necesitaban. Me ascendieron rápidamente en mi compañía una vez que se restableció mi seriedad. Al recuperar mi salud, me convertí en un apasionado corredor de fondo, marinero y esquiador.

Todas estas cosas y muchas, muchas más, me las dio A.A. Pero sobre todo me enseñó a manejar la sobriedad. He aprendido a relacionarme con la gente; antes de A.A., no podía hacerlo cómodamente sin alcohol. He aprendido a hacer frente a las desilusiones y a los problemas que antes me hubieran lanzado directamente a la botella. He llegado a darme cuenta de que el asunto no está en dejar de beber sino en *mantenerse* sobrio. Los alcohólicos pueden dejar de beber en muchos lugares y de muchas formas—pero Alcohólicos Anónimos nos ofrece una forma de mantenernos sobrios.

Si Dios quiere, nosotros los miembros de A.A. nunca tendremos que volver a lidiar con la bebida pero tendremos que lidiar con la sobriedad todos los días. ¿Cómo lo hacemos? Aprendiendo—por medio de la práctica de los Doce Pasos y de compartir en las reuniones—a hacer frente a los problemas para los que antes, en nuestros días de bebedores, solíamos recurrir al alcohol.

Por ejemplo, en A.A. se nos dice que no nos podemos permitir el lujo de los resentimientos y la autocompasión, y aprendemos a evitar estas actitudes mentales emponzoñadas. Asimismo, nos libramos de la culpa y el remordimiento mientras "limpiamos la basura" de nuestras mentes por medio de los Pasos Cuarto y Quinto de nuestro programa de recuperación. Aprendemos a equilibrar las variaciones emocionales que nos metieron en problemas.

Se nos enseña a diferenciar entre nuestros deseos (que nunca se satisfacen) y nuestras necesidades (que siempre se satisfacen). Eliminamos las cargas del pasado y las inquietudes del futuro, a medida que vivimos el presente, día a día. Se nos concede "la serenidad para aceptar las cosas que no podemos cambiar" —y así dejamos de reaccionar airadamente con tanta rapidez, y de ser tan sensibles a las críticas.

Sobre todo, rechazamos las fantasías y aceptamos la realidad. Cuanto más bebía, más fantasías tenía respecto a todas las cosas. Me imaginaba desquitarme por perjuicios y rechazos. Repetía una y otra vez escenas en mi mente en las que se me arrancaba mágicamente del bar donde estaba tomándome un trago y era instantáneamente elevado a una posición de poder y prestigio. Vivía en un mundo de fantasía. A.A. suavemente me llevó de estas fantasías a abrazar la realidad con los brazos abiertos. Y me pareció maravillosa. Porque, por fin estaba en paz conmigo mismo. Y con los demás. Y con Dios.